LES CHEF-D'ŒUVRES

DRAMATIQUES

DE CHARLES GOLDONI.

TOME PREMIER.

LES CHEF-D'ŒUVRES
DRAMATIQUES
DE CHARLES GOLDONI,

TRADUITS POUR LA PREMIÈRE FOIS EN FRANÇAIS;

AVEC

Le Texte Italien à côté de la Traduction, un Discours préliminaire sur la vie et les Ouvrages de GOLDONI, des Notes et une Analyse raisonnée de chaque Pièce;

PAR M. A. A. D. R.

Non autores modò; sed etiam partes operis elegeris.
QUINTILIEN.

TOME PREMIER.

A LYON,
Chez REYMANN et Cie., Libraires, rue St-Dominique, N.º 73.
Et à PARIS,
Chez J. CL. MOLINI, Libraire, rue Mignon;
— les Frères LEVRAULT, Libraires, quai Malaquai;
— FUCHS, Libraire, rue des Mathurins.

AN IX.

D'après la Loi, j'ai déposé à la Bibliothèque nationale, deux exemplaires de cette édition.

J. Th. Peyman

DISCOURS PRÉLIMINAIRE.

Le nom de *Goldoni* est plus célébré en France, que ses ouvrages n'y sont connus. Des imitations plus ou moins heureuses de quelques-unes de ses pièces, et sur-tout son excellente comédie du *Bourru bienfaisant*, ont familiarisé les Français avec le nom de *Goldoni*, qui s'est naturellement associé à ceux de nos auteurs dramatiques. Mais, indépendamment des changemens nécessaires que subissent les drames étrangers pour passer avec succès sur la scène Française, les imitateurs n'ont pas toujours indiqué à la reconnaissance publique les sources où ils avaient puisé : et leur choix, d'ailleurs, ne s'est pas constamment arrêté sur les *Chef-d'œuvres* du poëte Italien. Si l'on en excepte *Molière*, adapté à notre théâtre avec des changemens très-heureux, par M. *Mercier* ; la *Jeune Hôtesse*, de M. *Flins*, et *Paméla*, traduite avec succès par M. *François* (de Neuf-Château), il faut convenir que le goût n'a pas toujours dirigé les autres imitateurs. Les *trente-deux Infortunes d'Arlequin*, l'*Enfant d'Arlequin perdu et retrouvé*, les *Caquets*, etc. ne suffisaient pas sans doute pour donner aux Français une idée juste des talens d'un homme nommé, de son vivant, le *Molière de l'Italie* ; et que la postérité, sans le mettre précisément à côté de *Molière*, auquel il ne faut comparer personne, placera du moins toujours dans la classe des génies supérieurs. Elle honorera à jamais d'une distinction particulière l'homme étonnant qui a donné au théâtre, ou livré à la presse près de deux cents comédies d'intrigue ou de caractère; qui a vu dix-huit éditions de ses œuvres, et ses pièces accueillies sur tous les théâtres, et traduites dans presque toutes les langues de l'Europe.

La littérature Française s'est enrichie successivement de la traduction des théâtres étrangers. M. *Le Tourneur* nous a fait présent de *Shakespeare*; et les Français ont pu apprécier ce génie vraiment extraordinaire, dont les fautes et les beautés n'appartiennent qu'à lui, et qui est aussi étonnant dans les unes, qu'admirable dans les autres. Les théâtres Espagnol et Allemand sont également traduits; *Goldoni* seul nous manquait : nous essayons aujourd'hui de remplir cette lacune. Sans doute il eût été à désirer pour la gloire de ce grand homme, et pour l'intérêt de notre littérature, que le projet de le traduire eût été formé par des écrivains d'un talent supérieur au nôtre : mais si le zèle le plus ardent pour les lettres, si une juste docilité pour des conseils que nous sollicitons d'avance, peuvent contribuer au succès d'un ouvrage, peut-être notre entreprise ne sera-t-elle pas sans quelqu'utilité. Pénétrés d'admiration pour le génie de *Goldoni*, et de respect pour sa personne, nous allons tâcher de faire connaître l'un, par la traduction de ses meilleures pièces; et l'autre, par le précis de sa vie et de ses travaux littéraires. Puisse l'écrivain conserver sous notre plume, une partie du moins de son mérite, et l'homme paraître, dans notre récit, aussi estimable qu'il le fut en effet !

Charles Goldoni naquit en 1707, d'une famille qui jouissait, à Venise, d'une fortune honnête, et d'une considération méritée. Ses premières années, (présage souvent trompeur, parce qu'il est rarement bien observé) annoncèrent, en partie, ce qu'il devoit être un jour. Son premier goût fut celui du spectacle ; ses premières lectures, des pièces de théâtre ; et, à l'âge de huit ans, il avait esquissé lui-même une comédie, qui, toute informe qu'elle était nécessairement, n'en fit pas moins les délices des sociétés où le jeune auteur était connu, et l'étonnement de tout Venise.

Le père de *Goldoni*, partisan déclaré de tous les plaisirs, et amateur sur-tout des spectacles, mais que des revers avaient désabusé de la futilité de ses goûts, ne vit pas sans douleur les inclinations naissantes de son fils. Il fit tout pour l'écarter d'une carrière dont l'éclat couvre le danger, et pour lui faire embrasser une profession, qui, en lui assurant une existence honnête et lucrative, lui épargnât les chagrins multipliés, partage trop ordinaire de l'homme de lettres, et souvent, hélas ! la seule récompense de ses travaux. Mais il est plus facile de combattre la nature que de la vaincre : elle avait marqué la place de *Goldoni*, et l'y conduisait insensiblement. Aussi les efforts de son père furent-ils complètement inutiles, parce que les meilleures intentions du monde luttent toujours infructueusement contre l'ascendant irrésistible du génie.

Par déférence cependant pour les avis d'un bon père, *Goldoni* s'appliqua d'abord à la médecine. Mais, rebuté bientôt par les difficultés réelles d'une science, où presque tout est conjecture; plus effarouché encore du jargon barbare qu'elle parlait alors, il passa de l'étude de la médecine à celle des lois; et, renonçant à l'espoir de posséder jamais l'art qui guérit les hommes de leurs maux physiques, il se livra tout entier à celui qui les éclaire sur leurs droits, et qui fixe leurs prétentions respectives. Avec un esprit naturellement juste, une aptitude singulière à tout saisir, *Goldoni* devait faire et fit des progrès rapides dans sa nouvelle carrière; et bientôt le corps respectable des avocats Vénitiens s'honora de le posséder. Son premier plaidoyer fut un chef-d'œuvre, et sa première cause une victoire éclatante remportée sur une de ces injustices d'autant plus difficiles à combattre, que le temps semble en avoir fait un droit, et qu'un long abus les a, pour ainsi dire, consacrées.

Il est des hommes dont on peut suivre la marche; d'autres s'élancent dans la carrière, et atteignent le but du premier pas. *Goldoni* fut au nombre de ces ames privilégiées qui sont tout ce qu'elles veulent être; et il eût honoré le barreau, comme il illustra le théâtre de son pays. Mais la gloire de ses premiers succès, cet aiguillon puissant qui décide si souvent de notre destinée ; la confiance honorable qu'elle lui attirait de toutes parts ; la fortune même qu'elle pouvait lui présager, rien ne l'emporta sur l'ascendant qui l'entraînait, malgré lui, vers le théâtre : et la nature qui l'avait fait poëte, ne le souffrit pas long-temps avocat. En vain il essaya quelque temps de concilier deux rôles si opposés : la lutte était trop pénible pour être bien longue ; et, sacrifiant enfin tout ce que son état mettait d'obstacles à son penchant favori ; perdant de vue l'espérance et la certitude même d'une fortune brillante, (et c'est de tous les sacrifices celui qui doit le moins coûter à l'homme de lettres) *Goldoni* ne fut plus que poëte comique. L'Italie s'applaudit tous les jours d'une métamorphose aussi heureuse pour les lettres, qu'utile pour les mœurs et pour la société en général.

Quelque jeune que fût *Goldoni* quand ses premières idées se tournèrent du côté du théâtre, il fut frappé de l'état déplorable où il trouva la scène italienne, et dès-lors il osa former le projet et concevoir l'espérance de la réformer insensiblement. Le projet était hardi, et le travail immense : il eut le bonheur cependant d'arriver au but qu'il se proposait. Mais, pour mieux apprécier ses efforts et l'étendue de son génie, écoutons-le décrire lui-même une partie des abus qui régnaient alors sur le théâtre italien :

« Depuis plus d'un siècle, le théâtre comique
» avait dégénéré parmi nous, au point de se rendre
» l'objet du mépris des autres nations. Qu'offrait

» en effet la scène italienne ? de pitoyables arlequi-
» nades, des lazzis, des intrigues scandaleuses, des
» équivoques grossières ; des pièces aussi ridiculement
» imaginées, que mal-adroitement conduites ; aucune
» idée des mœurs, pas l'ombre d'un plan. Bien loin
» de remplir le premier objet, le but le plus respec-
» table de la comédie, celui de corriger le vice,
» ces misérables farces le fomentaient au contraire,
» en excitant le rire de la populace ignorante, et d'une
» jeunesse sans frein comme sans mœurs. Les gens
» instruits s'indignaient ; et les gens honnêtes, que le
» besoin d'un délassement quelconque entraînaient
» malgré eux à des spectacles aussi dégradés, se
» gardaient bien d'y conduire leur innocente famille,
» qui ne pouvait y recevoir que des leçons, et n'y
» trouver que des exemples de corruption. » (Préface
de l'édition originale de Turin.)

On croit reculer vers les quinze et seizième siècles,
et lire l'histoire des temps de barbarie où la scène fut
alors généralement plongée en Europe. Tel était cependant l'état du théâtre italien, au commencement du
dix-huitième siècle, époque à laquelle le nôtre jouissait
déjà de toute sa gloire, puisque *Corneille*, *Molière*
et *Racine* l'avaient enrichi de tous leurs chef-d'œuvres.
La traduction avait fait passer sur la scène italienne
quelques pièces des théâtres français et espagnols. Mais,
comme l'observe avec raison *Goldoni* lui-même, de
simples traductions ne pouvaient opérer, en Italie,
la révolution désirée par les amis des mœurs et des
lettres. D'ailleurs, la traduction peut faire connaître

et goûter la tragédie, parce que la tragédie peint les passions qui sont de tous les temps, et appartiennent à tous les pays. La comédie, au contraire, s'attachant à poursuivre les travers et les ridicules, semble se renfermer par là même, dans les limites de sa contrée. Tous les peuples policés ont goûté les traits sublimes de *Sophocle* et d'*Euripide*, heureusement mis en œuvre par des hommes dignes de les traduire ; tandis que l'on ne s'est avisé de jouer encore sur aucun théâtre moderne *les Oiseaux* ou *les Grenouilles d'Aristophane*. Cet auteur a fourni à *Racine* quelques plaisanteries que l'on retrouve dans la comédie des *Plaideurs*, à peu près comme *Plaute* indiqua à *Molière* les sujets de *l'Avare*, de l'*Amphytrion* ; et à *Regnard*, celui des *Ménechmes*. Mais quelques traits épars ne font pas un ouvrage ; et les pièces que l'on vient de citer, à peine tolérables à la lecture dans la traduction, ne l'eussent jamais été au théâtre.

La comédie tient de trop près aux mœurs d'un peuple, pour s'accommoder aisément à celles d'un autre peuple : les ridicules qu'elle attaque ne sont, le plus souvent, que des convenances locales, assujetties à la mobilité de l'opinion, et à la différence des climats. Ce qui nous paraîtrait le comble de l'extravagance, est quelquefois la chose du monde la plus simple en Angleterre ; et ce qui révolte un Anglais, ne souffre pas en Italie la moindre difficulté. Voilà ce qui fait principalement de la comédie une production, et, pour ainsi dire, une propriété vraiment nationale. Les Anglais, par exemple, font un cas infini des comédies de *Farquhar*, de *Congrève* et de *Wicherly* ; leur premier titre à cette admiration, c'est qu'elles offrent, disent-ils, une peinture fidelle des mœurs et des travers de la nation ; mais c'est précisément pour cela qu'elles sont excellentes à Londres, et qu'elles ne vaudraient rien par-tout ailleurs. Les pièces même de caractère, qui combattent des vices généraux, tels que l'*Avarice*, l'*Hypocrisie*, la *Misanthropie*, etc., ne sont pas susceptibles de passer, sans altération, d'une contrée à une autre ; parce que ces vices, quoique toujours les mêmes dans le fond, prennent nécessairement une teinte du caractère national. Un avare est autrement avare en France, en Angleterre, etc. Comparez l'*Avare* de *Dryden* avec celui de *Molière* ; l'*Homme au franc procédé*, avec notre *Misanthrope*, et vous sentirez ces différences.

C'était donc un projet très-louable sans doute, mais démontré inutile par l'expérience, que celui de réformer la comédie italienne par la traduction des comédies françaises ; et le zèle des traducteurs fut bientôt refroidi par le peu de succès de leurs tentatives. Ainsi l'Italie, qui, jadis le berceau de tous les arts, les avait une seconde fois vu naître dans son sein ; l'Italie qui applaudissait, au seizième siècle, la *Sophonisbe* du *Trissin*, l'*Œdipe* d'*Anguillara*, la *Marianne* de *Dolce*, et vingt autres tragédies d'un mérite réel, tandis que la scène française était en proie aux *Jodelle*, aux *Garnier*, et aux *Hardy* ; l'Italie n'avait pas encore, au dix-huitième siècle, une comédie supportable. Celles de *Rozzi* ne sont que des farces grossières ;

celles de l'*Arioste* ont le mérite du style et celui de l'intrigue : mais le fond en est ordinairement si trivial, et les mœurs si mauvaises, que quand *Riccoboni* voulut remettre au théâtre *la Scholastica* de ce poëte fameux, elle fut très-mal accueillie des spectateurs, et n'alla pas jusqu'à la fin. Le docte *Picolomini*, qui a tant et si bien écrit sur la morale, composa aussi pour le théâtre trois comédies en prose, dont la première est célèbre, du moins par son époque : elle fut représentée pour la première fois en 1536, à l'occasion de l'entrée solennelle de Charles-Quint à Sienne. Nous ne parlerons de *la Mandragore* de *Machiavel*, que parce que la réputation de son auteur ne nous permet pas de la passer sous silence. Il serait difficile d'imaginer un ouvrage plus scandaleux ; il ne s'agit de rien moins que d'un adultère favorisé par le complaisant époux et dirigé par un moine pervers. On trouve dans les œuvres du poëte *Rousseau* une imitation de cette pièce; le fond de l'intrigue et les traits principaux sont très-adoucis : mais l'ouvrage est, en général, au-dessous du médiocre. Le nom seul de *l'Arétin* nous dispense d'entrer dans aucun détail sur ses comédies : on se figure aisément ce qu'elles doivent renfermer d'obscénités et de traits calomnieux.

Ce n'était donc ni dans leurs anciennes comédies, ni sur les théâtres de leurs voisins, que les Italiens devaient chercher et pouvaient se flatter de trouver les moyens de relever leur scène de l'avilissement où elle était tombée. C'était au milieu d'eux que devait naître l'homme de génie capable d'opérer une pareille réforme : *Goldoni* en eut la gloire. Il s'annonça, en 1742, par *la brave Femme*, comédie d'intrigue à la fois et de caractère, qui réusssit complètement, et acheva d'ouvrir les yeux sur les vices révoltans des pièces précédentes. Dès-lors, on commença à entrevoir l'idée et la possibilité d'une réforme ; les bons esprits en embrassèrent avidement l'espérance ; on applaudit, on encouragea l'auteur, et l'on cria sans doute alors au *Molière* de l'Italie : *courage, Goldoni ! voilà la bonne comédie !*

C'était peu de purger le théâtre des platitudes grossières qui le défiguraient : les vues de *Goldoni* s'étendaient plus loin. Il voulait ramener la comédie à ses vrais principes, à son premier objet. Mais c'est là que l'attendaient des difficultés presqu'insurmontables : c'est là qu'il eut à lutter contre le préjugé qui ne concevait pas que la comédie italienne pût exister sans *Masques*. Cette bigarrure monstrueuse dans les traits du visage, dans le costume et dans l'idiôme, révoltait avec raison *Goldoni* : c'était un reste de barbarie qu'il eût voulut faire disparaître totalement, et auquel cependant il fut obligé de se soumettre lui-même, pour faire goûter ses chef-d'œuvres au parterre italien. C'est ainsi, (afin qu'il y eût un trait de ressemblance de plus entre ces deux grands hommes) que l'illustre auteur du *Tartuffe* composait la farce du *Médecin malgré lui*, pour ramener le public au *Misanthrope*. Tout en accueillant avec transport des productions si nouvelles pour eux, les Italiens voyaient à regret que la réforme projetée et déjà ébauchée, tendait évidemment à la suppression des quatre masques de l'ancienne comédie. On murmurait tout haut de l'atteinte prétendue portée à un genre de comédie dont l'Italie seule était en possession, et que les peuples voisins n'avaient jamais pu imiter. *Venise* voulait son *Pantalon*, *Bologne* son *Docteur*, et *Bergame* plaidait avec chaleur la cause de son *Arlequin*. Ce ne fut qu'avec beaucoup de temps et après de longs efforts, que *Goldoni* accoutuma ses concitoyens à voir *les masques* se montrer plus rarement dans ses pièces, et en disparaître enfin entièrement. Ainsi le génie qui s'avance à pas de géant, se trouve forcé, s'il veut opérer quelque bien, d'asservir sa marche à la timidité de celle du vulgaire ; et ne doit jamais heurter de front les préjugés qu'il se propose de détruire.

On a peine à concevoir cette obstination, de la part d'un peuple naturellement ami des arts, à qui l'Europe doit la renaissance des arts et celle du théâtre en particulier, qui ne se borna point à imiter seulement les anciens, mais qui créa même de nouveaux plaisirs, en étendant la carrière dramatique.

Le drame pastoral, par exemple, est une invention moderne, dont l'honneur appartient uniquement à l'Italie ; et, ce qu'il n'est pas inutile de remarquer, c'est que les premiers ouvrages écrits dans ce genre aimable, n'ont point été surpassés par ceux que l'on a fait depuis. Qu'opposer à l'*Aminte* du *Tasse*, au *Pastor fido* du *Guarini* ? Ces deux charmans ouvrages, reçus avec enthousiasme dans leur nouveauté, constamment accueillis depuis, et traduits dans toutes les langues de l'Europe, sont des monumens immortels de la délicatesse de leurs auteurs et de la douceur harmonieuse de la langue italienne.

Ce nouveau genre de drame fit naître bientôt après l'idée de renouveler l'alliance si ancienne et si naturelle de la poésie et de la musique. *Octave Rinusccini*, et le musicien *Jacques Péri*, en donnèrent le premier exemple ; et leur *Daphné*, le premier drame lyrique qui ait existé, fut représenté à Florence, en 1594. Cette tentative fut heureuse, et produisit une foule d'imitateurs. Mais le nouveau genre ne tarda pas à dégénérer : bientôt le poëme fut compté pour rien, et tout fut asservi au caprice du musicien, ou sacrifié à la vaine pompe des décorations. Les gens de lettres ouvrirent les yeux ; et, sur la fin du dix-septième siècle, un certain *André Moniglia* de Florence, composa plusieurs Opéra, où l'on trouve, du moins, une action et quelque régularité. Mais la gloire de donner à la poésie lyrique plus de dignité à la fois et plus d'énergie, était réservée au célèbre *Apostolo-Zeno* ; et celle de la porter au plus haut degré de perfection où elle puisse atteindre, devait être le partage de l'immortel *Métastase*.

L'Italie retentissait du nom de ces deux grands hommes, et la scène lyrique des applaudissemens prodigués à leurs ouvrages, quand *Goldoni* commença à travailler pour le théâtre : ses premiers essais même furent des tragédies lyriques. Avant de faire représenter son opéra de *Gustave*, il fut bien aise de consulter

Apostolo-Zeno. Ce savant respectable le reçut avec bonté, écouta son drame avec intérêt, et lui dit sans flatterie ce qu'il pensait de ce premier ouvrage. *Goldoni* voulait sur le champ déchirer son manuscrit : *Zeno* l'en empêcha, lui donna des conseils, et lui présagea des succès. C'est ainsi que le fameux poëte Romain *Cécilius* accueillit autrefois l'*Andrienne* de *Térence*, et encouragea son jeune auteur. « Exemple d'équité » et de bonne foi d'autant plus intéressant, dit » M. *de la Harpe*, qu'il est plus rare que les grands » écrivains soient disposés à louer leurs rivaux, » et à aimer leurs successeurs ». (Lycée, t. 2, p. 76).

Melpomène reçut aussi les hommages de *Goldoni*; et *Bélisaire*, son premier ouvrage de marque, obtint et méritait un accueil distingué. Il prouva depuis, dans *Griselda*, dans *Renaud de Montauban*, et dans plusieurs autres pièces du genre noble, qu'il pouvait s'élever et se soutenir au ton de la tragédie. Mais sa gloire véritable, ses titres les plus assurés à l'immortalité, sont plus de Cent comédies, toutes d'intrigue ou de caractère, toutes en trois actes ou en cinq, et la plupart en vers.

Toujours exact dans ses peintures, comique dans ses intrigues, et vrai dans son dialogue, il n'est guère de ridicule qu'il n'ait attaqué, de caractère qu'il n'ait approfondi, d'intrigue enfin qu'il n'ait mise au théâtre. Souvent même, mécontent d'un premier essai, ou s'apercevant que quelque nuance principale d'un caractère avait échappé à son pinceau, il le reproduisait dans un autre ouvrage, et le plaçait de manière à faire ressortir sans effort les traits nouveaux sous lesquels il le présentait. Cette attention scrupuleuse caractérise l'observateur philosophe, et cette facilité à se replier sur soi-même, décèle le génie extraordinaire.

Quel homme en effet, que celui qui, sans avoir encore un seul sujet dans la tête, prenait avec le public l'engagement formel de mettre au théâtre seize pièces dans le cours d'une année dramatique ? S'il y avait une apparente témérité à faire une pareille promesse, il y eut un mérite réel à la remplir, et ce fut celui de *Goldoni*. Il y a plus : ces seize pièces forment la partie la plus brillante de son théâtre ; et, à l'exception d'une ou deux seulement qui furent moins heureuses, toutes obtinrent le succès le plus flatteur et le plus constant. Nous n'ignorons pas qu'on peut opposer à cette rare facilité, la fécondité, plus prodigieuse encore, des *Lopez de Véga* et des *Caldéron* : mais l'honneur et le nom de *Goldoni* nous dispensent du parallèle. Quel homme de Lettres ne sait pas d'ailleurs qu'il y a aussi loin des auteurs que nous venons de citer, au théâtre de *Goldoni*, que des tréteaux de *Thespis* aux chef-d'œuvres des *Sophocle* et des *Euripide*, ou de nos *Confrères de la Passion*, à l'*Athalie* de notre divin *Racine*.

Le nom de *Goldoni* acquérait de jour en jour plus de célébrité ; des qualités précieuses, jointes à tant de talens et de succès, lui attirèrent de toutes parts des témoignages aussi nombreux que flatteurs de l'estime générale. Il est inutile de remarquer, sans doute, que ce concert unanime d'applaudissemens si bien mérités, fut plus d'une fois interrompu par les clameurs de l'Envie ; que les douces jouissances du génie furent souvent empoisonnées par l'amertume des censures les plus injustes. On l'a dit cent fois, et il faut bien le répéter encore : il n'y a que la plate médiocrité qui n'aie rien à redouter de l'Envie, et malheur à l'ouvrage qui ne mérite pas même qu'on dise du mal de lui ! Heureux d'échapper à la persécution, le génie doit s'attendre, au moins, à lutter à chaque pas contre un nouvel obstacle ; à voir chacun de ses succès devenir pour lui l'époque d'un nouveau chagrin ; à passer enfin une vie douloureuse dans la pénible alternative de compromettre son repos, en continuant de travailler, ou de sacrifier les charmes du travail à l'intérêt de sa tranquillité. Tel est son destin ; mais qu'il ne s'en effraie pas, qu'il n'en poursuive pas sa carrière avec moins de constance ; et si le découragement s'emparait un moment de son cœur, qu'il parcoure l'immensité des siècles, qu'il interroge l'histoire des Grands Hommes de tous les lieux et de tous les temps, et rougisse de se trouver malheureux ! Peu d'ames, à la vérité, ont reçu de la nature cette sublimité énergique qui les élève au-dessus de tous les obstacles, fait évanouir devant elles toutes les petites considérations, et les rend capables de tous les sacrifices.

Le plus douloureux de tous, celui qui coûte à l'homme de Lettres les efforts les plus pénibles, c'est celui de son indépendance, celui de cette fierté noble, que les circonstances peuvent captiver, mais qu'elles n'abattent jamais entièrement, et qui en impose encore sous le poids même de ses chaînes. *Goldoni* fut obligé de se l'imposer plus d'une fois ce sacrifice terrible ! Mais il en trouvait le prix (si quelque chose en peut dédommager !) dans l'inexprimable plaisir de se livrer au plus cher de ses goûts. Il n'en est cependant pas moins affligeant de voir l'auteur de tant de pièces estimables, et l'un des plus beaux génies de l'Europe, aux gages d'une troupe de comédiens, victime de leurs caprices ou dupe de leurs procédés, et menant à leur suite une vie errante et indigne de lui et de ses talens. Mais, riche momentanément du produit de ses ouvrages, il ne savait, ne pouvait pas même attacher à l'argent une importance réelle ; et ce n'était en lui ni prodigalité folle, ni mépris ridiculement affecté pour un métal aussi dangereux qu'utile : c'était une suite de la disposition de son esprit, qui tendait naturellement au grand et au sublime. Il savait que, subjuguée une fois par l'idée d'accumuler, l'ame se rétrécit, et se ferme insensiblement aux grandes choses. Il ne poussait cependant pas cette vertueuse indifférence au-delà des bornes que la raison lui prescrit ; et, persuadé que l'or lui-même peut s'enoblir, les fruits de son travail lui paroissaient vraiment précieux, quand ils devenaient, entre ses mains, l'instrument de la bienfaisance. Il était généreux comme il faudrait qu'on le fût, sans penser l'être, et sans avoir fait d'effort pour le devenir.

Déjà la réputation de l'illustre Italien avait franchi depuis long-temps les limites de son pays; l'Allemagne, l'Angleterre, l'Angleterre, le Portugal, s'étaient souvent adressés à lui, pour enrichir leurs théâtres de ses productions, et plusieurs cours disputaient à l'Italie l'avantage de le posséder. La France se mit sur les rangs et obtint sa préférence. La perspective agréable du séjour de Paris, le désir de voir de près et d'étudier à loisir le premier peuple de l'Europe, la gloire de travailler pour une nation à laquelle ses chef-d'œuvres dramatiques ont acquis le droit d'être plus difficile qu'une autre, l'ambition et l'espérance de s'en voir applaudi, tout détermina le choix de *Goldoni*, et il arriva à Paris en 1761. Mais il ne tarda pas à s'apercevoir qu'il avait trop aisément cédé à sa première impulsion, et que l'on juge tout autrement, en l'examinant de près, ce qui nous avait séduit de loin. Des mœurs nouvelles à étudier et à peindre, le genre de nos spectacles et le caractère de nos spectateurs bien différens de ceux de l'Italie, la supériorité désespérante de nos pièces et de nos acteurs, tout inspira à *Goldoni* une trop modeste défiance de ses talens, et il fut assez grand, pour avouer ses craintes : il n'y a que la médiocrité que rien n'effraie. Cependant, il avait contracté un engagement ; il voulut le remplir ; et l'amour propre même d'auteur ne put l'emporter, chez lui, sur la seule idée de manquer à sa parole. Il travailla : mais, découragé d'avance, et ne se flattant d'aucun succès, il donna au théâtre italien, dans le cours de deux ans, une vingtaine de pièces qui ne justifièrent, aux yeux des Français, ni ses talens ni sa renommée.

Arrivé au terme désiré de son engagement, *Goldoni*

se disposait à retourner à Venise, lorsqu'un événement aussi imprévu que glorieux pour lui et pour les lettres, le fixa à jamais en France.

Comme l'étude de la langue italienne entrait dans le plan d'éducation des Dames de France, et que personne n'en pouvait donner de meilleures leçons que *Goldoni*, on saisit avec empressement cette circonstance pour l'arrêter en France ; et bientôt il fut appelé à la cour. Voilà donc notre illustre auteur portant sa bonhomie, ses goûts simples et purs, toutes ses vertus enfin, dans un séjour et dans une société auguste, où tout cela était à sa place naturelle : aussi y fut-il constamment le même, et il était impossible qu'il y changeât. Qu'ils l'ont peu connue ou mal jugée, cette Cour si calomniée, ceux qui, humiliés, on ne sait pourquoi, de son éclat extérieur, ne lui ont pas même voulu supposer des vertus qui les eussent humiliés davantage et avec bien plus de raison. Soyons justes avec ceux qui ne l'ont été pour personne, et demandons-leur ce que font les noms, quand les choses restent les mêmes ; et pourquoi ce qu'ils admireraient dans un simple particulier, cesse de les toucher dans un Prince ou dans un Monarque ? Serait-ce par cela seul qu'il est Prince ou Monarque ? Conçoit-on une pareille logique, et revient-on de son étonnement, quand on se rappelle qu'elle a été en effet celle de bien des gens ? Ah ! puisque le vice sur le trône n'a pu ni ne doit échapper dans aucun temps à l'inflexible jugement de la postérité, pourquoi se refuser à la satisfaction de recueillir les exemples vertueux qui ont illustré la pourpre des Rois ? La calomnie aura-t-elle seule le droit de retentir dans l'avenir, et la voix de la vérité sera-t-elle toujours glacée par une crainte servile, ou étouffée par de méprisables clameurs ? Quoi ! mille bouches se seront ouvertes pour proscrire, et pas une voix ne s'élevera pour justifier l'innocent ! Quoi ! l'on aura dénaturé, exagéré de simples faiblesses, et il ne serait pas permis de louer de grandes vertus ? Loin de nous cette pensée : elle outragerait à la fois et ceux qui nous gouvernent aujourd'hui, et les sages lois à l'abri desquelles respirent les mœurs, et renaissent les lettres avec l'espoir de les cultiver en paix. Non : l'éloge de la vertu n'a jamais irrité que ceux qu'il forçait de rougir.

Que n'ont-ils pu pénétrer, ces détracteurs ardens de toute espèce de mérite, que n'ont-ils pu pénétrer dans cet intérieur, où le père de l'infortuné Louis XVI formait lui-même ses enfans à la vertu, présidait à leur éducation ; et, tout héritier qu'il était de la première monarchie de l'univers, ne se croyait dispensé ni d'égards, ni de reconnaissance envers ceux qui coopéraient avec lui à ce grand ouvrage. Combien de marques touchantes de bonté, combien de traits précieux de caractère n'aurions-nous pas à offrir à l'attendrissement de nos lecteurs, si le temps qui nous presse, nous permettait de nous abandonner au plaisir de les retracer ! Combien de ces petites anecdotes, où l'on juge d'autant mieux la personne, qu'on la voit, pour ainsi dire, à son insçu, et sans qu'elle songe qu'on la regarde. Combien on aimerait à voir le bon *Goldoni* conversant familièrement avec ses augustes Ecolières ; toujours admis à leurs petites fêtes, à leurs parties de jeu ; honoré même, à cet égard, d'une distinction particulière, et comblé dans tous les temps des témoignages de leur attachement pour lui. Nous nous bornerons, entre mille, à un trait seulement, parce qu'il tient à *Goldoni*.

Dans l'un des fréquens voyages qu'il faisait de Paris à Versailles, avant d'y avoir son logement, *Goldoni* est surpris tout à coup d'une cécité momentanée. Le livre qu'il lisait dans sa voiture ne lui offre qu'un mélange confus, où ses yeux ne distinguent plus rien. Troublé, hors de lui-même, et voyant à peine assez pour se conduire, il arrive dans l'appartement de madame ADÉLAÏDE. La Princesse s'aperçoit de son saisissement : *Goldoni* en tait la cause, et veut procéder à la leçon accoutumée. Mais il lui est impossible de lire : il ne voit rien, absolument rien, et fait l'aveu du triste événement qui lui arrive. A ce récit, l'excellente Princesse, plus troublée, plus effrayée que *Goldoni* lui-même, sonne, appelle, court, cherche ce qu'elle croit le plus capable de le soulager pour le moment ; et ses royales mains ne dédaignent pas de verser elles-mêmes les gouttes salutaires sur les yeux du malade..... Oh ! qu'il dut être doux pour son cœur, le moment où il recevait les preuves touchantes d'un pareil attachement ! Oh ! comme ses larmes durent couler délicieusement sur les mains de son auguste bienfaitrice ! Mais il eût fallu l'entendre raconter lui-même, avec la naïve candeur de son ame et de son âge, les témoignages particuliers de bienveillance qu'il reçut successivement de cette même *ADÉLAÏDE*; de cette Mme *CLOTILDE*, dont la bonté était devenue le nom, comme elle en était le caractère; de cette malheureuse *ELISABETH*, qui depuis...! O temps! ô souvenirs d'éternel effroi! ô sujets amers de pleurs intarissables! En fouillant dans les annales sanglantes des jours qui la virent périr, nous ne trouvons pas même, au sujet de cette bonne Princesse, ces prétextes imaginaires qui créaient alors de prétendus coupables, pour en faire bientôt des victimes. Que lui reprochaient-ils donc, que voulaient-ils punir en elle ?... O ! qui que vous soyez qui avez vu passer ces jours affreux, méritiez-vous d'y survivre, si vous m'en demandez davantage ? Il n'est pas loin, le temps où tant de forfaits seront peints de leurs couleurs, et exposés dans leur hideuse nudité. Il faudra bien surmonter l'horreur qu'ils inspirent, pour en dévoiler les causes : il faudra bien tout dire...... et l'on dira tout (1).

Avec un emploi aussi honorable et de semblables Protectrices, *Goldoni* pouvait faire, en France, une fortune brillante sous tous les rapports : il ne le fit pas, parce que, comme il le dit lui-même en vingt endroits de ses Mémoires ; *je vivais à la cour, et n'étais point Courtisan*. On peut croire que s'il ne sut ou ne voulut jamais être *Courtisan*, même à la cour, il fut bien moins encore l'esclave de ces petits Cercles, où l'on veut absolument avoir un homme

---

(1) Dans un ouvrage intitulé : *des Guerres d'Opinions*, que l'auteur de cette traduction médite et prépare depuis long-temps, et qui paraîtra sous quelques mois.

de Lettres, parce qu'on se croit quelque chose à côté de lui, ou que l'on a la ridicule prétention de le protéger ; de ces cercles, où l'odieux de l'oubli succède bientôt au ridicule de l'enthousiasme ; où, dupe trop facile des apparences, l'homme simple et bon prend pour de l'attachement et de l'intérêt, ce qui n'est qu'une puérile curiosité, qui, satisfaite en un moment, laisse après elle le dégoût d'une part, et de l'autre, le stérile regret de la perte d'un temps, dont le génie est comptable à la postérité.

Goldoni aima l'étude et travailla jusqu'à ses derniers momens. Le peu de succès des pieces italiennes qu'il donna en France, l'éloigna entièrement de ce genre de spectacle : mais il suivit le théâtre français avec assiduité. L'ensemble et la perfection des talens qui en faisaient alors le premier théâtre du monde, excitèrent en lui une généreuse émulation, et lui inspirèrent le désir de travailler pour ces grands Artistes. Il traite quelque part ce projet de témérité : cette témérité fut heureuse, et nous valut un chef-d'œuvre, capable lui seul d'immortaliser un écrivain ; c'est *le Bourru bienfaisant.* Cet admirable ouvrage termina la carrière dramatique de *Goldoni* ; et il fut vrai de dire de lui, *qu'il se reposa sur des lauriers.*

C'est à leur ombre paisible qu'il attendit la mort, sans la désirer, ni la craindre, avec la résignation d'un chrétien et le courage que les *philosophes* ont dans leurs Livres. Il mourut au commencement de 1793, âgé de 86 ans, pleuré de tout ce qui l'avait connu, et laissant une mémoire chère aux lettres et respectable à tous les gens de bien.

Il est plus d'un écrivain, dont l'éloge est fini, quand on a parlé de son génie et vanté ses productions. Cet accord si précieux et si désirable du génie et de la vertu, des mœurs et des talens, devient nécessairement plus rare, à proportion que les uns et les autres dégénèrent davantage. Ils semblent se finir, à mesure qu'ils se trouvent moins dignes les uns des autres : isolés alors, et privés de leur mutuel appui, leur décadence devient plus sensible de jour en jour, et leur réunion plus désespérée. Les Anciens, nos modèles en vertus, comme ils furent nos précepteurs dans tous les arts ; les Anciens, pour qui *bien faire* était plus encore que *bien dire*, ne concevaient de véritablement grand en tout genre, que ce qui était éminemment vertueux. L'on peut voir dans les admirables *Institutions* de *Quintilien*, que s'il s'occupe de former avec soin et d'orner l'esprit de son jeune élève, il met bien plus d'attention encore et de sollicitude à ouvrir son ame à toutes les vertus ; persuadé avec raison, qu'il en fera aisément un orateur habile, quand il en aura fait un citoyen vertueux. Parcourez tout ce que *Cicéron* a écrit sur l'éloquence, et par-tout vous le verrez poser la probité pour base de ce bel art. Et ce qui donne au sentiment de ces grands hommes une autorité plus respectable encore, c'est que les détails de leur vie ne furent jamais en contradiction avec leurs discours : c'est qu'ils ne conseillaient rien, qu'ils n'eussent d'avance pratiqué eux-mêmes ; et que tout ce qu'ils disaient de la vertu, n'était que l'histoire de leurs propres pensées, et le tableau fidelle de leurs actions. Nous aimons à croire à la vertu de celui qui nous la prêche ; et quoique ce qu'il fait n'ait pas une influence nécessaire sur ce qu'il dit, il ne s'en suit pas moins, que c'est se jouer indignement de la vertu, que d'en affecter le langage, d'en étaler pompeusement les maximes, tandis que l'on en rit soi-même derrière le masque hypocrite que l'on a osé usurper. Ah ! que ne nous est-il permis de confirmer par de nombreux exemples ce que nous avançons ici ! de remonter aux temps heureux, où les mœurs étaient comptées encore pour quelque chose ; où l'écrivain, flétri dans sa conduite, était décrédité d'avance dans ses discours ; où la morale enfin se trouvait plus dans les actions des véritables philosophes, que dans les verbeuses déclamations des sophistes !

Mais si les bornes de notre sujet nous interdisent ces détails consolans, nous lui devons au moins un avantage incontestable ; c'est que nous n'avons pas besoin d'en sortir pour trouver l'accord estimable que nous cherchons, et dont nous venons de déplorer la rareté. Dans la foule presque innombrable des caractères que *Goldoni* a mis au théâtre, on retrouve la peinture successive de toutes les vertus publiques et particulières. Le peintre ne s'y borne point à de simples esquisses ; il semble toujours abandonner trop tôt le tableau de la vertu : il y revient à plusieurs reprises, et c'est toujours la même variété dans les détails, la même abondance dans les sentimens. Où se trouvait donc cette source inépuisable de sentimens vertueux, si souvent et si bien exprimés, sinon dans une ame véritablement enflammée de l'amour de ces mêmes vertus ? Ses concitoyens, l'Italie entière en étaient si généralement convaincus, qu'on lui fit plus d'une fois l'honorable application de ses plus beaux caractères. On le retrouvait tout entier dans l'*Avocat Vénitien*; et cet avocat est un des plus beaux rôles qu'il y ait au théâtre. Qu'il est glorieux de mériter un pareil éloge ! Lauriers éphémères, que prodigue le fol enthousiasme d'un parterre flatté un moment dans ses goûts dépravés, qu'êtes-vous, au prix de ce concert unanime de tous les gens de bien applaudissant au citoyen vertueux, plus encore qu'à l'écrivain habile ?

Que sera-ce donc, si l'examinant de plus près dans cet intérieur, où, dépouillé de tout ce qui en impose au dehors, l'homme est absolument lui-même, nous retrouvons les mêmes motifs d'estime, les mêmes sujets d'admiration ? Combien de vertus factices soutiennent et bravent même l'éclat du grand jour, qui ne supporteraient pas la sévérité d'un examen particulier ! *Goldoni*, au contraire, gagnait toujours plus à être connu davantage. Le modèle des époux, il eût été celui des pères, si le ciel lui eût accordé des enfans : son cœur se dédommagea du moins de cette douloureuse privation, en adoptant ceux de son frère, et en faisant pour eux, ce que sa tendresse eût fait pour les siens. Mais, que pourrions-nous dire qui approchât de la manière simple, noble et vraie sur-tout, dont il se peint lui-même dans une lettre, que nous tâcherons seulement de ne point affaiblir en la traduisant.

Elle est adressée à M. *Connio*, son beau-père, l'un des citoyens les plus distingués de la ville de *Gênes*.
« L'amour, le respect, la reconnaissance, tout me
» fait un devoir de vous consacrer ce monument
» public d'un attachement si bien mérité ; et puissent
» nos noms, que rapproche déjà sur la terre un
» nœud sacré, vivre encore après nous, dans l'écrit
» qui les rassemble aujourd'hui ! Quelle reconnais-
» sance pourra jamais égaler le bienfait que j'ai reçu
» de vous ? Pouviez-vous m'accorder un trésor plus
» précieux, que celui d'une fille digne de vous, et qui
» fait, par ses vertus, le bonheur de l'époux qui
» l'adore !...... Quel courage elle a constamment
» opposé aux revers de la fortune ! Jamais un mur-
» mure, jamais un moment d'impatience n'ont échappé
» à sa belle ame : toujours contente, toujours tran-
» quille, elle n'avait qu'un désir, celui de voir son
» époux plus heureux ; qu'un but, celui de travailler
» à son bonheur. Mais, si j'ai eu lieu d'admirer plus
» d'une fois sa constance dans les situations pénibles
» que sa tendresse a partagées avec moi, quels éloges
» ne dois-je pas à sa modération, lorsque la fortune
» nous a de nouveau souri !...... Ce panégyrique
» d'une épouse paraîtra, je le sens, ridicule ou
» déplacé, du moins, dans la bouche d'un époux.
» Quelques-uns ont attendu la mort de leurs com-

» pagnes pour faire leur éloge : pour moi, j'ai voulu
» rendre à la mienne cette justice éclatante, tandis
» qu'elle peut m'entendre encore ; bien sûr de n'être
» démenti par aucun de ceux qui la connaissent,
» et justifié d'avance par cette bonté qui respire dans
» tous ses traits, comme elle vit dans son cœur.

» Béni soit à jamais le jour, où j'eus l'honneur de
» vous connaître à *Gênes*, et de voir pour la pre-
» mière fois votre adorable fille ! Le hasard m'avait
» logé près de vous ; l'amitié dont vous m'honorâtes
» me fournit l'occasion de voir de plus près les qualités
» rares qui ornaient cette fille chérie : elle m'inspira
» une estime, qui ne tarda pas à devenir de l'amour.....
» Je sais tout ce qu'il vous en coûta pour vous
» séparer d'elle ; et c'est la grandeur même du sacri-
» fice, qui ajoute tous les jours à ma reconnaissance.....
» La fille que vous avez daigné m'accorder méritait
» un autre sort, et une fortune plus considérable,
» sans doute ; cependant sa bonté se contente de ma
» médiocre existence, et son ambition ne désire rien
» au-delà. Je ne suis pas riche ; mais la bonté du
» Seigneur m'accorde plus encore cent fois que je
» ne mérite ; et si rien n'annonce chez moi le faste
» et l'abondance, rien aussi n'y indique le besoin.
» Le pain que je mange me coûte bien des sueurs :
» je le partage avec ma tendre épouse ; et mes fatigues
» sont oubliées. La Providence, qui m'a refusé des
» enfans, m'a chargé de la famille de mon frère ;
» et c'est en cela sur-tout que brille l'excellent naturel
» de mon épouse, qui se dévoue courageusement

» à tous les soins d'une tendre mère, sans en trouver
» la récompense dans le bonheur d'embrasser ses
» enfans, etc. ». (*Epître dédicatoire de la Femme seule,
comédie.*)

Ces vertus domestiques étaient d'autant plus vraies, d'autant plus solides dans *Goldoni*, qu'elles tiraient leur principe d'un fond de religion qui ne s'est jamais démenti chez lui : également éloigné du cagotisme, qui deshonore la religion en la chargeant de pratiques ridiculement minutieuses, et de l'orgueilleux philosophisme qui croit l'outrager en la bravant, il en remplissait les devoirs sans peine, et en pratiquait les maximes sans ostentation. En un mot, s'il fut, au théâtre, l'apôtre constant des mœurs et de la vertu, il en était dans son particulier le scrupuleux observateur, et c'est ainsi qu'il est beau d'en parler!

Mais par quelle étrange fatalité sommes-nous forcés de faire au grand homme dont nous terminons l'éloge, un mérite de ce qui paraît si simple et si naturel, l'attachement à la foi de ses pères! Comment le premier, le plus saint de nos devoirs, en est-il devenu le plus négligé! et pourquoi sommes-nous réduits à compter, pour ainsi dire, ceux qui le remplissent? A quoi attribuer cette effrayante dissolution morale, sinon à la persécution déclarée à tous les arts, exercée contre toutes les sciences, et sur-tout au défaut total d'instruction publique et particulière? Quel en sera le terme? l'époque où l'étude bien dirigée du vrai, ramènera le goût du beau ; où la culture des lettres nous rendra à la pratique des vertus. Car, si les fausses lumières d'une vaine philosophie ont pu égarer les hommes une fois, si l'abus des sciences en général, les a conduits à leur perte, il n'en est pas moins vrai que l'ignorance et la barbarie qui marche à sa suite, ont fait bien plus de maux encore. Quelques pages de la révolution suffisent pour réfuter le paradoxe fameux renouvelé de nos jours, et décident victorieusement une question, qui n'en devait pas être une parmi des peuples policés.

Pardon, Mânes éloquens de l'illustre citoyen de Genève, pardon! Personne n'admire plus que moi l'énergie sublime de tes écrits : mon ame s'enflamme et brûle avec la tienne ! Tu voulus le bien ; je le crois : tu aimas la vertu ; je tâche de me le persuader : je perdrais, sans cela, le premier charme qui m'attache à la lecture de tes ouvrages. Mais, qu'aurais-tu pensé, si, spectateur un seul jour, de ce dont nous avons été si long-temps les témoins, tu avais vu la stupide Ignorance dictant ses lois de fer à tout un peuple, dévouant à la mort tout ce qui était instruit, et livrant aux flammes les monumens des arts et les instrumens de toutes les sciences ! O toi, qui fis parler si éloquemment autrefois l'ombre vertueuse du grand *Fabricius*, dans Rome corrompue par le luxe et avilie par des arts indignes d'elle ; que n'aurais-tu pas dit toi-même à des Français, le disputant de grossièreté et de barbarie avec les peuples les plus sauvages, et de férocité, avec les plus cruels ? Avec quelle indignation tu aurais entendu ces bouches, toujours dégoûtantes de sang, profaner ton nom, parler de toi, comme s'ils te connaissaient; de tes ouvrages, comme s'ils les avaient lus, comme s'ils pouvaient les entendre! Ah! sans doute, cruellement désabusé alors des chimères qui échauffaient ton cœur ou amusaient ton imagination, tu aurais pleuré sur les ruines d'une patrie si tristement ravagée par cette même ignorance que tu avais tant célébrée; et tu n'aurais vu le terme de tant de maux, que dans le retour des Sciences et des Arts, qui amène nécessairement celui des Mœurs et des Vertus.

Livrons-nous à l'espoir de les voir reprendre bientôt tout leur empire parmi nous. Déjà les mœurs ont trouvé un soutien; les lettres, un Ami et un Protecteur éclairé : tout nous promet enfin des jours meilleurs; et le Grand Homme qui a pu jusqu'ici tout ce qu'il a voulu, ne peut vouloir désormais que la paix, la gloire et le bonheur de ses concitoyens.

PRÉFACE
DU TRADUCTEUR,
POUR LA COMÉDIE DE PAMÉLA.

Paméla est un de ces personnages dont la réputation est faite d'avance, et qui imposent au poëte dramatique la nécessité de répondre à tout ce que l'on attend d'eux. Plus le spectateur s'en est fait une idée avantageuse, et plus il devient dangereux de les lui présenter sous une nouvelle forme, parce qu'il est difficile qu'ils ne perdent pas à la métamorphose, au moins dans l'opinion générale. Le public qui s'attend à retrouver des gens de sa connaissance, veut les revoir sous leurs traits, et les entendre parler leur langage. Rien de plus rare aussi que la réussite complète de ces sortes de pièces, empruntées d'ouvrages, qui avaient, comme Romans, un mérite réel, et jouissaient d'une réputation méritée. On compte quelques exceptions, et l'on peut citer sur-tout la comédie de *Tom-Jones à Londres*. Mais, quel Roman aussi que ce *Tom-Jones !* M. de la Harpe ne craint pas de l'appeler quelque part *le Livre le mieux fait de l'Angleterre.* L'éloge est grand, sans doute, et suppose un mérite prodigieux : mais ce qu'il y a de plus prodigieux peut-être encore, c'est que la lecture de l'ouvrage justifie l'éloge. Là, tout est en action ; pas un chapitre qui n'offre ou n'amène une scène vraiment dramatique. Quelle diversité dans les caractères! quelle chaleur dans la marche de l'ouvrage ! quel intérêt enfin d'un bout à l'autre ! rien à désirer ; mais aussi rien de trop. On dirait que *Fielding* est le seul écrivain anglais qui ait connu et respecté des bornes.

Il n'en est pas de même de *Richardson*, à qui, dit encore M. de la Harpe, *il a manqué une condition essentielle et indispensable pour faire un bon livre, de savoir s'arrêter.* Ce défaut, sensible dans tous ses ouvrages, l'est plus encore dans *Paméla*, son premier roman ; et c'est ce qui rendait plus difficile l'entreprise de *Goldoni.* Ici, le romancier n'offrait que peu de ressource au poëte, et la marche du roman est si froide, si totalement dénuée d'intrigue et d'action, qu'il

fallait

fallait ou tirer beaucoup de son propre fond, ou faire une comédie détestable. Il y a, sans doute, dans la Paméla anglaise des détails charmans, des lettres très-intéressantes; Paméla parle comme un ange : mais au théâtre, il faut agir, il faut qu'un personnage principal sur-tout se trouve dans des situations attachantes, capables d'exciter l'intérêt, et de soutenir l'attention du spectateur ; et , malgré le mérite de Richardson, il n'y a rien de tout cela dans le roman de Paméla.

Il fallait donc nécessairement ou prendre seulement le fond du sujet et inventer tout le reste, et c'est ce qu'a fait *Goldoni* avec succès ; ou transporter l'événement en d'autres temps et en d'autres lieux, et c'est ce qu'a fait *Voltaire* dans *Nanine*. On ne rendit pas, dans le principe, toute la justice possible à ce joli Ouvrage, plus moral, quant au fond, que celui de *Goldoni*, et qui étincelle de beautés de détails, revêtues par-tout de ce coloris enchanteur, qui était devenu le cachet de Voltaire, et dont il a malheureusement emporté le secret avec lui. Mais l'envie ne pardonnait pas au même homme de donner presque en même-temps au public, *Mahomet*, *Nanine*, *Sémiramis*, etc. Nanine fut médiocrement accueillie ; et il faut convenir que, malgré l'art du poëte et les charmes de son style, ce sujet est resté froid entre ses mains, parce qu'il l'était essentiellement.

Peut-être ne serait-il ni indifférent aux progrès de l'art, ni inutile aux jeunes gens qui s'exercent dans la carrière dramatique, d'examiner ici pourquoi des ouvrages de génie qu'on lit et relit sans cesse avec un nouvel intérêt, sont si stériles en effets dramatiques : pourquoi, par exemple, *Clarice* et *la Nouvelle Héloïse*, si justement célèbres, n'ont jamais fourni une bonne pièce de théâtre. Mais cette discussion excéderait les bornes d'une préface, et nous aurons d'ailleurs occasion d'y revenir plus d'une fois, dans le cours de cet ouvrage.

Le succès de la *Paméla* de *Goldoni* engagea quelques écrivains à lui donner une suite, sous le titre de *La Pamela maritata*, *Paméla mariée*. Mais on désira de l'avoir de la main même de *Goldoni* ; et il nous apprend lui-même qu'il se détermina difficilement à traiter ce sujet ; que la pièce réussit cependant, de manière à le dédommager de ses peines."

Ces deux ouvrages ont été adaptés à la Scène française. Le premier est avantageusement connu; le second, dont on nous a confié le Manuscrit, n'a point encore été joué à Paris. Nous ne nous permettrons, en conséquence, aucun avis sur cette pièce : ce n'est point à nous qu'il appartient de prévenir, à cet égard, le jugement du public. Nous nous bornerons à rapporter en notes les imitations, et à citer les endroits où les auteurs français ont cru devoir s'écarter de l'original italien.

LA PAMELA,

COMMEDIA

DI TRÈ ATTI ED IN PROSA.

PAMÉLA,

COMÉDIE

EN TROIS ACTES ET EN PROSE.

PERSONAGGI.

Milord BONFIL.

Miledi DAURE, sua sorella.

Il Cavaliere ERNOLD, nipote di Miledi Daure.

Milord ARTUR.

Milord CURBRECH.

PAMELA, fù cameriera della defunta madre di Bonfil.

ANDREUVE, vecchio, padre di Pamela.

Madama JEURE, governante.

Monsieur LONGMAN, maggiordomo.

Monsieur VILLIOME, segretario di Bonfil.

ISACCO, cameriere di Bonfil.

La Scena si rappresenta in Londra, in casa del Milord Bonfil, in una camera con varie porte.

PERSONNAGES.

Mylord BONFIL.

Myladi DAURE, sa sœur.

Le chevalier ERNOLD, neveu de Myladi.

Mylord ARTUR.

Mylord CURBRECH.

PAMÉLA, femme-de-chambre de la défunte mère de Bonfil.

ANDREUSS, vieillard, père de Paméla.

Madame JEFFRE, gouvernante.

Monsieur LONGMAN, intendant.

Monsieur GUILLAUME, secrétaire de Bonfil.

ISAC, valet de chambre de Bonfil.

La Scène est à Londres, chez Mylord Bonfil, et se passe dans un sallon qui communique à divers appartemens.

LA PAMELA,
COMMEDIA.

ATTO PRIMO.

SCENA PRIMA.

PAMELA *a sedere a un picciolo tavolino, cucendo qualche cosa di bianco.*

M.^{ma} JEURE *filando della bavella sul mulinello.*

M.^{ma} JEURE.

Pamela, che avete voi, che piangete?

PAMELA.

Piango sempre, quando mi ricordo della povera mia padrona.

M.^{ma} JEURE.

Vi lodo, ma sono tre mesi che è morta.

PAMELA.

Non me ne scorderò mai. Sono una povera giovane, figlia d'un padre povero, che colle proprie braccia

PAMÉLA,
COMÉDIE.

ACTE PREMIER.

SCÈNE PREMIÈRE.

PAMÉLA *est assise à une petite table, et travaille à quelque chose de blanc.*
Mme JEFFRE *file de la soie au rouet.*

Mme JEFFRE.

Paméla, pourquoi pleurer ainsi ? qui fait couler vos larmes ?

PAMÉLA.

Le souvenir, hélas ! de ma pauvre maîtresse.

Mme JEFFRE.

Je ne puis que vous louer ; mais il y a trois mois qu'elle n'est plus.

PAMÉLA.

Jamais je ne l'oublierai. Je suis une pauvre fille, née d'un père pauvre également, et qui cultive de ses

coltiva le terre, che gli somministrano il pane. Ella mi ha fatto passare dallo stato misero allo stato comodo; dalla coltura d'un orticello all' onor di essere sua cameriera. Mi ha fatto istruire, mi ha seco allevata, mi amava, mi voleva sempre vicina, e volete, ch'io me ne scordi? Sarei troppo ingrata, e troppo immeritevole di quella sorte, che il cielo mi ha benignamente concessa.

M.ma JEURE.

E' vero; la padrona vi voleva assai bene, ma voi per dirla, meritate di essere amata. Siete una giovane savia, virtuosa, e prudente. Siete adorabile.

PAMELA.

Madama Jeure, voi mi mortificate.

M.ma JEURE.

Ve lo dico di cuore. Sono ormai vent'anni, che ho l'onore di essere al servizio di questa casa, e di quante cameriere sono qui capitate, non ho veduta la più discreta di voi.

PAMELA.

Effetto della vostra bontà, Madama, che sa compatire li miei difetti.

M.ma JEURE.

Voi fra le altre prerogative avete quella d'uno spirito così pronto, che tutto apprende con facilità.

PAMELA.

Tutto quel poco, ch'io so, me l'ha insegnato la mia padrona.

M.ma JEURE.

E poi, Pamela mia, siete assai bella.

---

(1) Jeffre développe ainsi cette pensée dans la *Paméla française*.
    Et puis, ma Paméla,
 Votre figure encor ajoute à tout cela.
 Vous n'avez rien en vous qui ne soit plein de charmes,
 La critique est forcée à vous rendre les armes.
 On ne peut sans plaisir vous entendre et vous voir;
 Et vous seule avez l'air de ne le pas savoir.

mains le champ qui fournit à ses besoins. Cette bonne maîtresse m'a fait passer de l'état d'indigence à une situation plus heureuse ; de la culture d'un petit jardin, à l'honneur d'être sa femme-de-chambre. Elle m'a fait instruire, élever auprès d'elle ; me voulait toujours à ses côtés ; et de pareils bienfaits sortiraient de ma mémoire ! Ah ! je serais trop ingrate, trop indigne du sort que la bonté du ciel m'a accordé.

Mme JEFFRE.

Cela est vrai : Madame vous voulait beaucoup de bien ; mais pour tout dire aussi, vous êtes faite pour être aimée. Sage, vertueuse, prudente, adorable enfin......

PAMÉLA.

Ah, Madame ! vous me mortifiez !

Mme JEFFRE.

Je vous parle sincèrement. Voilà bientôt vingt ans que j'ai l'honneur de servir ici, et de toutes les femmes-de-chambre qui y sont entrées, je n'en ai vu aucune plus décente que vous.

PAMÉLA.

C'est un effet de votre bonté, Madame, qui veut bien fermer les yeux sur mes défauts.

Mme JEFFRE.

Vous avez, entre autres mérites, celui d'un esprit qui apprend tout avec une facilité !....

PAMÉLA.

Le peu que je sais, c'est Madame qui me l'a appris.

Mme JEFFRE.

Et puis, vous êtes belle, ma Paméla (1).

Ces vers, jolis dans tous les temps, quoi qu'ils n'aient, pour le fond et dans la tournure, rien d'absolument neuf, durent paraître bien plus jolis encore, lorsque, dans la nouveauté de *Paméla*, le public les adressait, avec Jeffre, à Mlle *Lange*. Ils n'ont rien perdu, sans doute, à la reprise de l'ouvrage ; et le mérite de l'application reste le même.

PAMELA.

Voi mi fate arrossire.

M.^{ma} JEURE.

Io v'amo, come mia figlia.

PAMELA.

Ed io vi rispetto come una Madre.

M.^{ma} JEURE.

Sono consolatissima, che voi non ostante la di lei morte, restiate in casa con noi.

PAMELA.

Povera padrona, con che amore mi ha ella raccomandata al Milord suo figlio. Pareva, che negli ultimi respiri di vita non sapesse parlar che di me. Quando me ne rammento, non posso trattenere le lagrime.

M.^{ma} JEURE.

Il vostro buon padrone vi ama, non meno della defunta sua genitrice.

PAMELA.

Il cielo lo benedica, e gli dia sempre salute.

M.^{ma} JEURE.

Quando prenderà moglie, voi sarete la sua cameriera.

PAMELA (*sospira.*)

Ah!

M.^{ma} JEURE.

Sospirate? perchè?

PAMELA.

Il cielo dia al mio padrone tutto quello, ch'egli desidera.

M.^{ma} JEURE.

Parlate di lui con una gran tenerezza?

PAMELA.

Come volete, ch'io parli di uno, che m'assicura della mia fortuna?

PAMÉLA.

Vous me faites rougir.

Mme JEFFRE.

Je vous aime comme ma fille.

PAMÉLA.

Et moi, je vous respecte comme ma mère.

Mme JEFFRE.

Je suis enchantée de ce que, malgré la mort de Madame, vous restez toujours avec nous.

PAMÉLA.

Pauvre maîtresse ! avec quelle tendresse elle m'a recommandée à Mylord son fils. On eût dit qu'elle ne pouvait, dans les derniers momens de sa vie, s'occuper d'autre chose que de moi. Ah ! quand je me rappelle tout cela, mes larmes s'échappent malgré moi.

Mme JEFFRE.

Mais Monsieur vous aime autant que sa défunte mère.

PAMÉLA.

Puisse le ciel le bénir et le protéger en tout !

Mme JEFFRE.

Vous pouvez être un jour la femme-de-chambre de son épouse.

PAMÉLA.

Hélas !

Mme JEFFRE.

Vous soupirez ! pourquoi ?

PAMÉLA.

Que le ciel réponde en tout à ses vœux !

Mme JEFFRE.

Mais il me semble que vous parlez de lui avec bien de l'affection ?

PAMÉLA.

Eh ! comment puis-je parler autrement de celui qui me donne la certitude de mon bonheur !

PAMELA,

Mᵐᵃ JEURE.

Quand' egli vi nomina, lo fa sempre col labbro ridente.

PAMELA.

Ha il più bel cuore del mondo.

Mᵐᵃ JEURE.

E sapete, ch' egli ha tutta la serietà, che si conviene a questa nostra nazione.

PAMELA.

Bella prerogativa è il parlar poco, e bene.

Mᵐᵃ JEURE (*si alza.*)

Pamela, trattenetevi, che ora torno.

PAMELA.

Non mi lasciate lungamente senza di voi.

Mᵐᵃ JEURE.

Vedete; il fuso è pieno. Ne prendo un altro, e subito qui ritorno.

PAMELA.

Non vorrei mi trovasse sola il padrone.

Mᵐᵃ JEURE.

Egli è un cavaliere onesto.

PAMELA.

Egli è uomo.

Mᵐᵃ JEURE.

Via, via, non vi date a pensar male. Ora torno.

PAMELA.

S' egli venisse, avvisatemi.

Mᵐᵃ JEURE.

Sì, lo farò. (M' entra un pensiero nel capo. Pamela parla troppo del suo padrone. Me ne saprò assicurare.) (*parte.*)

---

(1) Voilà de ces mots charmans qui caractérisent mieux un personnage que tous ces fades lieux communs, devenus ridicules à force d'être prodigués. Paméla n'est point une *parleuse* de morale; et quand une fois ou deux seulement les circonstances la forcent, dans

M.me JEFFRE.

Quand il vous nomme, le sourire est toujours sur ses lèvres.

PAMÉLA.

Il a une si belle ame !

M.me JEFFRE.

Et tout le sérieux qui caractérise notre nation.

PAMÉLA.

Parler peu, mais bien, est une belle prérogative.

M.me JEFFRE (*se lève.*)

Paméla, restez ici : je suis à vous dans le moment.

PAMÉLA.

Ne me laissez pas long-temps seule.

M.me JEFFRE.

Voyez : mon fuseau est plein ; j'en prends un autre, et je reviens à l'instant.

PAMÉLA.

Je ne voudrais pas que Monsieur me trouvât seule.

M.me JEFFRE.

Comment donc ! il est honnête.

PAMÉLA.

C'est un homme ! (1)

M.me JEFFRE.

Allons, allons, point de ces mauvaises idées-là. Je suis à vous.

PAMÉLA.

S'il venait, par hasard, ayez la bonté de m'avertir.

M.me JEFFRE.

Oui, oui. (*à part.*) Il me vient une drôle d'idée dans l'esprit. Paméla parle trop de son maître !.... Mais je saurai m'en assurer. (*Elle sort.*)

---

le cours de la pièce, de développer l'excellence de ses principes, ce n'est point l'étalage d'un esprit qui cherche à se montrer ; c'est l'énergie d'une ame honnête, c'est la vertueuse indignation qu'excitent une conduite ou des propositions révoltantes et indignes d'elle.

SCENA II.

PAMELA (*sola.*)

ORA che non vi è madama Jeure, posso piangere liberamente. Ma queste lagrime, ch' io spargo, sono tutte per la mia defunta padrona? Io mi vorrei lusingare di sì, ma il cuore tristarello mi suggerisce di no. Il mio padrone parla spesso di me, mi nomina col labro ridente. Quando m' incontra con l' occhio, non lo ritira sì presto; m' ha dette delle parole ripiene di somma bontà. E che vogl' io lusingarmi perciò? Egli mi fa tutto questo per le amorose parole della sua cara madre. Si, egli lo fa per questa sola ragione; che se altro a far ciò lo movesse, dovrei subito allontanarmi da questa casa; salvarmi fra le braccia degli onorati miei genitori, e sagrificare la mia fortuna alla mia onoratezza. Ma, giacchè ora son sola, voglio terminare di scrivere la lettera, che mandar destino a mio padre. Voglio farlo esser a parte, unitamente alla mia cara madre delle mie contentezze; assicurarli, che la fortuna non m' abbandona; che resto in casa,

---

(1) Enfin me voilà seule, et libre de pleurer.
Qu'il est doux de pouvoir, quand une ame est blessée,
Exhaler les soupirs dont elle est oppressée !
Mais ces pleurs, ces soupirs qui soulagent mon cœur,
Quelle est leur source hélas ! et d'où nait ma douleur !
Est-ce un tribut de deuil que j'offre à ta mémoire,
O ma chère maîtresse ! ah ! je voudrais le croire ;
Mais je m'abuse envain d'un si juste regret :
Mon cœur, mon faible cœur me dément en secret....
Je n'ose dans ce cœur lire qu'avec réserve.....
   Mais tandis que personne en ces lieux ne m'observe,
Achevons ce billet hier au soir commencé,
Et qui par moi doit être à mon père adressé.
Il faut bien qu'il partage, avec ma tendre mère,
Les consolations de ma douleur amère.
Qu'il sache que le ciel ne m'abandonne pas,
Et que de Myladi le funeste trépas,

(1) SCÈNE II.

PAMÉLA (*seule.*)

Maintenant que madame Jeffre n'y est pas, je puis pleurer en liberté! Mais ces larmes que je répands, sont-elles bien toutes pour ma défunte maîtresse? que ne puis-je m'en flatter! mais mon triste cœur me dit le contraire. Mon maître parle souvent de moi.... Le sourire est sur ses lèvres quand il me nomme....! Quand son œil me rencontre, il ne se presse point de le détourner....; il m'a adressé des paroles pleines de bonté..... Eh bien! que puis-je et que dois-je voir dans tout cela? Il en agit ainsi, pour remplir les intentions bienveillantes d'une mère chérie. Oui, voilà son seul motif. Si je lui en supposais un autre, je devrais fuir à l'instant de cette maison, chercher mon salut dans les bras d'une famille honorée, et sacrifier ma fortune à mon honneur. Mais puisque je suis seule, je veux achever la lettre que je me propose d'adresser à mon père. Je veux qu'il partage, ainsi que ma mère, la satisfaction dont je jouis; qu'il sache que la fortune ne m'abandonne pas; que, malgré la mort de

---

N'a point changé mon sort; que toute sa tendresse
Semble un legs que son fils de me payer s'empresse;
Qu'elle revit pour moi dans un maître si cher.....
Bon! c'est là justement que j'en étais hier.

(*Acte I, Sc. II.*)

Indépendamment de quelques vers faibles qui déparent un peu ce monologue, d'ailleurs bien écrit et plein de sentiment, ne peut-on pas regretter que l'auteur ait négligé d'imiter un peu plus fidèlement ici l'original qu'il traduit presque par-tout! Il nous semble que tout ce que *Jeffre* a dit de *Bonfil* à *Paméla*, a dû faire sur cette belle ame une impression profonde; qu'elle doit revenir sans cesse sur ces idées, et s'y arrêter même, avec une complaisance involontaire. C'est ce qu'avait senti, et ce qu'a fait *Goldoni*. Voyez comme tout se représente à sa mémoire! rien ne lui a échappé, pas même les termes. Voilà la nature, voilà la franchise d'une ame pure.

non ostante la morte dalla padrona, e che il mio caro padrone mi tratta con tanto amore, quanto faceva la di lui madre. Tutto ciò è già scritto, non ho d'aggiungere, se non che mando loro alcune ghinee, lasciatemi dalla padrona per sovvenire a i loro bisogni. (*Cava di tasca un foglio piegato, e dal cassetino del tavolino il calamajo, e si pone a scrivere.*) Quanto li vedrei volentieri i miei amorossimi genitori! Almen mio padre venisse a vedermi. E' un mese ch' ei mi lusinga di farlo, e ancora non lo vedo. Finalmente la distanza non è che di venti miglia.

SCENA III.

Milord BONFIL, PAMELA.

BONFIL (*da se in distanza.*)

CARA Pamela! scrive.

PAMELA (*scrivendo.*)

Sì, sì; spero verrà.

BONFIL.

Pamela.

PAMELA (*si alza.*)

Signore. (*S'inchina.*)

BONFIL.

A chi scrivi?

PAMELA.

Scrivo al mio genitore.

BONFIL.

Lascia vedere.

PAMELA.

Signore.... Io non so scrivere.

BONFIL.

So, che scrivi bene.

Madame, je reste toujours dans la maison, et que mon cher maître a pour moi les bontés qu'elle avait elle-même. Tout cela est déjà écrit ; il ne me reste plus qu'à leur annoncer l'envoi de quelques guinées, que ma bonne maîtresse m'a laissées pour subvenir à leurs besoins. (*Elle tire de sa poche un papier plié, et du tiroir de la table l'écritoire, et se met à écrire.*) Avec quel transport je reverrais des parens si tendrement chéris! si mon père du moins venait me voir ! Il y a un mois qu'il me flatte de cet espoir, et il ne vient point encore ! La distance cependant n'est que de vingt milles.

SCÈNE III.

Mylord BONFIL, PAMÉLA.

BONFIL (*à part, de loin.*)

CHÈRE Paméla! elle écrit.

PAMÉLA (*écrivant.*)

Oui, oui, il viendra, je l'espère.

BONFIL.

Paméla.

PAMÉLA (*se lève.*)

Monsieur, (*elle lui fait la révérence.*)

BONFIL.

A qui écrivez-vous-là ?

PAMÉLA.

A mon père, Monsieur.

BONFIL.

Voyons donc.

PAMÉLA.

Monsieur...... Je ne sais point écrire.

BONFIL.

Et je sais, moi, que vous écrivez bien.

PAMELA (*vorrebbe ritirar la lettera.*)
Permettetemi....
BONFIL.
No, voglio vedere.
PAMELA (*gli dà la lettera.*)
Voi siete il padrone.
BONFIL (*legge piano.*)
PAMELA (*da se.*)
Oimè! sentirà, ch'io scrivo di lui. Arrossisco in pensarlo.
BONFIL.
(*Guarda Pamela leggendo, e ride.*)
PAMELA (*da se.*)
Ride! o di me, o della lettera.
BONFIL.
(*Fa come sopra.*)
PAMELA (*da se.*)
Finalmente non dico che la verità.
BONFIL (*rende a Pamela la lettera.*)
Tieni.
PAMELA.
Compatitemi.
BONFIL.
Tu scrivi perfettamente.
PAMELA.
Fo tutto quello, ch'io so.
BONFIL.
Io sono il tuo caro padrone.
PAMELA.
Oh! Signore, vi domando perdono, se ho scritto di voi con poco rispetto.
BONFIL.
Il tuo caro padrone ti perdona, e ti loda.

COMÉDIE.

PAMÉLA.

De grace, permettez......

BONFIL.

Non ; je veux voir.

PAMÉLA.

Vous êtes le maître. (*Elle lui donne la lettre.*)

BONFIL (*lit tout bas.*)

PAMÉLA (*à part.*)

Hélas ! il va voir que je parle de lui ; je rougis d'y penser.

BONFIL.

(*Il regarde Paméla en lisant, et sourit.*)

PAMÉLA (*à part.*)

Il rit ! c'est de moi, ou de la lettre.

BONFIL.

(*Comme la première fois.*)

PAMÉLA.

Cependant, je ne dis que la vérité.

BONFIL (*lui rend la lettre.*)

Tiens.

PAMÉLA.

Mille pardons.

BONFIL.

Tu écris comme un ange.

PAMÉLA.

Je fais de mon mieux.

BONFIL.

Je suis ton cher maître !

PAMÉLA.

Ah ! pardon, Monsieur, si je me suis permis de parler de vous avec si peu de respect.

BONFIL.

Ton cher maître te pardonne et t'approuve.

Tome I. B

PAMELA.
Siete la stessa bontà.
BONFIL.
E tu sei la stessa bellezza.
PAMELA (*s'inchina per partire.*)
Signore, con vostra buona licenza.
BONFIL.
Dove vai?
PAMELA.
Madama Jeure mi aspetta.
BONFIL.
Io sono il padrone.
PAMELA.
Vi obbedisco.
BONFIL (*gli presenta un anello.*)
Tieni.
PAMELA.
Cos' è questo, Signore?
BONFIL.
Non lo conosci? Quest' anello era di mia madre.
PAMELA.
E' vero. Che volete, ch'io ne faccia?
BONFIL.
Lo terrai per memoria di lei.
PAMELA.
Oh le mie mani non portano di quelle gioje.
BONFIL.
Mia madre a te l'ha lasciato.
PAMELA.
Non mi pare, Signore, non mi pare.
BONFIL.
Pare a me. Lo dico. Non si replica. Prendi l'anello.

COMÉDIE.

PAMÉLA.

Vous êtes la bonté même.

BONFIL.

Et toi, la beauté par excellence.

PAMÉLA.

Monsieur, avec votre permission.... (*Elle salue pour se retirer.*)

BONFIL.

Où vas-tu?

PAMÉLA.

Madame Jeffre m'attend.

BONFIL.

Je suis le maître.

PAMÉLA.

J'obéis.

BONFIL (*lui présente un anneau.*)

Tiens.

PAMÉLA.

Qu'est-ce que c'est que cela, Monsieur?

BONFIL.

Tu ne le reconnais pas? C'était l'anneau de ma mère.

PAMÉLA.

Il est vrai. Que désirez-vous que j'en fasse?

BONFIL.

Tu le porteras pour l'amour d'elle.

PAMÉLA.

Ah! mes doigts ne sont pas faits pour de tels joyaux.

BONFIL.

Ma mère te l'a laissé.

PAMÉLA.

Je ne le crois pas, Monsieur; je ne le crois pas.

BONFIL.

Et je le crois, moi; je le dis, qu'on ne me réplique pas. Prends cet anneau.

PAMELA.
E poi....

BONFIL.
Prendi l'anello.

PAMELA.
Obbedisco.

BONFIL.
Ponilo al dito.

PAMELA.
Non andrà bene.

BONFIL.
Rendimi quell'anello.

PAMELA.
Eccolo. (*Glielo rende.*)

BONFIL.
Lascia vedere la mano.

PAMELA.
No, Signore.

BONFIL.
La mano, dico, la mano.

PAMELA.
Oimè!

BONFIL.
Non mi far adirare.

PAMELA (*si guarda d'intorno, e gli dà la mano.*)
Tremo tutta.

BONFIL (*gli mette l'anello in dito.*)
Ecco, ti sta benissimo.

PAMELA (*parte, coprendosi il volto con il grembiale.*)

BONFIL.
Bello è il rossore, ma è incomodo qualche volta; (*chiama*) Jeure.

PAMÉLA.
Et d'ailleurs......
BONFIL.
Prends cet anneau.
PAMÉLA.
J'obéis.
BONFIL.
Mets-le à ton doigt.
PAMÉLA.
Il n'ira pas bien.
BONFIL.
Rends-le moi, voyons.
PAMÉLA.
Le voilà. (*Elle le lui rend.*)
BONFIL.
Voyons un peu ta main.
PAMÉLA.
Non, Monsieur.
BONFIL.
La main, vous dis-je, la main.
PAMÉLA.
O ciel !
BONFIL.
Craignez de me fâcher.
PAMÉLA.
Je suis toute tremblante. (*Elle regarde de tout côté, et lui abandonne sa main.*)

BONFIL (*lui met l'anneau au doigt.*)
Voyez : ne vous va-t-il pas à merveille ?
PAMÉLA (*sort en se couvrant le visage de son tablier.*)
BONFIL (*seul.*)
Que cette pudeur est aimable ! c'est dommage que cela gêne quelquefois ; (*il appelle*) Jeffre !

SCENA IV.

Milord BONFIL, Madama JEURE.

M.^{ma} JEURE.

Eccomi.

BONFIL.
Avete veduta Pamela?

M.^{ma} JEURE.
Che le avete fatto, che piange?

BONFIL.
Un male assai grande. Le ho donato un anello.

M.^{ma} JEURE.
Dunque piangerà d'allegrezza.

BONFIL.
No; piange per verecondia.

M.^{ma} JEURE.
Questa sorta di lagrime in oggi si usa poco.

BONFIL.
Jeure, io amo Pamela.

M.^{ma} JEURE.
Me ne sono accorta.

BONFIL.
Vi pare, che Pamela lo sappia?

M.^{ma} JEURE.
Non so che dire; ho qualche sospetto.

BONFIL.
Come parla di me?

M.^{ma} JEURE.
Con un rispetto, che par tenerezza.

SCÈNE IV.

Mylord BONFIL, Mme JEFFRE.

Mme JEFFRE.

Me voilà.

BONFIL.

Avez-vous vu Paméla?

Mme JEFFRE.

Que lui avez-vous donc fait? Elle pleure.

BONFIL.

Beaucoup de mal : je lui ai donné un anneau.

Mme JEFFRE.

C'est donc de plaisir qu'elle pleure.

BONFIL.

Non ; ce sont des larmes de pudeur.

Mme JEFFRE.

Ces sortes de larmes ne sont plus guères d'usage aujourd'hui.

BONFIL.

Jeffre, j'aime Paméla.

Mme JEFFRE.

Je m'en suis apperçue.

BONFIL.

Croyez-vous que Paméla le sache?

Mme JEFFRE.

Je ne sais trop qu'en dire ; mais j'en ai quelque petit soupçon.

BONFIL.

Comment parle-t-elle de moi?

Mme JEFFRE.

Avec un respect qui tient de la tendresse.

BONFIL (*ridente.*)

Cara Pamela.

Mma JEURE.

Ma è tant' onesta, che non si saprà niente di più.

BONFIL.

Parlatele.

Mma JEURE.

Come?

BONFIL.

Fatele sapere, ch' io le voglio bene.

Mma JEURE.

La Governatrice vien rimunerata col titolo di mezzana?

BONFIL.

Non posso vivere senza Pamela.

Mma JEURE.

La volete sposare?

BONFIL.

No.

Mma JEURE.

Ma dunque cosa volete da lei?

BONFIL.

Che mi ami, como io l'amo.

Mma JEURE.

E come l'amate?

BONFIL.

Orsù, trovate Pamela. Ditele, che l' amo, che voglio essere amato. Fra un' ora al più v' attendo colla risposta. (*Parte.*)

---

(1) Voilà ce que *Bonfil* doit dire, parce que c'est ce qu'il pense et doit penser, pour le moment du moins. Cependant, ce *non* a quelque chose de dur, et présente même une idée d'immoralité, qu'il fallait nécessairement adoucir. C'est ce qu'a fait l'imitateur français avec infiniment de goût et de délicatesse.

BONFIL (*en souriant.*)

Bonne Paméla !

Mme JEFFRE.

Mais elle est si honnête, qu'on n'en saura rien de plus.

BONFIL.

Parlez-lui.

Mme JEFFRE.

De quoi ?

BONFIL.

Faites-lui savoir que je lui veux du bien.

Mme JEFFRE.

Fort bien ! vos bontés décorent aujourd'hui la Gouvernante du titre glorieux d'ambassadrice.

BONFIL.

Je ne puis plus vivre sans Paméla.

Mme JEFFRE.

La voulez-vous épouser ?

BONFIL.

Non (1).

Mme JEFFRE.

Qu'attendez-vous donc d'elle ?

BONFIL.

Qu'elle m'aime, comme je l'aime.

Mme JEFFRE.

Et comment l'aimez-vous ?

BONFIL.

Trouvez-moi Paméla. Dites-lui que je l'aime ; que je prétends être aimé..... Dans une heure au plus, j'attends votre réponse. (*Il sort.*)

Jeffre dit à *Bonfil*, en parlant de *Paméla* :
                Voulez-vous.... l'épouser !
Bonfil réfléchit un moment, et dit ensuite :
            Je ferai sa fortune.
Ce n'est point, sans doute, répondre à la question : mais aussi n'est-ce point la trancher avec un *non* désespérant.

M.ma JEURE.

Fra un' ora al più! Sì, queste sono cose da farsi così su due piedi. Ma che farò? Parlerò a Pamela? Le parlerò in favor di Milord, o per animarla ad esser savia, e dabbene? Se disgusto il padrone, io perdo la mia fortuna; se lo secondo, faccio un' opera poco onesta. Ci penserò; troverò forse la via di mezzo, e salverò potendo l' onore dell' una, senza irritare la passione dell' altro. (*Parte*.)

SCENA V.

PAMELA (*sola.*)

Oh caro anello! Oh caro! Oh quanto mi saresti più caro, se dato non mi ti avesse il padrone! Ma se a me dato non l' avesse il padrone, non mi sarebbe sì caro. Egli acquista prezzo più dalla mano, che me lo porse, che dal valor della gioja. Ma se chi me l' ha dato è padrone, ed io sono una povera serva, a che prò lo ricevo? Amo, che me l' abbia dato il padrone, ma non vorrei, ch' egli fosse padrone.

---

(1) Peut-être trouvera-t-on que *Paméla* alambique un peu ses idées, les tourne et retourne de plusieurs manières différentes, pour dire cependant toujours la même chose. Mais si l'on considère combien elle est fortement préoccupée du sentiment qu'elle exprime, on sera moins surpris qu'il se présente à son esprit sous toutes les formes possibles.

L'auteur français est plus précis, mais plus sec peut-être aussi que l'auteur italien.

» Chère bague! à mes yeux que tu serais plus chère,
» Si tu n'étais qu'un don de la plus tendre mère!
» Mais peut-être le don perdrait-il de son prix,
» S'il ne me venait pas de la main de son fils.
» Non, ce n'est pas l'éclat dont le brillant rayonne,
» Qui forme sa valeur; c'est la main qui le donne.

COMÉDIE.

Mme JEFFRE (*seule.*)

Dans une heure au plus ! comme si c'était là des choses à faire si vîte ? Quel parti prendre ? parlerai-je à Paméla ? lui parlerai-je en faveur de Mylord, ou pour fortifier en elle ses inclinations sages et vertueuses ? Si je décourage Monsieur, je perds ma fortune ; si je le seconde, je fais une action peu honnête..... J'y penserai ; et peut-être trouverai-je, en y refléchissant, un moyen de sauver l'honneur de l'une, sans irriter la passion de l'autre. (*Elle sort.*)

SCÈNE V. (1)

PAMÉLA (*seule.*)

Cher anneau ! combien tu me serais plus cher encore, si je ne te tenais pas des mains de mon maître...! que dis-je ? il perdrait trop à mes yeux, si tout autre que lui me l'eût donné. Il acquiert plus de prix cent fois de la main qui me l'offrit, que de la valeur du diamant. Mais si celui qui me l'a donné est mon maître, si je ne suis, moi, qu'une simple servante, à quel titre et pourquoi l'ai-je reçu ? Je suis flattée de le tenir de Mylord ; mais je ne voudrais pas que Mylord fût mon maître......

» Oh ! si le choix du ciel nous eût placé tous deux,
» Lui dans mon rang obscur, moi dans son rang heureux !....
(*Acte I, Sc. VIII.*)

Cette dernière pensée rappelle ce beau mouvement de *Zaïre*, en parlant d'*Orosmane*.

« Ah ! si le ciel sur lui déployant sa furie
» Aux fers que j'ai portés eût condamné sa vie,
» Ou mon amour me trompe, ou Zaïre aujourd'hui,
» Pour l'élever à soi, descendrait jusqu'à lui. »
(*Acte I, Sc. I.*)

Tout le monde sait *Zaïre* par cœur ; mais c'est pour cela précisément que tout le monde aime à retrouver des vers de Zaïre.

Oh fosse egli un servo, come io sono, o foss' io una dama, com' egli è cavaliere! Che mai mi converrebbe meglio desiderare? In lui la viltà, o in me la grandezza? Se lui desidero vile, cometto una ingiustizia al suo merito, se bramo in me la grandezza, cado nel peccato dell' ambizione. Ma non lo bramerei per la vanità del grado. So io il perchè, lo so.... Ma sciocca, che sono! Mi perdo a coltivare immagini più disperate dei sogni. Penso a cose, che mi farebbero estremamente arrossire se si sapessero i miei pensieri. Sento gente. Sarà madama Jeure. Oimè, ecco il padrone.

SCENA VI.

BONFIL, PAMELA.

BONFIL (*dalla porta comune.*)

Sono impaziente. Pamela, avete veduto madama Jeure?

PAMELA.

Da che vi lasciai non l' ho veduta.

BONFIL.

Doveva parlarvi.

PAMELA.

Sono pochi momenti, che da voi, Signore, mi licenziai.

BONFIL.

Dite, che siete da me fuggita. Mi scordai di dirvi una cosa importante.

PAMELA.

Signore, permettetemi, che io chiami madama Jeure.

Oh ! que n'est-il placé, comme moi, dans la classe des serviteurs, ou que ne suis-je élevée, comme lui, au rang dans lequel il brille ? Quels vœux hélas, me convient-il de former aujourd'hui ! dois-je lui souhaiter la bassesse de ma condition, ou ambitionner l'éclat de la sienne. Dans le premier cas, je ne rends pas justice à son mérite ; et je deviens, dans le second, coupable d'une ridicule ambition. Ah ! ce n'est pas la vanité du rang qui me ferait désirer..... Je sais trop hélas ! je sais trop pourquoi..... Qu'ai-je dit, insensée ! je m'abuse à poursuivre de vaines images, des songes qui m'échappent, et je pense à des choses qui me feraient rougir, si l'on pouvait lire dans mon cœur. J'entends quelqu'un, ce sera, sans doute, madame Jeffre. Oh, ciel ! c'est mon maître lui-même.

SCÈNE VI.
BONFIL, PAMÉLA.

BONFIL (*à part, en entrant.*)

Je meurs d'impatience. (*haut*) Paméla, avez-vous vu madame Jeffre ?

PAMÉLA.

Je ne l'ai pas vue depuis que je vous ai quitté.

BONFIL.

Elle avait quelque chose à vous dire.

PAMÉLA.

Il n'y a qu'un moment, Monsieur, que j'ai pris congé de vous.

BONFIL.

Dites donc que vous m'avez fui. J'ai oublié de vous dire une chose très-importante.

PAMÉLA.

Souffrez, Monsieur, que j'appelle madame Jeffre.

BONFIL.
Non c'è bisogno di lei.
PAMELA.
Ah, Signore! che volete che dica il mondo?
BONFIL.
Non può il padrone trattare colla cameriera di casa?
PAMELA.
In casa vostra non isto bene.
BONFIL.
Perchè?
PAMELA.
Perchè non avete Dama, ch'io abbia a servire.
BONFIL.
Senti, Pamela; Miledi Daure, mia sorella vorrebbe che andassi tu al suo servizio. V'andresti di buona voglia?
PAMELA.
Signore, voi potete disporre di me.
BONFIL.
Voglio sapere la tua volontà.
PAMELA.
Si contenterà ella della poca mia abilità? Miledi è delicata, ed io sono avezza a servire una padrona indulgente.
BONFIL.
Per quel, ch'io sento, non ci anderesti contenta.
PAMELA.
Convien risolvere. Sì Signore, vi anderò contentissima.
BONFIL.
Ed io non voglio, che tu ti allontani dalla mia casa.

BONFIL.
Sa présence est inutile pour le moment.
PAMÉLA.
Ah ! Monsieur ! que voulez-vous que dise le monde ?
BONFIL.
Un maître ne peut-il donc parler avec une fille qui sert dans sa maison ?
PAMÉLA.
Je suis déplacée chez vous, Mylord.
BONFIL.
Pour quelle raison ?
PAMÉLA.
Il n'y a point de dame à servir ici.
BONFIL.
Ecoute, Paméla : myladi Daure, ma sœur, te voudrait prendre à son service. Entrerais-tu volontiers chez elle ?
PAMÉLA.
Monsieur, vous pouvez disposer de moi.
BONFIL.
Je veux savoir tes intentions.
PAMÉLA.
Mais Myladi se contentera-t-elle de mon peu d'habileté ? elle est difficile ; et j'étais accoutumée à servir une maîtresse si indulgente !
BONFIL.
D'après ce que j'entends, tu n'irais donc pas avec plaisir ?
PAMÉLA.
(à part.)   (haut.)
Il faut prendre un parti. Si, Monsieur ; j'irai avec le plus grand plaisir.
BONFIL.
Et je ne veux pas, moi, que tu sortes de chez moi.

PAMELA.
Ma per qual causa?

BONFIL.
Mia madre ti ha lasciata in custodia mia.

PAMELA.
Se vado con una vostra sorella, non perdo l'avvantaggio della vostra protezione.

BONFIL.
Mia sorella è una pazza.

PAMELA.
Perchè dunque, perdonatemi, me l'avete proposta?

BONFIL.
Per sentir ciò che mi rispondevi.

PAMELA.
Potevate esser sicuro, che avrei detto di sì.

BONFIL.
Ed io mi lusingava, che mi dicessi di no.

PAMELA.
Per qual ragione, Signore?

BONFIL.
Perchè sai, ch'io ti amo.

PAMELA.
Se questo è vero, Signore, andrò più presto a servire vostra sorella.

BONFIL.
Crudele, avresti cuore di abbandonarmi?

PAMELA.
Voi parlate in una maniera, che mi fa arrossire, e tremare.

BONFIL.
Pamela, dammi la tua bella mano.

PAMELA.

PAMÉLA.
Quel motif....?

BONFIL.
Ma mère t'a confié à ma surveillance.

PAMÉLA.
En allant avec Myladi votre sœur, je ne perds pas l'avantage de votre protection.

BONFIL.
Ma sœur est une folle.

PAMÉLA.
Pardonnez ma réflexion ; mais pourquoi donc m'avoir proposé........

BONFIL.
Pour voir ta réponse.

PAMÉLA.
Vous pouviez être bien sûr d'avance, que je dirais *oui*.

BONFIL.
Et moi, je me flattais d'un *non*.

PAMÉLA.
Pourquoi cela, Monsieur ?

BONFIL.
Parce que tu sais bien que je t'aime.

PAMÉLA.
S'il en est ainsi, Monsieur, c'est une raison de plus pour moi d'aller au plutôt chez votre sœur.

BONFIL.
Cruelle ! tu aurais le courage de m'abandonner !

PAMÉLA.
Vos discours me font rougir et trembler à la fois.

BONFIL.
Paméla, donne moi cette belle main.

PAMELA.

Non l'avrete più certamente.

BONFIL.

Ardirai contradirmi?

PAMELA.

Ardirò tutto, pel mio decoro.

BONFIL.

Son tuo padrone.

PAMELA.

Sì, Padrone; ma non di rendermi sventurata.

BONFIL.

Meno repliche. Dammi la mano.

PAMELA (*chiama forte.*)

Madama Jeure.

BONFIL.

Chetati.

PAMELA.

M'accheterò, se partite.

BONFIL.

Impertinente! (*s'avvia verso la porta comune.*)

PAMELA.

Lode al cielo, egli parte.

BONFIL.

(*Chiude la porta, e torna da Pamela.*)

PAMELA (*da se.*)

Cielo, ajutami.

BONFIL.

Chi son' io, disgraziata? Un demonio, che ti spaventa?

PAMELA.

Siete peggio assai d'un demonio, se m'insidiate l'onore.

PAMÉLA.

Non, Monsieur, non. Vous ne l'aurez certainement plus.

BONFIL.

Tu oseras me résister ?

PAMÉLA.

J'oserai tout, quand il s'agit de mon honneur.

BONFIL.

Je suis ton maître.

PAMÉLA.

Vous ne l'êtes pas de faire mon malheur.

BONFIL.

Moins de réplique ; donne moi la main.

PAMÉLA (*appelle.*)

Madame Jeffre.

BONFIL.

Taisez - vous.

PAMÉLA.

Je me tairai, si vous sortez.

BONFIL.

Impertinente ! (*Il s'avance du côté de la porte.*)

PAMÉLA.

Grâces au ciel, il s'en va.

BONFIL.

(*Il ferme la porte et revient à Paméla.*)

PAMÉLA (*à part.*)

O Ciel ! j'implore ton secours.

BONFIL.

Qui suis-je donc à vos yeux, cruelle ! suis-je un démon qui vous épouvante !

PAMÉLA.

Vous êtes pire qu'un démon, si vous tendez des piéges à mon honneur.

BONFIL.
Via, Pamela, dammi la mano.
PAMELA.
No certamente.
BONFIL.
La prenderò tuo mal grado.
PAMELA.
Solleverò i domestici colle mie strida.
BONFIL.
Tieni, Pamela, eccoti cinquanta ghinee. Fanne quello, che vuoi.
PAMELA.
La mia onestà vale più, che tutto l' oro del mondo.
BONFIL.
Prendile, dico.
PAMELA.
Non fia mai vero.
BONFIL.
Prendile, fraschetta, prendile, che giuro al cielo, mi sentirai bestemmiare.
PAMELA.
Le prenderò con un patto, che mi lasciate dire alcune brevi parole senza interrompermi.
BONFIL.
Sì, parla.
PAMELA.
Mi lascierete voi dire?
BONFIL.
Te lo prometto.
PAMELA.
Giuratelo.
BONFIL.
Da cavaliere.

BONFIL.
Allons, Paméla, allons; donne-moi la main.
PAMÉLA.
Non, Monsieur, non.
BONFIL.
Je la prendrai malgré toi.
PAMÉLA.
Mes cris appelleront tous les domestiques.
BONFIL.
Tiens, Paméla; voilà cinquante guinées; fais-en ce que tu voudras.
PAMÉLA.
Tout l'or du monde ne payerait pas mon honneur.
BONFIL.
Prends-les, te dis-je.
PAMÉLA.
Non, Monsieur : jamais.
BONFIL.
Prends-les, méchante, prends-les; sans quoi, j'en atteste le ciel, tu vas me mettre hors de moi.
PAMÉLA.
Eh, bien! Monsieur, je les prendrai; mais à une condition : c'est que vous me laisserez parler un moment sans m'interrompre.
BONFIL.
Oui : parle.
PAMÉLA.
Vous ne m'interromprez point?
BONFIL.
Je te le promets.
PAMÉLA.
Jurez-le moi.
BONFIL.
Foi de gentilhomme.

PAMELA.

Vi credo ; prendo le cinquanta ghinee, e sentite ciò, che sono costretta dirvi.

BONFIL (*da se.*)

Dica ciò, che sa dire. Ella è nelle mie mani.

PAMELA.

Signore, io sono una povera serva, voi siete il mio padrone. Voi cavaliere, io nata sono una misera donna ; ma due cose eguali abbiam noi, e sono queste : la ragione, e l'onore. Voi non mi darete ad intendere d'aver alcuna autorità sopra l'onor mio ; poichè la ragione m'insegna esser questo un tesoro indipendente da chi che sia. Il sangue nobile

---

(1) Sachons d'abord quelque gré à l'auteur français d'avoir substitué aux *guinées* de l'original, la donation, en bonne forme, d'une terre considérable. Le fond reste le même ; mais la forme est ici pour quelque chose, et l'*argent* comporte avec soi une idée si avilissante, à cet égard, qu'il était indispensable de l'éloigner du spectateur. Mais, d'ailleurs, que de beautés dans le discours de la *Paméla* italienne ! quoi ! c'est une simple servante qui parle ainsi, et qui parle à son maître, à un homme de qui elle dépend, de qui elle peut tout avoir à craindre ! qui peut la faire taire d'un mot, et la congédier sans aucun ménagement ! et il ne le fait pas, et il l'écoute avec patience ! il est accablé de la force de ses raisons, attendri par la douceur de sa voix ! il est muet ; il reste pétrifié ! Quelle est donc terrible l'éloquence de la vertu outragée ; et quel art il a fallu pour que Bonfil ne fût pas avili aux yeux du public, et pût, dans le reste de la pièce, intéresser encore, et reparaître même devant *Paméla* !

La Paméla française s'exprime avec autant de noblesse que de chaleur :

..... Voici ce que l'honneur m'inspire.
Je sais quelle distance entre nous met le sort.
Je suis une servante, et vous êtes un Lord.
Heureux, riche, puissant, c'est votre destinée.
La mienne est d'être pauvre, obscure, infortunée.
Mais dans mon infortune et mon obscurité,
J'ai pourtant avec vous deux points d'égalité :
La raison, et l'honneur. Consultez l'un et l'autre,
Pour régler ma conduite, et pour juger la vôtre.
Vous le savez, Mylord, l'honneur est mon seul bien.
De m'en dédommager auriez-vous le moyen ?

PAMÉLA.

Je vous crois : j'accepte les cinquante guinées. Ecoutez maintenant ce que vous me forcez de vous dire.

BONFIL (*à part.*)

Qu'elle dise ce qu'elle voudra : je la tiens à présent.

PAMÉLA (1).

Monsieur, je suis une pauvre servante, et vous êtes mon maître : vous êtes noble, et je suis née dans une condition misérable. Mais il est, du moins, deux choses égales entre nous ; la raison et l'honneur. Jamais vous ne me ferez comprendre que vous puissiez avoir une ombre d'autorité sur mon honneur, parce que la raison m'apprend que c'est un trésor indépendant de qui que ce soit. La noblesse du sang est un hasard heureux ; celle des actions caractérise seule le Grand. Que voulez-vous, Monsieur, que dise le monde, en vous voyant vous dégrader ainsi

───────────────────

Quel prix m'offririez-vous, si, trahissant ma gloire,
Je pouvais vous céder une indigne victoire !
. . . .
Reprenez, reprenez le salaire du crime ;
Ou si vous conservez cet espoir odieux,
Je saurai m'y soustraire et mourir à vos yeux :
J'aurais, n'en doutez point, ce funeste courage.
Mais vous semblez ému.... ! Dieu ! quel heureux présage !
Ai-je sur votre esprit fait quelque impression !
Oui, j'en crois vos regards et cette émotion.
Vous m'aviez bien promis de m'entendre en silence.
Je vous livre, Mylord, à votre conscience.
Puisse l'honneur sur vous reprendre tous ses droits !
Il parle à votre cœur ; n'étouffez point sa voix.
Daigne le juste ciel exaucer ma prière !
J'ose l'en conjurer..... au nom de votre mère.
Ma pensée est un fruit de ses instructions ;
Son souvenir encor règle mes actions.
Chère ombre que j'implore, achève ton ouvrage !
Je dois à tes leçons mes mœurs et mon courage ;
Achève ; et que ton fils, d'un beau remords vaincu,
Loin d'oser la flétrir, respecte la vertu.

(*Acte I, Sc. IX.*)

è un accidente della fortuna ; le azioni nobili caratterizzano il Grande. Che volete Signore, che dica il mondo di voi, se vi abbassate cotanto con una serva ? Sostenete voi in questa guisa il decoro della nobiltà ? Meritate voi quel rispetto, che esige la vostra nascita ? Parlereste voi forse col linguaggio degli uomini scapestrati ? Direste co i discoli : l'uomo non disonora se stesso disonorando una povera donna ? Tutte le male azioni disonorano un cavaliere, e non può darsi azion più nera, più indegna oltre quella d'insidiare l'onore di una fanciulla. Che cosa le potete voi dare in compenso del suo decoro ? Denaro ? Ah vilissimo prezzo per un inestimabil tesoro ! Che massime indegne di voi ! Che minaccie indegne di me ! Tenete il vostro denaro, denaro infame, denaro indegno, che vi lusingava esser da me anteposto all'onore. (*Pone la borsa sul tavolino.*) Signore, il mio discorso eccede la brevità, ma non eccede la mia ragione. Tutto è poco quel, che io dico, e quel che dir posso in confronto della delicatezza dell'onor mio ; che però preparatevi a vedermi morire prima, che io ceda ad una minima ombra di disonore. Ma, oh Dio ! Parmi, che le mie parole facciano qualche impressione sul vostro bellissimo cuore. Finalmente siete un cavaliere ben nato, gentile, ed onesto, e malgrado l'acciecamento della vostra passione, avete poi a comprendere, ch'io penso più giustamente di voi ; e forse forse vi arrossirete di aver sì malamente pensato di me, e godrete, ch'io abbia favellato sì francamente con voi. Milord, ho detto. Vi ringrazio, che mi abbiate sì esattamente mantenuta la vostra parola. Ciò mi fa sperare, che abbiate, in virtù forse delle mie ragioni, cambiato sentimento. Lo voglia il cielo, ed io lo prego di cuore. Queste massime, delle quali ho parlato, questi sentimenti, con i quali mi reggo, e vivo, sono frutti principalmente della dolcissima disciplina della vostra genitrice defunta ; ed è forse opera della bell'anima, che mi ascolta, il rimorso del vostro cuore, il

auprès d'une simple servante ? Est-ce ainsi que vous soutenez l'honneur de la noblesse ? Méritez-vous alors le respect dû à votre naissance ? Adopteriez-vous par hasard le raisonnement des gens sans principes ? Diriez-vous avec les libertins : l'homme ne se déshonore point en déshonorant une pauvre fille ? Vains subterfuges ! tout ce qui est essentiellement mauvais déshonore un gentilhomme ; et je ne connais pas de procédé plus affreux, d'action plus indigne, que de tendre des piéges à la vertu d'une fille sans expérience. Que lui pouvez-vous offrir, dites-moi, en compensation de son honneur ? de l'argent ! Ah ! vil prix d'un inappréciable trésor ! maximes indignes de vous ! menaces indignes de moi ! gardez votre argent, cet argent infâme, que vous vous flattiez de me voir préférer à mon honneur. (*Elle met la bourse sur la table.*) Monsieur, mon discours excède les bornes de la briéveté ; mais ma raison m'en suggère encore davantage. Tout ce que j'ai dit, tout ce que je puis dire encore, n'est rien en comparaison de l'honneur ; préparez-vous donc à me voir mourir, avant de me voir céder à l'ombre seulement du déshonneur. Mais, ô Dieu ! mes paroles semblent faire quelque impression sur votre belle ame. Car enfin, vous êtes bien né, aimable, honnête sur-tout ; et, en dépit de la passion qui vous aveugle, vous êtes forcé de sentir que je pense, dans ce moment, mieux que vous. Peut-être, peut-être rougirez-vous d'avoir eu de moi une semblable idée, et vous me saurez quelque gré de ma franchise avec vous. J'ai dit, Mylord. Je vous remercie de m'avoir aussi exactement tenu parole : cette indulgence de votre part me fait espérer que, vaincu par mes raisonnemens, vous avez peut-être changé d'intentions. Le ciel le veuille ainsi ! je l'en conjure de tout mon cœur. Ces maximes que je vous ai rappelées, ces sentimens qui règlent ma conduite, sont principalement le fruit des instructions de votre défunte mère, et peut-être est-ce aujourd'hui cette belle ame qui daigne m'entendre, qui fait

riscuotimento della vostra virtù, la difesa della mia preziosa onestà.

(*Si avvia verso la porta della sua camera.*)

BONFIL (*resta sospeso senza parlare.*)

PAMELA.

Ciel, ajutami. Se posso uscire, felice me. (*apre, ed esce.*)

SCENA VII.

Milord BONFIL, M.me JEURE.

BONFIL (*resta ancora sospeso, poi si pone a passeggiare senza dir nulla; indi siede pensieroso.*)

M.me JEURE.

Signore.

BONFIL.

Andate via.

M.me JEURE.

E' quì, Signore....

BONFIL.

Levatemivi dagli occhi.

M.me JEURE.

Vado. La luna è torbida.

BONFIL (*chiama.*)

Ehi.

M.me JEURE (*da lontano.*)

Signore.

---

(1) Ce silence de Bonfil, ce profond accablement, cet anéantissement enfin d'une ame assaillie de trop de sentimens à la fois pour en pouvoir exprimer aucun, tout cela n'est-il pas bien plus

naître le remords dans votre cœur, qui vous rend
à la vertu, qui protége et défend mon honneur.

(*Elle s'approche de la porte de sa chambre.*)

BONFIL (*reste pensif.*)

PAMÉLA.

O ciel, seconde moi ! que je suis heureuse, si je
puis sortir ! (*Elle ouvre et sort.*)

SCÈNE VII (1).

Mylord BONFIL, Mme JEFFRE.

BONFIL (*reste pensif un moment : il marche à grands
pas sans parler : il s'assied, toujours enseveli dans ses
réflexions.*)

Mme JEFFRE.

Monsieur....

BONFIL.

Allez-vous-en.

Mme JEFFRE.

C'est qu'il y a là, Monsieur....

BONFIL.

Otez-vous de mes yeux.

Mme JEFFRE.

Je m'en vais. (*à part*) Le temps est changé.

BONFIL.

Ecoutez.

Mme JEFFRE (*de loin.*)

Monsieur.

éloquent que les réflexions qui terminent le premier acte de la pièce
française ! Peut-être y avait-il un autre moyen de faire sortir Bonfil
de la scène.

PAMÉLA,

BONFIL.
Venite quì.

M.me JEURE.
Eccomi.

BONFIL.
Dov' è andata Pamela?

M.me JEURE.
Parmi, che sin ora sia stata quì.

BONFIL.
Sì, inutilmente.

M.me JEURE.
E che cosa vi ho da far io?

BONFIL.
Cercatela; voglio sapere dov' è.

M.me JEURE.
La cercherò, ma è quì Miledi vostra sorella.

BONFIL.
Vada al diavolo.

M.me JEURE.
Non la volete ricevere?

BONFIL.
No.

M.me JEURE.
Ma cosa le ho da dire?

BONFIL.
Che vada al diavolo.

M.me JEURE.
Sì, sì, già il diavolo e lei, credo che si conoscano.

BONFIL.
Ah Jeure, Jeure, trovatemi la mia Pamela.

M.me JEURE.
Pamela è troppo onesta per voi.

COMÉDIE.

BONFIL.
Venez ici.

Mme JEFFRE.
Me voilà.

BONFIL.
Où est allé Paméla ?

Mme JEFFRE.
Mais il me semble que jusqu'à présent elle a été ici.

BONFIL.
Oui ; bien inutilement.

Mme JEFFRE.
Que m'ordonne Monsieur ?

BONFIL.
De la chercher. Je veux savoir où elle est.

Mme JEFFRE.
Je la chercherai. Myladi votre sœur est là.

BONFIL.
Qu'elle aille au diable.

Mme JEFFRE.
Vous ne voulez point de sa visite ?

BONFIL.
Non.

Mme JEFFRE.
Mais que lui dire ?

BONFIL.
Qu'elle aille au diable.

Mme JEFFRE.
Oui, oui. Le diable et elle, c'est je crois une ancienne connaissance.

BONFIL.
Jeffre, Jeffre, trouvez-moi ma Paméla.

Mme JEFFRE.
Elle est, ma foi, trop honnête pour vous.

BONFIL.

Ah! Che Pamela è la più bella creatura di questo mondo.

M^{ma} JEURE.

Lasciatela stare, povera ragazza, lasciatela stare.

BONFIL.

Trovatemi la mia Pamela, la voglio.

M^{ma} JEURE.

Vi dico, ch' è onesta, che morirà piuttosto....

BONFIL.

Io non le voglio far verun male.

M^{ma} JEURE.

Ma! la volete sposare?

BONFIL.

Che tu sia maledetta. La voglio vedere.

M^{ma} JEURE (*in atto di partire senza parlare.*)

BONFIL.

Dove vai? Dove vai?

M^{ma} JEURE.

Da poco in quà siete diventato un diavolo ancora voi.

BONFIL.

Ah Jeure, fatemi venire Pamela.

M^{ma} JEURE.

In verità, che mi fate pietà.

BONFIL.

Sì, sono in uno stato da far pietà.

M^{ma} JEURE.

Io vi consiglierei a fare una cosa buona.

BONFIL.

Sì, cara mia, ditemi, a che mi consigliereste?

M^{ma} JEURE.

A far, che Pamela andasse a star con vostra sorella.

BONFIL.
Ah ! rien au monde n'égale Paméla.
Mme JEFFRE.
La pauvre enfant ! cessez donc enfin de la tourmenter.
BONFIL.
Trouvez-moi ma Paméla ; je veux la voir.
Mme JEFFRE.
Je vous dis qu'elle est honnête, qu'elle mourrait plutôt......
BONFIL.
Je ne lui veux faire aucun mal.
Mme JEFFRE.
Mais la voulez-vous épouser.
BONFIL.
Que le ciel te confonde.... Je la veux voir.
Mme JEFFRE (*va pour sortir.*)
BONFIL.
Où vas-tu ? où vas-tu ?
Mme JEFFRE.
Ma foi, c'est que depuis un moment, vous êtes devenu pire qu'un diable.
BONFIL.
Ah ! Jeffre, faites-moi venir Paméla.
Mme JEFFRE.
En vérité, vous me faites pitié.
BONFIL.
C'est le sentiment que doit inspirer mon état.
Mme JEFFRE.
Voulez-vous que je vous donne un bon conseil ?
BONFIL.
Oui, ma chère Jeffre, parlez. Que me conseilleriez-vous ?
Mme JEFFRE.
Mais de laissez aller Paméla chez votre sœur.

BONFIL.

Diavolo, portati questa indegna. Vattene, o che ti uccido.

M.ma JEURE.

Corda, corda. (*Fugge via.*)

BONFIL.

Maledetta! Maledetta! Vent' anni di servizio l' hanno resa temeraria a tal segno. (*Smania alquanto, poi s' acquieta.*) Ma Jeure non dice male. Quest' amore non è per me. Sposarla? Non mi conviene. Oltraggiar la? Non è giustizia. Che farò dunque? Che mai farò?

(*Siede pensoso, e si appoggia al tavolino.*)

SCENA VIII.

Miledi DAURE, BONFIL.

MILEDI.

Milord, perchè non mi volete ricevere?

BONFIL.

Se sapete, che non vi voglio ricevere, perchè siete venuta?

MILEDI.

Parmi, che una sorella possa prendersi questa libertà.

BONFIL.

Bene, sedete, se vi aggrada.

MILEDI.

Ho da parlarvi.

BONFIL.

Lasciatemi pensare, mi parlerete poi.

MYLADI

BONFIL.

Va-t-en au diable, avec ces indignes conseils : sors, ou je te tue.

Mme JEFFRE.

Mon Dieu ! Mon Dieu ! (*Elle se sauve.*)

BONFIL (*hors de lui.*)

Malheureuse ! Malheureuse ! vingt ans de service lui ont donné cet excès de témérité. (*Il s'agite, et se calme ensuite.*) Cependant, elle ne raisonne pas si mal. Cette passion est indigne de moi. L'épouser....? Je ne le puis. L'outrager...? je ne le dois pas. Que ferai-je donc, hélas ! que ferai-je ?

(*Il s'assied pensif, la tête appuyée sur la table.*)

SCÈNE VIII.

Myladi DAURE, Mylord BONFIL.

MYLADI.

Pourquoi, Mylord, refusez-vous de me recevoir ?

BONFIL.

Si vous savez que je ne veux pas vous recevoir, pourquoi êtes vous entrée ?

MYLADI.

Je croyais cette liberté permise à une sœur.

BONFIL.

Asseyez-vous, si cela vous fait plaisir.

MYLADI.

J'ai à vous parler.

BONFIL.

Laissez-moi réfléchir : vous me parlerez ensuite.

PAMÉLA,

MILEDI (*siede.*)

Mio fratello ha il cuore oppresso. Assolutamente Pamela lo ha innamorato. Conosco il suo carattere. Egli è vero Inglese; quando si fissa, non v'è rimedio. Se mai sognar mi potessi, che costei avesse a recar disonore alla casa, la vorrei strozzare colle mie mani. Conviene rimediarci assolutamente. Milord.

BONFIL.

Non ho volontà di parlare.

MILEDI (*da se.*)

Voglio prenderlo colle buone.

SCENA IX.

Milord BONFIL, Miledi DAURE, M. VILLIOME, (*entra senza parlare; s'accosta al tavolino, presenta due lettere al Milord. Egli le legge, e le sottoscrive; Villiome le riprende, e vuol partire.*)

MILEDI (*a Villiome.*)

Segretario.

VILLIOME.

Madama.

MILEDI.

Che cosa sono quei fogli?

VILLIOME.

Perdonatemi, Madama; i segretari non parlano. (*Parte.*)

MILEDI (*da se.*)

Sarà meglio, che io me ne vada. A pranzo gli parlerò. Milord, addio.

COMÉDIE.

MYLADI; (*elle s'assied.*)

Son cœur est oppressé.... oui, cette Paméla lui a absolument tourné la tête. Je connais son caractère; il est Anglais dans la force du terme. Son parti une fois pris, il n'y a plus à en revenir. Si je pouvais m'imaginer que cette femme-là pût jamais compromettre l'honneur de ma maison, je l'étranglerais de mes propres mains. Il faut s'opposer à cela de toute nécessité. (*haut*) Mylord!

BONFIL.

Je ne veux point parler.

MYLADI (*à part.*)

Je choisirai un bon moment.

SCÈNE IX.

LES MÊMES, M. GUILLAUME (*il entre sans parler, et présente deux lettres à Mylord. Mylord les lit, et les signe. M. Guillaume les reprend, et va pour sortir.*)

MYLADI.

Monsieur le secrétaire!

GUILLAUME.

Madame.

MYLADI.

Quels sont ces papiers?

GUILLAUME.

Pardon, Madame; mais un secrétaire ne sait jamais rien. (*Il sort.*)

MYLADI (*à part.*)

Il vaut mieux que je m'en aille. Je lui parlerai à dîner. (*haut*) Adieu Mylord.

BONFIL.

Che volevate voi dirmi?

MILEDI.

E' giunto in Londra il cavalier mio nipote.

BONFIL.

Sì? me ne rallegro.

MILEDI.

Fra poco verrà a visitarvi.

BONFIL.

Lo vedrò volentieri.

MILEDI.

Il giro d'Europa l'ha reso disinvolto, e brillante.

BONFIL.

Ammirerò i suoi profitti.

MILEDI (*da se.*)

Parmi alquanto rasserenato. Voglio arrischiarmi a parlar di Pamela. Ditemi, Fratello amatissimo, vi siete ancora determinato a concedermi per cameriera Pamela? Che dite? Avete delle difficoltà? Pamela è una buona ragazza; mia madre l'amava, ed io ne terrò conto egualmente. Voi non ne avete bisogno. Una giovine come lei non ista bene in casa con un padrone, che non ha moglie. Piuttosto quando sarete ammogliato, se vi premerà, ve la darò volentieri. Che ne dite, Milord? Siete contento? Pamela verrà a star meco?

BONFIL.

Sì. Pamela verrà a star con voi.

MILEDI.

Posso dunque andarla a sollecitare, perchè si disponga a venir meco?

BONFIL.

Sì, andate.

COMÉDIE.

BONFIL.

Qu'aviez-vous à me dire ?

MYLADI.

Le chevalier mon neveu est de retour à Londres.

BONFIL.

Oui ? J'en suis bien aise.

MYLADI.

Il viendra bientôt vous voir.

BONFIL.

Je le recevrai avec plaisir.

MYLADI.

Il a fait le tour de l'Europe ; il nous revient d'un leste ! d'un brillant !

BONFIL.

Je jugerai de ses progrès.

MYLADI (*à part.*)

Il me semble un peu plus tranquille : je veux hasarder quelques mots sur Paméla. (*haut*) Dites-moi, mon frère, persistez-vous dans le projet de me céder Paméla pour femme-de-chambre ? qu'en dites-vous ? Cela souffre-t-il quelque difficulté ? Paméla est une bonne enfant, ma mère l'aimait, et j'en ferai un cas égal. Vous n'en avez pas besoin. Une jeune personne comme elle n'est point à sa place dans une maison où il n'y a point de femme. Vous la reprendrez plutôt, si vous voulez, quand vous serez marié : je vous la rendrai avec plaisir. Eh bien, Mylord, qu'en pensez-vous ? Cet arrangement vous plaît-il ? Paméla viendra-t-elle avec moi ?

BONFIL.

Oui, Paméla ira avec vous.

MYLADI.

Je puis donc aller lui dire de s'y préparer ?

BONFIL.

Oui, allez.

PAMÉLA,

MILEDI (*da se.*)

Vado subito prima, ch' egli si penta. (*Parte.*)

BONFIL.

Questo sforzo è necessario alla nobiltà del mio sangue. Ah! che mi sento morire. Cara Pamela, è sarà vero, che non ti veda più meco? (*Pensa un poco, e poi chiama.*) Ehi!

SCENA X.

Milord BONFIL, ISACCO (*entra, e s'inchina senza parlare.*)

BONFIL.

Il Maggiordomo.

ISACCO (*con una riverenza parte.*)

BONFIL.

Non v'è altro rimedio. Per istaccarmi costei dal cuore, me n' anderò.

SCENA XI.

Milord BONFIL, M. LONGMAN.

LONGMAN.

Signore.

BONFIL.

Voglio andare alla contea di Lincoln.

LONGMAN.

Farò provvedere.

COMÉDIE. 55

MYLADI (*à part.*)

J'y vole, avant qu'il ait le temps de se repentir. (*Elle sort.*)

BONFIL.

Oui; la noblesse de mon sang me rend cet effort indispensable.... Hélas! j'en mourrai, je le sens. Paméla! Paméla! sera-t-il donc vrai que je ne te voie plus auprès de moi? (*Il réfléchit un moment, et appelle ensuite.*) Hola!

SCÈNE X.

Mylord BONFIL, ISAC (*entre et s'incline sans parler.*)

BONFIL.

L'INTENDANT.

ISAC (*salue et sort.*)

BONFIL.

Je ne vois pas d'autre moyen: pour l'arracher de mon cœur, je la fuirai.

SCÈNE XI.

Mylord BONFIL, M. LONGMAN.

LONGMAN.

MONSIEUR.

BONFIL.

Je pars pour le comté de Lincoln.

LONGMAN.

Je ferai tout préparer.

PAMÉLA,

BONFIL.

Voi verrete meco.

LONGMAN.

Come comandate.

BONFIL.

Verranno Gionata, e Isacco.

LONGMAN.

Sì Signore.

BONFIL.

Dite a madama Jeure, che venga ella pure.

LONGMAN.

Verrà anche Pamela.

BONFIL.

No.

LONGMAN.

Poverina! Resterà qui sola?

BONFIL.

Ah buon vecchio, vi ho capito. Pamela non vi dispiace.

LONGMAN (*da se.*)

Ah se non avessi questi capelli canuti!

BONFIL.

Pamela se n' andrà.

LONGMAN.

Dove?

BONFIL.

Con Miledi mia sorella.

LONGMAN.

Povera sventurata!

BONFIL.

Perchè sventurata?

LONGMAN.

Miledi Daure? Ah! Sapete chi è.

COMÉDIE.
BONFIL.
Vous me suivrez.
LONGMAN.
Comme Monsieur voudra.
BONFIL.
J'emmenerai Jonathas et Isac.
LONGMAN.
Oui, Monsieur.
BONFIL.
Dites à Jeffre, qu'elle viendra aussi.
LONGMAN.
Et Paméla, Monsieur, viendra-t-elle?
BONFIL.
Non.
LONGMAN.
Pauvre petite! elle restera seule ici?
BONFIL.
Ah! je vous entends, bon vieillard; Paméla ne vous déplaît point.
LONGMAN (à part.)
Ah! si ce n'était ces cheveux blancs..!
BONFIL.
Paméla s'en ira.
LONGMAN.
Où?
BONFIL.
Chez Myladi ma sœur.
LONGMAN.
Pauvre malheureuse!
BONFIL.
Malheureuse! pourquoi?
LONGMAN.
Myladi Daure! Ah! vous la connaissez.

BONFIL.

Ma che ne dite? Pamela non è gentile?

LONGMAN.

E' carina, carina.

BONFIL.

E' una bellezza particolare.

LONGMAN.

Ah se non fossi sì vecchio.

BONFIL.

Andate.

LONGMAN.

Signore, non la sagrificate con Miledì.

BONFIL.

Andate.

LONGMAN.

Vado.

BONFIL.

Preparate.

LONGMAN.

Sì Signore. (*Parte.*)

SCENA XII.

Milord BONFIL (*solo.*)

TUTTI amano Pamela, ed io non la dovrò amare? Ma il mio grado... Che grado? Sarò nato

---

(1) Ils l'aiment tous! et pourquoi m'en défendre!
Pourquoi sacrifier un sentiment si tendre!
Mais mon état...! qu'importe! à vivre infortuné
Un préjugé d'orgueil m'aurait-il condamné!
Ces rubans, ces cordons et ces chaînes dorées,
Des esclaves de Cour ces pompeuses livrées
Ne sont que des hochets, dont la vaine splendeur
Déguise le néant d'une fausse grandeur.

BONFIL.
Eh bien ! qu'en dites-vous ? Elle est gentille, n'est-ce pas, Paméla ?

LONGMAN.
Belle, belle comme un ange.

BONFIL.
C'est une beauté comme on n'en voit pas ?

LONGMAN.
Ah ! pourquoi suis-je si vieux ?

BONFIL.
Allez.

LONGMAN.
Mylord, ne la sacrifiez point à Myladi !

BONFIL.
Allez, vous dis-je.

LONGMAN.
J'obéis.

BONFIL.
Les préparatifs de mon voyage.

LONGMAN.
Oui, Monsieur. (*Il sort.*)

SCÈNE XII (1).
Mylord BONFIL (*seul.*)

Ils aiment tous Paméla, et je ne devrai pas l'aimer ? Mais mon rang.... Quel rang ? Eh ! quoi,

---

Mon cœur perce à travers cette écorce infidèle :
Je sens que mon bonheur ne peut dépendre d'elle.
De ce frivole éclat je saurais me passer.
Mais à voir Paméla, Ciel ! comment renoncer !
De l'univers entier elle obtiendrait l'hommage ;
Et moi, n'osant braver un tyrannique usage,
Maître de m'assurer un destin plein d'attraits,
Je pourrais me résoudre à la fuir....! Non, jamais.
(*Acte II, Sc. VII.*)

nobile, perchè la nobiltà mi abbia a rendere sventurato? Pamela val più d'un Regno, e se fossi Re, amerei Pamela più della mia corona. Ma l'amo tanto, ed ho cuor di lasciarla? Mi priverò della cosa più preziosa di questa terra? La cederò a mia sorella? Partirò per non più vederla? (*Resta un poco sospeso, e poi dice:*) No, no; giuro al cielo; no, no. Non sara mai.

ISACCO.

Signore.

BONFIL.

Cosa vuoi?

ISACCO.

Vi è Milord Artur.

BONFIL (*sta un pezzo senza rispondere, poi dice:*)

Venga. (*Isacco parte.*) Non sarà mai, non sarà mai.

SCENA XIII.

Milord ARTUR, BONFIL.

ARTUR.

MILORD.

BONFIL (*si alza, e lo saluta.*)

Sedete.

ARTUR.

Perdonate, se io vengo a recarvi incomodo.

BONFIL.

Voi mi onorate.

ARTUR.

Non vorrei aver troncato il corso de' vostri pensieri.

parce que le hasard m'aura fait naître noble, la noblesse me devra condamner à être éternellement malheureux ? Paméla est plus qu'un royaume à mes yeux ; et fussé-je Roi, je la préférerais à ma couronne. Mais je l'aime à ce point, et j'ai le courage de m'en séparer ! Me priverai-je ainsi du trésor du monde le plus précieux ? La céderai-je à ma sœur ? partirai-je pour ne plus la revoir ? (*Il reste pensif un moment, et ajoute :*) non, non, jamais il n'en sera ainsi.

ISAC.

Monsieur.

BONFIL.

Que veux-tu ?

ISAC.

Mylord Artur.

BONFIL.

(*Il reste un moment sans répondre, et dit ensuite :*)
Qu'il entre (*Isac sort.*) Non, non, il n'en sera jamais ainsi.

SCÈNE XIII.

Mylords ARTUR, BONFIL.

ARTUR.

Mylord.

BONFIL (*se lève et le salue.*)

Asseyez-vous.

ARTUR.

Pardonnez : peut-être vous dérangé-je.

BONFIL.

Vous me faites honneur.

ARTUR.

Je serais fâché d'avoir troublé le cours de vos pensées.

BONFIL.

No, amico. In questo punto bramava anzi una distrazione.

ARTUR.

Vi farò un discorso, che probabilmente sarà molto distante dal pensiere, che vi occupava.

BONFIL.

Vi sentirò volentieri. Beviamo il tè. Ehi!

ISACCO.

Signore.

BONFIL.

Porta il tè. (*Isacco vuol partire.*) Ehi porta il rach. (*Isacco via.*) Lo beveremo noi con il rach.

ARTUR.

Ottima bevanda per lo stomaco.

BONFIL.

Che avete a dirmi?

ARTUR.

I vostri amici, che vi amano, bramerebbono di vedervi assicurata la successione.

BONFIL.

Per compiacerli mi converrà prender moglie?

ARTUR.

Sì, Milord. La vostra famiglia è sempre stata lo splendore di Londra, il decoro del parlamento. Gli anni passano. Non riserbate alla sposa l'età men bella; chi tardi si marita non vede sì facilmente l'avanzamento de' suoi figliuoli.

BONFIL.

Fin' ora sono stato nemico del matrimonio.

ARTUR.

Ed ora come pensate?

COMÉDIE.

BONFIL.

Non, mon ami. Jamais distraction ne fut au contraire plus désirée de ma part.

ARTUR.

Ce que j'ai à vous dire sera probablement très-éloigné de la pensée qui vous occupait.

BONFIL.

Je vous entendrai bien volontiers. Prenons d'abord le thé. Hola! quelqu'un.

ISAC.

Monsieur.

BONFIL.

Sers le thé. (*Isac va pour sortir.*) Apporte le rack. (*Isac sort*) Nous le prendrons au rack.

ARTUR.

Excellente boisson pour l'estomac.

BONFIL.

Qu'avez-vous à me dire?

ARTUR.

De vrais amis qui vous aiment, désireraient de vous voir songer à votre prospérité.

BONFIL.

Et pour leur faire plaisir, il faut me marier, n'est-ce pas?

ARTUR.

Oui, Mylord. Votre famille a toujours été la gloire de Londres et l'honneur du parlement. Les années s'écoulent; ne réservez point à une épouse l'époque de votre vie la moins brillante. Il est difficile, en se mariant tard, de voir l'avancement de ses enfans.

BONFIL.

J'ai été, jusqu'à présent, l'ennemi déclaré du mariage.

ARTUR.

Et qu'en pensez-vous à présent?

BONFIL.

Sono agitato da più pensieri.

ARTUR.

Due partiti vi sarebbero opportuni per voi. Una figlia di milord Pakum, una nipote di milord Rainmur.

BONFIL.

Per qual ragione le giudicate per me?

ARTUR.

Sono ambe ricchissime.

BONFIL.

La ricchezza non è il mio nume.

ARTUR.

Il sangue loro è purissimo.

BONFIL.

Ah questa è una grande prerogativa! Caro amico, giacchè avete la bontà d'interessarvi per me non vi stancate di parlar meco.

ARTUR.

In questa sorta di affari le parole non si risparmiano.

BONFIL.

Ditemi sinceramente, credete voi, che un uomo nato nobile, volendo prender moglie, abbia necessità di sposar una dama?

ARTUR.

Non dico già, che necessariamente ciascun debba farlo; ma tutte le buone regole insegnano, che così deve farsi.

BONFIL.

E queste regole non sono soggette a veruna eccezione?

ARTUR.

BONFIL.

Je suis agité de mille pensées diverses.

ARTUR.

Je connais deux partis qui vous conviendraient parfaitement : une fille de mylord Pakum, une nièce de mylord Raimnur.

BONFIL.

Et sur quoi fondez-vous cette convenance parfaite ?

ARTUR.

Elles sont l'une et l'autre très-riches.

BONFIL.

La Richesse n'est point l'idole que j'encense.

ARTUR.

Leur sang est très-pur.

BONFIL.

A la bonne heure ! voilà ce qui s'appelle une prérogative. Mon ami, puisque vous daignez vous intéresser à moi, ne vous lassez point, de grâce, de répondre à mes questions.

ARTUR.

Il est des occasions, où je n'épargne point les paroles.

BONFIL.

Parlez-moi franchement. Pensez-vous qu'il soit, pour un noble, d'une indispensable nécessité d'épouser une femme noble aussi ?

ARTUR.

Je ne dis pas que ce soit pour tout le monde une stricte nécessité : mais tous les bons principes prescrivent de le faire.

BONFIL.

Et ces règles ne sont soumises à aucune exception ?

ARTUR.

Sì, non vi è regola, che non patisca eccezione.

BONFIL.

Suggeritemi in qual caso, in qual circostanza sia permesso al uomo nobile sposare una, che non sia nobile.

ARTUR.

Quando il cavaliere sia nobile, ma di poche fortune, et la donna ignobile sia molto ricca.

BONFIL.

Cambiar la nobiltà col denaro? E' un mercanteggiare con troppa viltà.

ARTUR.

Quando il cavaliere onorato ha qualche obbligazione verso la men nobile onesta.

BONFIL.

Chi prende moglie per obbligo, è soggetto a pentirsi.

ARTUR.

Quando un cavaliere privato può facilitarsi la sua fortuna, sposando la figlia d' un gran ministro.

BONFIL.

Non si deve sagrificare la nobiltà ad una incerta fortuna.

ARTUR.

Quando il cavaliere fosse acceso delle bellezze d' una giovine onesta....

BONFIL.

Ah Milord, dunque l' uommo nobile può sposar per affeto una donna, che non sia nobile?

ARTUR.

Sì, lo può fare, ed abbiam varj esempj di chi l' ha fatto, ma non sarebbe prudenza il farlo.

ARTUR.

Pardonnez-moi : il n'y a point de règle qui n'en souffre.

BONFIL.

Dites-moi dans quel cas, dans quelle circonstance, il peut être permis à un noble d'épouser une femme qui ne l'est pas ?

ARTUR.

Quand, par exemple, le cavalier est noble, mais pauvre, la femme, sans nom, mais très-riche.

BONFIL.

Quoi ! faire un vil échange de sa noblesse pour de l'argent ! ah ! c'est un commerce trop méprisable.

ARTUR.

Quand le cavalier a des obligations à une famille moins noble que la sienne, mais honnête.

BONFIL.

Ah ! ces mariages d'obligation, sont sujets au repentir.

ARTUR.

Quand un noble peut s'ouvrir un chemin à la fortune, en épousant la fille d'un ministre.

BONFIL.

Fi donc ! c'est sacrifier sa noblesse à une fortune incertaine.

ARTUR.

Lorsqu'un noble enfin, épris des attraits d'une fille honnête......

BONFIL.

Ah, Mylord ! un noble peut donc épouser par affection une femme qui ne le serait pas ?

ARTUR.

Cela peut se faire ; nous en avons différens exemples ; mais il ne serait pas prudent de les renouveler.

BONFIL.

Non sarebbe prudenza il farlo? ditemi: in che consiste la prudenza del uomo?

ARTUR.

Nel vivere onestamente; nell' osservare le leggi: nel mantenere il proprio decoro.

BONFIL.

Nel vivere onestamente: nell' osservare le leggi: nel mantenere il proprio decoro. Se un cavaliere sposa una figlia di bassa estrazione, ma di costumi nobili, savj, e onorati, offende egli l' onestà?

ARTUR.

No certamente. L' onestà conservasi in tutti i gradi.

BONFIL.

Favoritemi; con tal matrimonio manca egli all' osservanza di alcuna legge?

ARTUR.

Sopra ciò si potrebbe discorrere.

BONFIL.

Manca alla legge della natura?

ARTUR.

No certamente. La natura è madre comune, ed ama ella indistintamente i suoi figli, e della loro unione indistintamente è contenta.

BONFIL.

Manca alle leggi del buon costume?

ARTUR.

No, perchè anzi deve esser libero il matrimonio, e non si può vietarlo fra due persone oneste, che si amano.

BONFIL.

Manca forse alle leggi del foro?

BONFIL.

Il ne serait pas prudent de les renouveler? dites-moi: en quoi consiste donc la prudence de l'homme?

ARTUR.

A vivre avec honneur, à observer les lois, à respecter ce qu'on se doit à soi-même.

BONFIL.

A vivre avec honneur, à observer les lois, à respecter ce qu'on se doit à soi-même! Si un noble épouse une fille d'une basse extraction, mais dont les mœurs soient nobles, sages, et connues pour telles, blesse-t-il l'honneur?

ARTUR.

Non certainement; l'honneur appartient à toutes les classes de la société.

BONFIL.

Un peu d'indulgence, s'il vous plaît. Viole-t-il, par un tel mariage, l'observation de quelque loi?

ARTUR.

Il y aurait bien des choses à dire là-dessus.

BONFIL.

Transgresse-t-il la loi de la nature?

ARTUR.

Non: la nature est une mère commune, qui a pour tous ses enfans une égale tendresse, et elle est indistinctement satisfaite de leur union.

BONFIL.

Manque-t-il aux lois de la saine morale?

ARTUR.

Non: le mariage doit être libre, et rien ne peut empêcher de s'unir deux personnes honnêtes qui s'aiment.

BONFIL.

Manque-t-il aux lois du barreau?

ARTUR.

Molto meno. Non v'è legge scritta, che osti ad un tal matrimonio.

BONFIL.

Dunque su qual fondamento potrebbe raggirarsi il discorso, per formare obbjetto alla libertà di farlo, senza opporsi alla legge.

ARTUR.

Sul fondamento della comune opinione.

BONFIL.

Che intendete voi per questa comune opinione?

ARTUR.

Il modo di pensare degli uomini.

BONFIL.

Gli uomini per lo più pensano diversamente. Per uniformarsi all'opinione degli uomini, converrebbe variar pensiero con quanti si ha occasione di trattare. Da ciò ne proverebbe la volubilità, la inconstanza, l'infedeltà, cose peggiori molto all'osservanza della propria opinione.

ARTUR.

Amico, voi dite bene, ma convien fare dei sagrifizj per mantenere il proprio decoro.

BONFIL.

Mantenere il proprio decoro. Quest'è il terzo articolo da voi propostomi dell'umana prudenza. Vi supplico. Un cavaliere, che sposa una povera onesta, offende egli il proprio decoro?

ARTUR.

Pregiudica alla nobiltà del suo sangue.

BONFIL.

Spiegatevi. Come può un matrimonio cambiar il sangue nelle vene del cavaliere?

ARTUR.

Bien moins encore. Il n'y a point de loi écrite qui mette obstacle à un semblable mariage.

BONFIL.

Sur quoi donc s'appuyerait le discours qui voudrait former une opposition à la liberté de le faire, sans contrarier évidemment la loi ?

ARTUR.

Sur l'opinion commune.

BONFIL.

Et qu'entendez-vous par cette opinion commune ?

ARTUR.

La façon de penser des hommes.

BONFIL.

Les hommes pensent, en général, très-différemment les uns des autres : il faudrait, pour se conformer à l'opinion, en changer autant de fois que l'on a occasion de traiter avec des personnes différentes. Il en résulterait nécessairement la mobilité, l'inconstance, l'infidélité, ce qui serait pire cent fois que de suivre son opinion particulière.

ARTUR.

Vous avez raison, mon ami. Mais il faut savoir faire des sacrifices, pour conserver le *décorum*.

BONFIL.

Conserver le *décorum* ! voilà donc, selon vous, le troisième caractère de la prudence humaine. Mais, dites-moi je vous supplie, un cavalier qui épouse une pauvre fille honnête, offense-t-il ce *décorum* ?

ARTUR.

Il porte un préjudice sensible à la noblesse de son sang.

BONFIL.

Expliquez-vous. Comment un mariage peut-il changer le sang dans les veines du cavalier ?

ARTUR.

Ciò non potrei asserire.

BONFIL.

Dunque qual è quel sangue, a cui si pregiudica?

ARTUR.

Quello, che si trammanda ne i figli.

BONFIL.

Ah mi avete mortalmente ferito.

ARTUR.

Milord, parlatemi con vera amicizia, sareste voi veramente nel caso?

BONFIL.

Caro amico, i figli, che nascessero da un tal matrimonio, non sarebbero nobili?

ARTUR.

Lo sarebbero dal lato del padre.

BONFIL.

Ma non è il padre; non è l'uomo quello, che forma la nobiltà?

ARTUR.

Amico, vi riscaldate sì fortemente, che mi fate sospettare sia la questione fatta unicamente per voi.

BONFIL (*si ammutolisce.*)

ARTUR.

Deh apritemi il vostro cuore; svelatemi la verità, e studierò di darvi quei consiglj, che crederò opportuni per porre in quiete l'animo vostro.

BONFIL (*da se.*)

Vada Pamela con Miledi.

ARTUR.

Molte ragioni si dicono in astratto sopra le massime generali, le quali poi variamente si adattano alle

COMÉDIE.

ARTUR.

C'est ce que je ne pourrais vous dire au juste.

BONFIL.

Quel est donc le sang auquel on porte alors un si grand préjudice ?

ARTUR.

C'est celui qui se transmet aux enfans.

BONFIL.

Ah ! vous m'avez porté un coup mortel.

ARTUR.

Mylord, parlez-moi avec la franchise de l'amitié ; seriez-vous véritablement dans ce cas ?

BONFIL.

Comment, mon ami, les enfans qui naîtraient d'un tel mariage ne seraient pas nobles ?

ARTUR.

Ils le seraient du côté du père.

BONFIL.

Mais n'est-ce pas le père, n'est-ce pas l'homme qui donne la noblesse ?

ARTUR.

Mon ami, vous mettez tant de chaleur dans cette discussion, que je croirais volontiers que la question vous intéresse personnellement.

BONFIL (*reste sans parler.*)

ARTUR.

Ouvrez-moi votre cœur : dites-moi la vérité, et je m'efforcerai de vous donner les conseils que je croirai propres à ramener la paix dans votre cœur.

BONFIL (*à part.*)

Oui ; que Paméla aille avec ma sœur.

ARTUR.

On raisonne beaucoup sur les maximes générales, qui cependant s'adaptent diversement à la différence

circostanze de' casi. La nobiltà ha più gradi; al di sotto della nobiltà vi sono parecchi ordini, li quali forse non sarebbero da disprezzarsi. Mi lusingo, che a nozze vili non sappian tendere le vostre mire.

BONFIL (*da sè.*)

Anderò alla contea di Lincoln.

ARTUR.

Se mai qualche beltà lusinghiera tentasse macchiare colla viltà delle impure sue fiamme la purezza del vostro sangue....

BONFIL (*con sdegno.*)

Io non amo una beltà lusinghiera.

ARTUR (*si alza.*)

Milord, a rivederci.

BONFIL.

Aspettate, beviamo il tè. Ehi!

SCENA XIV.

Detti, ISACCO.

ISACCO.

Signore.

BONFIL.

Non t'ho io ordinato il tè?

---

(1) Cette scène est un peu longue; elle est toute en raisonnemens, et en raisonnemens secs et serrés; cependant elle intéresse d'un bout à l'autre. Le spectateur, qui partage les sentimens de *Bonfil*, et qui désire fortement le bonheur de *Paméla*, semble lui-même questionner *Artur*, et attendre de chacune de ses réponses une solution satisfaisante. Il fallait beaucoup d'art pour qu'une pareille discussion trouvât aussi naturellement sa place au théâtre, et n'y fût pas une conversation froidement déplacée, mais un

des cas. La noblesse a différens degrés : au-dessous de la noblesse, se trouvent des rangs encore qui peut-être ne seraient pas à dédaigner. Je me flatte que vos vues ne peuvent tendre à un hymen capable de vous avilir.

BONFIL (*à part.*)

J'irai au comté de Lincoln.

ARTUR.

Si jamais, à force d'artifice, quelque belle s'efforçait de souiller la pureté de votre sang, en allumant dans votre cœur une flamme impure....

BONFIL (*avec humeur.*)

Ce n'est point une coquette que j'aime.

ARTUR. (*Il se lève.*)

Mylord, au plaisir de vous revoir.

BONFIL.

Attendez : prenons le thé. Hola ! quelqu'un (1).

SCÈNE XIV.

LES MÊMES, ISAC.

ISAC.

Monsieur.

BONFIL.

Ne t'ai-je pas demandé le thé ?

---

morceau lié essentiellement à l'action, et par conséquent d'un intérêt réel.

L'auteur français a suivi exactement la marche de l'original, et s'est borné simplement à resserrer un peu la scène italienne. Peut-être pourrait-on désirer plus de chaleur et de rapidité dans son dialogue, plus de force et d'énergie dans ses vers, lors sur-tout qu'*Artur* représente à son ami les suites d'une mésalliance.

ISACCO.

Il credenziere non l' ha preparato.

BONFIL.

Bestia, il tè, bestia. Il rak, animalaccio, il rak.

ISACCO.

Ma Signore....

BONFIL.

Non mi rispondere, che ti rompo il capo. (*Isacco parte.*)

ARTUR (*da sc.*)

Milord è agitato.

BONFIL.

Sediamo.

ARTUR.

Avete voi veduto il cavaliere Ernold?

BONFIL.

No, ma forse verrà stamane a vedermi.

ARTUR.

Sono cinque anni, che viaggia. Ha fatto tutto il giro dell' Europa.

BONFIL.

Il più bello studio, che far possa un uomo nobile, è quello di vedere il mondo.

ARTUR.

Sì, chi non esce dal suo paese, vive pieno di pregiudizj.

BONFIL.

Vi sono di quelli, che credono non vi sia altro mondo, che la loro patria.

ARTUR.

Col viaggiare, i superbi diventano docili.

ISAC.
Monsieur, le maître d'hôtel ne l'a point préparé.
BONFIL.
Le thé, encore une fois, le thé et le rack.
ISAC.
Mais Monsieur....
BONFIL.
Ne me réponds point, sans quoi je te roue de coups. (*Isac sort.*)
ARTUR (*à part.*)
Il est bien agité.
BONFIL.
Asseyons-nous.
ARTUR.
Avez-vous vu le chevalier Ernold ?
BONFIL.
Non ; mais peut-être viendra-t-il me voir ce matin.
ARTUR.
Il y a cinq ans qu'il voyage. Il a fait tout le tour de l'Europe.
BONFIL.
La meilleure étude qu'un jeune Lord puisse faire, c'est de voir le monde.
ARTUR.
Sans doute ; celui qui ne sort point de son pays, conserve une foule de préjugés.
BONFIL.
Il y a des gens qui ne soupçonnent pas un autre monde que leur patrie.
ARTUR.
Les voyages corrigent bien de cette présomption et donnent de la docilité.

78　　　　　PAMÉLA;

BONFIL.

Ma qualche volta i pazzi impazziscono più che mai.

ARTUR.

Certamente; il mondo è un bel libro, ma poco serve a chi non sa leggere.

(*Isacco con il tè.*)

ISACCO.

Signore.

BONFIL.

Che c'è?

ISACCO.

Milord Curbrech, e il cavaliere Ernold vorrebbero riverirvi.

BONFIL.

Passino.

ARTUR.

Vedremo che proffitto avrà fatto il nostro viaggiatore.

BONFIL.

Se non avrà acquistata prudenza, avrà approffittato poco.

SCENA XV.

DETTI, Milord CURBRECH,
(*Isacco, che porta la sedia, poi parte.*)

CURBRECH.

MILORD.

BONFIL.

Milord.

ARTUR.

Amico.

COMÉDIE.

BONFIL.

Mais quelquefois aussi les fous en reviennent encore plus fous.

ARTUR.

Certainement : le monde est un beau livre ; mais de quoi sert-il à celui qui ne sait pas lire ?

(*Isac apporte le thé.*)

ISAC (*à Bonfil.*)

Monsieur.

BONFIL.

Qu'y a-t-il ?

ISAC.

Mylord *Curbrech* et le chevalier Ernold désireroient vous saluer.

BONFIL.

Qu'ils entrent. (*Isac sort.*)

ARTUR.

Nous allons juger des progrès de notre voyageur.

BONFIL.

Ils se réduiront à bien peu de chose, s'il n'a pas acquis de la prudence.

SCÈNE XV.

LES MÊMES, Mylord CURBRECH,
(*Isac donne un siége et sort.*)

CURBRECH.

Mylord.

BONFIL.

Ah ! Mylord.

ARTUR.

Bonjour, mon ami.

BONFIL.

Favorite, bevete con noi.

CURBRECH.

Il tè non si rifiuta.

ARTUR.

E' bevanda salutare.

BONFIL.

Volete rak?

CURBRECH.

Sì, rak.

BONFIL.

Ora vi servo. Dov' è il cavaliere?

CURBRECH.

E' restato da Miledi sua Zia. Ora viene.

ARTUR.

Com' è riuscito il cavaliere dopo i suoi viaggi?

CURBRECH.

Parla troppo.

BONFIL.

Male.

CURBRECH.

E' pieno di mondo.

BONFIL.

Di mondo buono, o di mondo cattivo?

CURBRECH.

V' ha dell' uno, e dell' altro.

BONFIL.

Mescolanza pericolosa.

ARTUR.

Eccolo.

CURBRECH.

Vedetelo, come ha l' aria francese.

BONFIL.

BONFIL.
Faites-moi le plaisir de prendre le thé avec nous.
CURBRECH.
Le thé ne se refuse pas.
ARTUR.
C'est un breuvage salutaire.
BONFIL.
Voulez-vous du rack?
CURBRECH.
Oui, du rack.
BONFIL.
Je vais vous servir. Où donc est le chevalier Ernold?
CURBRECH.
Il est resté chez Myladi sa tante : il va venir.
ARTUR.
Eh bien! comment ses voyages lui ont-ils réussi?
CURBRECH.
Il parle trop.
BONFIL.
Tant pis.
CURBRECH.
Il sait tout, il a tout vu.
BONFIL.
Du bon, ou du mauvais côté?
CURBRECH.
Mais sous l'un et l'autre rapport.
BONFIL.
Mélange toujours dangereux.
ARTUR.
Le voici.
CURBRECH.
Voyez comme il a l'air Français.
Tome I.

BONFIL.

L'aria di Parigi non è buona per navigare il canale di Londra.

SCENA XVI.

DETTI, ERNOLD, ISACCO, (*che accomoda un' altra sedia e parte.*)

ERNOLD.

MILORD Bonfil, milord Artur, cari amici, miei buoni amici, vostro servitor di buon cuore.

BONFIL.

Amico, siate il ben venuto. Accomodatevi.

ARTUR.

Mi rallegro vedervi ritornato alla patria.

ERNOLD.

Mi ci vedrete per poco.

ARTUR.

Per qual causa?

ERNOLD.

In Londra non ci posso più stare. Oh bella cosa

---

(1) Le caractère d'*Ernold* est d'une originalité piquante, et contraste heureusement avec la gravité vraiment anglaise des autres personnages; et c'est en cela sur-tout que nous paroît consister ici le mérite de *Goldoni*: tout dépend de la situation. Partout ailleurs, *Ernold* ne serait qu'un fat ridicule, et un bavard importun; ici, c'est un Anglais pour ainsi dire dénaturalisé par ses voyages, et qui voudrait que son exemple opérât la même révolution sur des têtes que l'âge et la raison ont d'avance prémunies contre le danger de l'influence. Cette scène est très-plaisante, et placée avec adresse immédiatement après celle où *Bonfil* et *Artur* ont sérieusement discuté des objets de la plus haute importance. Sous le rapport moral, quelle excellente leçon *Ernold* ne donne-t-il pas, sans s'en

COMÉDIE.

BONFIL.

L'air de Paris ne vaut rien pour naviguer sur le canal de Londres.

SCÈNE XVI.

LES MÊMES, ERNOLD, (*Isac donne un siége et sort.*)

ERNOLD (*avec beaucoup de légéreté.*)

Mylord Bonfil, mylord Artur, mes bons amis, mes chers amis, votre serviteur de tout mon cœur.

BONFIL.

Soyez le bien venu, mon ami. Asseyez-vous.

ARTUR.

Je suis enchanté de vous voir de retour dans votre patrie.

ERNOLD.

Vous ne m'y verrez pas long-temps.

ARTUR.

Pourquoi donc cela ?

ERNOLD (1).

Est-ce qu'il est possible de rester à Londres ? Oh !

---

douter, à tous ceux qui se font une malheureuse habitude de juger superficiellement des choses, et de borner leurs prétendues observations à cela seul qui n'en mériterait aucune de leur part ?
Voici le début d'*Ernold* dans la pièce française :

« Cher Bonfil, cher Artur, je vous retrouve.... ensemble !
» Deux Anglais ! deux penseurs qu'un même goût rassemble !
» Unis des nœuds constans d'une vieille amitié....
» Ah ! c'est très-bien ; d'honneur, j'en suis édifié...! »

Que voilà bien le misérable jargon du jour, et le ton malheureusement trop ordinaire que prennent la plupart de nos jeunes gens,

il viaggiare ! Oh dolcissima cosa il variar paese, il variare nazione. Oggi quà, domani là. Vedere i magnifici trattamenti; le splendide corti, l'abbondanza delle merci, la quantità del popolo, la sontuosità delle fabbriche. Che volete che io faccia in Londra?

ARTUR.

Londra non è città, che ceda il luogo si facilmente ad un' altra.

ERNOLD.

Eh perdonatemi, non sapete nulla. Non avete veduto Parigi, Madrid, Lisbona, Vienna, Roma, Firenze, Milano, Venezia. Credetemi, non sapete nulla.

BONFIL.

Un viaggiatore prudente non disprezza mai il suo paese. Cavaliere volete il tè?

ERNOLD.

Vi ringrazio, ho bevuto la cioccolata. In Spagna

---

et qu'affectent ceux-mêmes à qui il devrait être le plus étranger ! Si l'on ne voulait pas du moins que cela fût beau !

Ernold continue :

« Ciel ! avec quel plaisir un voyageur varie
» L'uniforme couleur des tableaux de la vie !
» Quand on reste chez soi, l'on se voûe à l'ennui.
» Londres sera demain ce qu'il est aujourd'hui,
» Ce qu'il était hier ; la belle perspective !
» Le monde entier suffit à peine à l'ame active :
» Il me faut chaque jour du neuf, du surprenant.
» Que veut-on que je fasse à Londres maintenant ? »

(1) Ici l'Artur français interrompt brusquement *Ernold*, et lui dit :

« Mais sur les bords lointains et du Tage et du Tybre,
» On est loin de trouver un gouvernement libre.

ERNOLD.

» Ma foi, mes chers amis, pour des hommes sensés,
» Tous les gouvernemens se ressemblent assez.
» Nous parlons de police et nous sommes barbares :
» Oui, d'antiques abus, des préjugés bizarres,
» Des usurpations qu'on appelle des droits,
» En abrégé, Mylord, voilà l'esprit des lois.

la belle chose que de voyager ! quel plaisir de changer de pays et de nation ! aujourd'hui ici ; demain là. Voir de magnifiques galas, des cours brillantes, l'activité du commerce, l'affluence du peuple, la richesse des fabriques.... que voulez-vous que je fasse maintenant à Londres ?

ARTUR.

Londres n'est point une ville cependant qui le cède si facilement à d'autres.

ERNOLD.

Pardon, mon cher ami, mais vous ne savez rien. Vous n'avez point vu Paris, Madrid, Lisbonne, Vienne, Rome, Florence, Milan, Venise. Croyez-moi ; vous ne savez rien (1).

BONFIL.

Un voyageur prudent ne déprécie jamais son pays. Voulez-vous du thé ?

ERNOLD.

Mille graces : j'ai pris du chocolat. On en prend

» Partout des nations la misère est profonde ;
» Les prêtres et les rois se partagent le monde,
» Ils tiennent les honneurs, le pouvoir et l'argent ;
» Le peuple souffre et rampe, et paye en enrageant :
» A Londres, comme ailleurs, cette peinture est vraie. »

Rien de plus clair, ni de plus louable sans doute, que l'intention de l'auteur ; et nous aurons lieu plus d'une fois de lui rendre cette justice, qu'il n'a laissé passer aucune occasion de développer et d'étendre toutes les maximes d'*égalité* ou de tolérance *religieuse* que lui présentait son sujet, et qui ne pouvaient qu'être indiquées tout au plus dans *Goldoni*. Nous nous bornerons à observer pour le moment, que les vers qu'on vient de lire sont ce qu'ils devaient être dans la bouche d'*Ernold* : il y eût eu de la mal-adresse à lui faire dire des choses raisonnables. Il faut convenir que l'on n'a jamais plus complétement déraisonné ; mais c'est *Ernold* qui parle ; et ce vers terrible,

Les prêtres et les rois se partagent le monde,

qui indignerait dans toute autre circonstance, fait sourire de pitié, quand c'est *Ernold* qui le prononce.

si beve della cioccolata preziosa. Anche in Italia quasi comunemente si usa, ma senza vaniglia, o almeno con pochissima, e sopra ogni altra città, Milano ne porta il vanto. A Venezia si beve il caffè squisito. Caffè d'Alessandria vero, e lo fanno a maraviglia. A Napoli poi conviene cedere la mano per i sorbetti. Hanno de' sapori squisiti; e quello, ch'è rimarcabile per la salute, sono lavorati con la neve, e non con il ghiaccio. Ogni città ha la sua prerogativa. Vienna per i gran trattamenti, e Parigi, oh il mio caro Parigi poi, per la galanteria, per l'amore è il giardino di Europa, è la regia del mondo. Che bel conversare senza sospetti! Che bell'amarsi senza larve di gelosia! Sempre feste, sempre giardini, sempre allegrìe, passatempi, tripudj. Oh che bel mondo! Oh che bel mondo! Oh che piacere, che passa tutti i piaceri del mondo!

BONFIL (*chiama.*)

Ehi.

ISACCO.

Signore.

BONFIL.

Porta un bicchiere d'acqua al cavaliere.

ERNOLD.

Perchè mi volete far portare dell'acqua?

BONFIL.

Temo, che il parlar tanto v'abbia disseccata la gola.

ERNOLD.

No no, risparmiatevi questa briga. Da che son partito da Londra ho imparato a parlare.

BONFIL.

S'impara più facilmente a parlare, che a tacere.

ERNOLD.

A parlar bene non s'impara così facilmente.

d'excellent en Espagne. On en fait assez volontiers usage en Italie ; mais sans vanille, ou du moins il y en a très-peu : c'est sur-tout à Milan que l'on peut se flatter de prendre le meilleur. A Venise, le café est exquis : celui que l'on prend à Alexandrie est franc, et il le font à ravir. A Naples, il faut absolument rendre les armes aux Sorbets, ils en ont d'excellens ; et ce qu'il est à propos d'observer pour la santé, ils le font à la neige et non à la glace. Chaque ville enfin a sa prérogative : Vienne, pour les grands galas ; mais Paris.... Oh ! mon cher Paris ! pour l'amour, pour la galanterie, c'est le jardin de l'Europe et le palais du monde. Qu'il est doux de s'y voir sans soupçons, de s'aimer sans jalousie ! Toujours des fêtes, des jardins, des réjouissances, des passe-temps, des danses ! Oh ! le beau pays, le beau pays ! Oh ! quel plaisir au-dessus de tous les plaisirs du monde !

BONFIL (*appelle.*)

Hola !

ISAC.

Monsieur.

BONFIL.

Apportez un verre d'eau à Monsieur.

ERNOLD.

Pourquoi donc me faire apporter un verre d'eau ?

BONFIL.

C'est que je crains qu'un aussi long morceau ne vous ait desséché le palais.

ERNOLD.

Non, non, épargnez-vous ce souci ; depuis que j'ai quitté Londres, j'ai appris à parler.

BONFIL.

On apprend plus facilement à parler qu'à se taire.

ERNOLD.

Il n'est pas également aisé d'apprendre à bien parler.

BONFIL.

Ma chi parla troppo, non può parlare sempre bene.

ERNOLD.

Caro Milord, voi non avete viaggiato.

BONFIL.

E voi mi fate perdere il desìo di viaggiare.

ERNOLD.

Perchè?

BONFIL.

Perchè temerei anch'io d'acquistare dei pregiudizj.

ERNOLD.

Pregiudizio rimarcabile è l'ostentazione, che alcuni fanno di una serietà rigorosa. L'uomo deve essere sociabile, ameno. Il mondo è fatto per chi sa conoscerlo, per chi sa prevalersi de' suoi onesti piaceri. Che diavolo volete fare di questa vostra malinconia? Se vi trovate in conversazione dite dieci parole in un'ora; se andate a passeggiare, per lo più vi compiacete d'esser soli: se fate all'amore, volete essere intesi senza parlare; se andate al teatro, ove si fano le opere musicali, vi andate per piangere, e vi alletta solo il canto patetico, che dà solletico all'ipocondria. Le commedie inglesi sono critiche, instruttive, ripiene di bei caratteri, e di buoni sali, ma non fanno ridere. In Italia almeno si godono allegre e spiritose commedie. Oh se vedeste che bella maschera è l'arlec-

---

(1) « Le plus grand préjugé, Mylord, daignez m'en croire,
» C'est l'affectation d'une humeur sombre et noire,
» Qui fait un animal sauvage et sérieux
» De l'homme, né pourtant sociable et joyeux.
» Que vous sert votre *Spleen*, et qu'en voulez-vous faire?
» Vos conversations sont une grande affaire!
» A peine dans une heure a-t-on dix mots de vous.
. . . .
» Vos hommes, de leurs clubs froidement échauffés,
» En lisant les journaux bâillent dans les cafés;

BONFIL.

Mais, en parlant trop, on ne parle pas toujours bien.

ERNOLD.

Ah! Mylord, Mylord, vous n'avez pas voyagé.

BONFIL.

Et vous ne m'en donnez pas le désir.

ERNOLD.

Pourquoi donc cela?

BONFIL.

C'est que je craindrais aussi d'acquérir des préjugés.

ERNOLD (1).

Le préjugé le plus sensible, croyez-moi, c'est de faire, comme quelques personnes, parade d'un sérieux à toute épreuve. L'homme doit être doux et sociable. Le monde est fait pour qui sait le connaître, et jouir des plaisirs honnêtes qu'il nous offre. Que diable prétendez-vous faire de votre *Spleen* éternel? Etes-vous dans un cercle? vous y dites dix paroles dans l'espace d'une heure: allez-vous à la promenade? c'est le plus souvent tout seul. Amoureux, vous voulez être entendus sans parler: à l'opéra, vous n'y allez que pour pleurer; vous n'aimez que ces chants pathétiques qui remuent les humeurs mélancoliques. La comédie Anglaise est une critique instructive, pleine de beaux caractères, et semée de bons mots: mais elle n'est point plaisante. En Italie, au contraire, on voit des comédies gaies à la fois et pleines d'esprit. Oh! si vous voyez quel

---

» Vos femmes cependant de leur côté s'ennuient;
» Votre luxe est maussade, et les grâces vous fuient.
» Par vos tristes vapeurs vos goûts sont rembrunis;
» Vos livres et vos arts portent ce noir vernis.
» Vos yeux cherchent partout des aspects funéraires,
» Jusques dans les jardins veulent des cimetières.
» Au spectacle du chant, vous avez la fureur
» D'aimer un opéra lamentable et pleureur.
» L'Anglais, dans ses plaisirs, est encore hypocondre, etc. »

chino! E' un peccato, che in Londra non vogliano i nostri inglesi soffrir la maschera sul teatro. Se si potesse introdurre nelle nostre commedie l'arlecchino sarebbe la cosa più piacevole di questo mondo. Costui rappresenta un servo goffo, ed astuto nel medesimo tempo. Ha una maschera assai ridicola; veste un abito di più colori, e fa smascellare dalle risa. Credetemi, amici, che se lo vedeste, con tutta la vostra serietà sareste sforzati a ridere. Dice delle cose spiritosissime. Sentite alcuni de' suoi vezzi, che ho ritenuti in memoria. In vece di dir *padrone*, dirà *poltrone*. In luogo di dir *lottore*, dirà *dolore*. A una *lettera*, una *lettiera*. Parla sempre di mangiare, fa l'impertinente con tutte le donne. Bastona terribilmente il padrone....

ARTUR (*si alza.*)

Milord, amici, a rivederci. (*parte.*)

ERNOLD.

Andate via? Ora me ne sovviene una bellissima, per la quale è impossibile trattenere il riso. Arlecchino una sera in una sola commedia, per ingannare un vecchio che chiamasi pantalone, si è trasformato in un Moro, in una statua movibile, e in uno scheletro, e alla fine d'ogni sua furberia regalava il buon vecchio di bastonate.

CURBRECH (*si alza.*)
(*A Bonfil.*)

Amico, permettetemi. Non posso più. (*Parte.*)

ERNOLD.

Ecco quel che importa il non aver viaggiato.

---

(1) On reconnaît dans cette critique ingénieuse des plates bouffoneries qui, malgré les efforts et les succès de *Goldoni*, avilissaient encore la scène italienne, l'aversion que ce grand homme avait pour les *masques* de la *comédie de l'art*, dont nous avons parlé dans le discours préliminaire.

(2) Il est impossible de mieux caractériser la fatuité qui veut trancher sur tout, et l'ignorance qui choisit, pour autoriser son jugement, celui de tous les exemples qui la condamne le plus positivement.

masque plaisant que cet arlequin (1)! c'est un meurtre vraiment que nos Anglais excluent les masques du théâtre de Londres. Si l'on pouvait introduire l'arlequin dans nos comédies, ce serait la chose du monde la plus agréable. C'est une espèce de valet balourd et adroit en même temps : son masque est tout-à-fait plaisant, son habit chamarré de diverses couleurs; c'est à mourir de rire. Croyez-moi, mes amis, tout votre sérieux n'y tiendrait pas, et vous ririez malgré vous en le voyant. Ses lazzis sont très-spirituels : en voilà quelques-uns que j'ai retenus. Au lieu de dire *padrone*, il dira *poltrone*; pour *dottore*, *dolore*; pour *lettera*, *lettiera*; il parle toujours de manger, est très-impudent auprès des femmes, et bâtonne son maître d'importance.

ARTUR (*se lève.*)
Mylord, mes amis, au plaisir de vous revoir!
(*Il sort.*)

ERNOLD (2).
Vous vous en allez. Tenez, je me rappelle un trait charmant, il est impossible de n'en pas rire. Dans une seule pièce, arlequin, pour tromper un vieil imbécille qu'on nomme Pantalon, se déguise alternativement en More, en statue ambulante, en squelette; et à la fin de chacun de ces rôles différens, le pauvre vieillard est régalé d'une bonne volée de coups de bâtons.

CURBRECH (*se lève*).
(*A Bonfil*).
Mille pardons, mon ami; mais je n'en puis plus.
(*Il sort.*)

ERNOLD.
Voilà ce que c'est que de ne pas avoir voyagé.

Quelle censure ingénieuse des applaudissemens trop souvent prodigués sur d'autres théâtres encore que ceux d'Italie, à de pitoyables jeux de mots, à des calembourgs ridicules, à des pièces même entières, où le bon sens, les mœurs et la poésie sont également outragés tous les jours.

BONFIL.

Cavaliere, se ciò vi fa ridere, non so che pensare di voi. Non mi darete ad intendere, che in Italia gli uomini dotti, gli uomini di spirito ridano di simili sciocchérìe. Il riso è proprio dell'uomo, ma tutti gli uomini non ridono per la stessa cagione. V'è il ridicolo nobile, che ha origine dal vezzo delle parole, da i sali arguti, dalle facezie spiritose, e brillanti. Vi è il riso vile, che nasce dalla scurrilità, dalla sciocchèrìa. Permettetemi, che io vi parli con quella libertà, con cui può parlarvi un congiunto di sangue. Voi avete viaggiato prima del tempo. Era necessario, che ai vostri viaggj faceste precedere i migliori studj. L'istoria, la cronologìa, il disegno, le matematiche, la buona filosofia, sono le sienze più necessarie ad un viaggiatore. Cavaliere, se voi le aveste studiate prima di uscire da Londra, non avreste fermato il vostro spirito ne i trattamenti di Vienna, nella galanterìa di Parigi, nell'Arlecchino d'Italia. (*Parte.*)

ERNOLD.

Milord non sa che si dica; parla così, perchè non ha viaggiato. (*Parte.*)

---

(1) Artur n'a pas daigné réfuter les misérables raisonnemens d'*Ernold*; mylord *Curbrech* n'a pu les entendre plus long-temps : *Bonfil* seul peut et doit leur répondre; et il le fait avec tout l'ascendant que lui donnent sur un jeune étourdi, son nom, la solidité de son esprit, et son titre de parent. Ainsi tout concourt à le rendre plus intéressant aux yeux du spectateur; et les ridicules de son neveu ne servent qu'à faire admirer en lui un mérite de plus : c'est le comble de l'art.

Ce couplet nous a paru un peu affaibli dans la pièce française; le voici :

« Sir Ernold, je vous parle avec cette franchise
» Qu'entre nous l'amitié, le sang même autorise.
» Vous nous avez quittés trop jeune, j'en suis sûr;
» Et si pour voyager vous eussiez été mûr,

COMÉDIE.
BONFIL (1).

Sir Ernold, si tout cela vous fait rire, je ne sais, ma foi, plus que penser de vous. Jamais vous ne me ferez accroire que les gens d'esprit de l'Italie puissent s'amuser de pareilles platitudes. Le rire est naturel à l'homme; mais la même chose ne fait pas rire tous les hommes. Il est un rire noble qui résulte d'un mot agréable, du sel d'une plaisanterie délicate, ou d'une saillie brillante. Mais il est un rire bas et grossier qu'excite la bouffonnerie, et, tranchons le mot, la platitude. Permettez-moi de vous parler avec la franchise dont un parent peut user: vous avez voyagé trop tôt; il eût fallu que de meilleures études précédassent vos voyages. L'histoire, la chronologie, le dessin, les mathématiques, la vraie et bonne philosophie, voilà les sciences les plus utiles au voyageur. Si vous vous en fussiez sérieusement occupé, avant que de sortir de Londres, vous n'eussiez point borné vos observations aux galas de Vienne, à la galanterie de Paris, à l'arlequin de l'Italie. (*Il sort.*)

ERNOLD.

Il ne sait ce qu'il dit: il parleroit bien autrement, s'il avait voyagé. (*Il sort.*)

» Vous auriez rapporté d'une course lointaine
» Tout autre souvenir que les galas de Vienne,
» Les lazzis d'Arlequin au parterre adressés,
» Et les airs de Paris... qui ne sont pas sensés. »
(*Acte II, Sc. XIII.*)

SCENA XVII.

PAMELA (*sola.*)

Tutti i momenti, ch'io resto in questa casa, sono oramai colpevoli, e ingiuriosi alla mia onestà. Il mio padrone ha rilasciato il freno alla sua passione. Egli mi perseguita, e mi conviene fuggire. Oh Dio! E' possibile, ch'ei non possa mirarmi senza pensare alla mia rovina? Dovrò partire da questa casa, dove ho principiato a gustare i primi doni della fortuna? Dovrò lasciare madama Jeure, che mi ama come una figlia? Non vedrò più monsieur Longman, quell'amabile vecchierello, che io venero come padre! Mi staccherò dalle serve, da i servitori di questa famiglia, che mi amano come fratelli? Oh Dio! Lascierò un sì gentile padrone, un padrone ripieno di tante belle virtù? Ma no, il mio padrone non è più virtuoso; egli ha cambiato il cuore; è divenuto un uomo brutale, ed io lo devo fuggire. Lo fuggirò con pena, ma pure lo fuggirò. Se Miledi continua a volermi, io starò seco finchè potrò. Renderò di tutto avvisato mio padre, e ad ogni evento andrò a vivere con esso lui nella nativa mia povertà. Sfortunata Pamela! Povero il mio padrone! (*Piange.*)

---

(1) « Hélas! chaque moment que je reste en ces lieux,
» Inexorable honneur, est un crime à tes yeux!
» Puisqu'à sa passion mon maître s'abandonne,
» Je n'ai plus qu'à le fuir.... ô Dieu! mon cœur s'étonne
» De l'effort qu'aujourd'hui commande mon devoir.
» Quel avenir m'attend, douloureux à prévoir!
» M'arracher d'un logis où j'étais si chérie!
» Vivre loin de mon maître! ah! c'est perdre la vie.

SCÈNE XVII.

PAMÉLA (*seule*) (1).

Tous les instans que je passe désormais dans cette maison, sont coupables et injurieux à mon honneur. Mon maître a abandonné les rênes à sa passion : il me persécute, je dois le fuir. Oh! Dieu! est-il possible qu'il ne puisse me regarder sans méditer ma perte? Il me faut donc abandonner cette maison, où la fortune m'a souri pour la première fois! quitter cette bonne madame Jeffre qui a pour moi la tendresse d'une mère! ne plus voir monsieur Longman, cet aimable vieillard que je révère comme un père! me séparer des domestiques de cette maison, qui sont tous des frères pour moi! abandonner, hélas! un maître adorable, rempli de tant de belles qualités! Mais non : mon maître n'est plus vertueux ; son cœur est changé. Il n'est plus qu'un homme aveuglé par la passion.... je dois le fuir. Il m'en coûtera sans doute ; je le fuirai cependant. Si Myladi persiste à me demander, j'irai chez elle ; et j'y resterai tant qu'il me sera possible. J'instruirai mon père de tout ; et, à tout événement, j'irai vivre avec lui au sein de la pauvreté qui m'a vue naître. Malheureuse Paméla! ô mon pauvre maître! (*Elle pleure.*)

» Eh! quoi! si jeune encor...! à peine commencé,
» Le rêve du bonheur est bien vite effacé!
» Voilà donc où conduit cet éclat qui nous frappe!
» Tout semble me sourire, ô ciel! et tout m'échappe. »
(*Acte III, Sc. Ire.*)

SCENA XVIII.

PAMELA, M. LONGMAN.

LONGMAN.

Pamela.

PAMELA.

Signore.

LONGMAN.

Piangete forse?

PAMELA.

Ah pur troppo!

LONGMAN.

Le vostre lagrime mi piombano sul cuore.

PAMELA.

Siete pur buono; siete pur amoroso!

LONGMAN.

Cara Pamela siete pur adorabile!

PAMELA.

Ah monsieur Longman, non ci vedremo più!

LONGMAN.

Possibile?

PAMELA.

Il mio padrone mi manda a servir Miledi sua sorella.

LONGMAN.

Con Miledi, cara Pamela, non ci starete.

PAMELA.

Andrò a stare con mio padre.

LONGMAN.

In campagna?

SCÈNE XVIII.

PAMÉLA, LONGMAN.

LONGMAN.

Paméla.

PAMÉLA.

Monsieur.

LONGMAN.

Vous pleurez, je crois ?

PAMÉLA.

Que trop, hélas !

LONGMAN.

Vos larmes retombent sur mon cœur.

PAMÉLA.

Vous avez tant de bonté, tant d'amitié pour moi !

LONGMAN.

Chère Paméla ! vous êtes si adorable !

PAMÉLA.

Ah ! monsieur Longman, nous ne nous verrons plus.

LONGMAN.

Est-il possible ?

PAMÉLA.

Monsieur me place chez sa sœur.

LONGMAN.

Vous n'y resterez jamais.

PAMÉLA.

J'irai alors retrouver mon père.

LONGMAN.

A la campagne ?

Tome I.   G

PAMELA.
Si, in campagna, a lavorare i terrini.
LONGMAN.
Con quelle care manine?
PAMELA.
Bisogna uniformarsi al destino.
LONGMAN (*da se.*)
Mi muovo a pietà!
PAMELA.
Che avete che piangete?
LONGMAN.
Ah Pamela! Piango per causa vostra.
PAMELA.
Il cielo benedica il vostro bel cuore. Deh fatemi questa grazia. Incamminatemi questa lettera al paese de' miei genitori.
LONGMAN.
Volentieri; fidatevi di me, che anderà sicura. Ma oh Dio! e avete cuor di lasciarci?
PAMELA.
Credetemi, che mi sento morire.
LONGMAN.
Ah ragazza mia!...
PAMELA.
Che volete voi dirmi?
LONGMAN.
Son troppo vecchio.
PAMELA.
Siete tanto più venerabile.
LONGMAN.
Ditemi, cara, prendereste marito?
PAMELA.
Difficilmente lo prenderei.

PAMÉLA.

Oui, à la campagne, travailler la terre avec lui.

LONGMAN.

Avec ces jolies petites mains?

PAMÉLA.

Il faut savoir se conformer à sa destinée.

LONGMAN (à part.)

Elle m'attendrit!

PAMÉLA.

Qu'avez-vous? vous pleurez.

LONGMAN.

Je pleure, hélas, votre position.

PAMÉLA.

Que le ciel vous récompense de cette preuve d'amitié. Faites-moi le plaisir d'envoyer cette lettre dans le pays qu'habitent mes parens.

LONGMAN.

Volontiers; comptez sur moi : elle leur parviendra surement. Mais, ô Dieu! vous avez le courage de nous quitter?

PAMÉLA.

Croyez-moi, j'en mourrai de chagrin.

LONGMAN.

Ma pauvre petite.....

PAMÉLA.

Que voulez-vous dire?

LONGMAN.

Je suis trop vieux.

PAMÉLA.

Vous n'en êtes que plus respectable.

LONGMAN.

Dites-moi, ma chère, vous marieriez-vous?

PAMÉLA.

Bien difficilement.

LONGMAN.
Perchè difficilmente?

PAMELA.
Perché il mio genio non s'accorda colla mia condizione.

LONGMAN.
Se vi aveste a legare col matrimonio, a chi inclinereste voi?

PAMELA.
Sento gente. Sarà madame Jeure.

LONGMAN.
Pamela, parleremo di ciò con più comodo.

PAMELA.
Può essere, che non ci resti più tempo di farlo.

LONGMAN.
Perchè?

PAMELA.
Perchè forsi avanti sera me n'anderò.

LONGMAN.
Non risolvete così a precipizio.

PAMELA.
Ecco Miledi con madama Jeure.

LONGMAN.
Pamela, non partite senza parlare con me.

PAMELA.
Procurerò di vedervi.

LONGMAN.
(*Da se.*) Ah se avessi vent'anni di meno! a rivederci figliuola.

PAMELA.
Il cielo vi conservi sano.

COMÉDIE.

LONGMAN.

Pourquoi donc cela ?

PAMÉLA.

C'est que ma façon de penser s'accorde mal avec mon état.

LONGMAN.

Mais, si vous aviez à former ce nœud, quel serait l'objet.... ?

PAMÉLA.

J'entends quelqu'un. Ce sera madame Jeffre.

LONGMAN.

Paméla, nous reparlerons de cela dans un moment plus favorable.

PAMÉLA.

Peut-être ne nous restera-t-il pas le temps de le faire.

LONGMAN.

Parce que.... ?

PAMÉLA.

Parce que je m'en irai peut-être avant la nuit.

LONGMAN.

Ne vous décidez pas si vîte.

PAMÉLA.

Voilà Myladi avec madame Jeffre.

LONGMAN.

Paméla, ne partez point sans me parler.

PAMÉLA.

Je ferai en sorte de vous revoir.

LONGMAN.

(*A part.*) Ah ! si j'avais vingt ans de moins ! (*haut.*) Sans adieu, ma fille.

PAMÉLA.

Le ciel vous conserve la santé.

PAMELA,

LONGMAN.

Il cielo vi benedica. (*Parte.*)

PAMELA.

Povero vecchio! Mi ama veramente di cuore. Anche il padrone mi ama. Ah che differenza di amare! Monsieur Longman mi ama con innocenza; il padrone mi ama per rovinarmi. Oimè! Quando uscirò da questa casa fatale?

SCENA XIX.

MILEDI, PAMELA, M.me JEURE.

MILEDI.

Pamela.

PAMELA.

Signora.

MILEDI.

Finalmente Milord mio fratello accorda, che tu venga a stare con me. Preparati, che or ora ti condurrò meco colla carrozza.

PAMELA.

(*Da se.*) Oimè! Poco vi vuole a prepararmi.

MILEDI.

Ci verrai volentieri?

PAMELA.

Ascriverò a mia fortuna l' onor di servirvi.

MILEDI.

Assicurati, che ti vorrò bene.

PAMELA.

Sarà effetto della vostra bontà.

LONGMAN.

Et vous comble de ses bénédictions. (*Il sort.*)

PAMÉLA.

Bon vieillard ! il m'aime sincèrement. Mon maître aussi m'aime..... Mais quelle différence, hélas ! Monsieur Longman n'a que des intentions pures, et Mylord m'aime pour me perdre. Malheureuse ! quand sortirai-je de cette fatale demeure ?

SCÈNE XIX.

Myladi DAURE, PAMÉLA, Mme JEFFRE.

MYLADI.

PAMÉLA.

PAMÉLA.

Madame.

MYLADI.

Mon frère consent enfin que tu viennes chez moi : prépare-toi ; mon carrosse est là, je t'emmènerai sur le champ.

PAMÉLA.

(*A part.*) Hélas ! (*haut,*) je serai bientôt prête.

MYLADI.

Tu viendras volontiers, n'est-ce pas ?

PAMÉLA.

L'honneur de vous servir sera un bonheur pour moi.

MYLADI.

Sois sûre que je te voudrai du bien.

PAMÉLA.

Ce sera un effet de votre bonté.

M.ma JEURE (*da se.*)

Povera Pamela! (*Piange.*)

PAMELA (*a Jeure.*)

Madama, che avete voi, che piangete?

M.me JEURE.

Cara Pamela, non posso vedervi da me partire senza piangere amaramente.

PAMELA.

Spero, che la mia padrona permetterà, che venghiate qualche volta a vedermi.

M.ma JEURE.

E voi non verrete da me?

PAMELA.

No, Madama, non ci verrò.

M.ma JEURE.

Ma perchè, cara, perchè?

PAMELA.

Perchè non voglio abbandonare la mia padrona.

MILEDI.

Se tu sarai amorosa meco, io sarò amorosa con te.

PAMELA.

Vi servirò con tutta la mia attenzione.

MILEDI.

Via dunque, Pamela; andiamo. Madama Jeure ti manderà poscia i tuoi abiti, e la tua biancheria.

PAMÉLA.

Son rassegnata a obbedirvi. (*Da se.*) Oh Dio! (*Piange.*)

MILEDI.

Che hai? Tu piangi?

PAMELA.

Madama Jeure, vi ringrazio della bontà, ch'avete avuta per me. Il cielo vi rimeriti tutto il bene, che

Mme JEFFRE (*à part.*)

Pauvre Paméla! (*Elle pleure.*)

PAMÉLA.

Vous pleurez, Madame! qu'avez-vous donc?

Mme JEFFRE.

Ma chère Paméla, je ne puis vous voir nous quitter, sans en verser des larmes amères.

PAMÉLA.

J'espère que Madame ne trouvera pas mauvais que vous veniez quelquefois me voir.

Mme JEFFRE.

Et vous, ne viendrez-vous donc plus ici?

PAMÉLA.

Non; je n'y reviendrai pas.

Mme JEFFRE.

Pourquoi donc, ma chère; pourquoi?

PAMÉLA.

Je ne dois pas m'éloigner de ma Maîtresse.

MYLADI.

Si tu me témoignes de l'attachement, je ne serai point ingrate à ton égard.

PAMÉLA.

Je vous servirai, Madame, avec tout le zèle dont je suis capable.

MYLADI.

Allons, Paméla, partons. Madame Jeffre te fera tenir tes habits et ton linge.

PAMÉLA.

Je suis prête à obéir. (*A part.*) Hélas! (*Elle pleure.*)

MYLADI.

Tu pleures, mon enfant!

PAMÉLA.

Madame Jeffre, je vous remercie de toutes les bontés que vous avez eues pour moi. Puisse le ciel vous

mi avete fatto. Vi domando perdono, se qualche dispiacere vi avessi dato. Vogliatemi bene, e pregate il cielo per me.

M.^{ma} JEURE *(da se.)*

Oh Dio! mi si spezza il cuore, non posso più.

MILEDI.

Pamela, più che stai quì, più ti tormenti. Andiamo; che in casa mia avrai motivo di rallegrarti. E' venuto mio Nipote dopo un viaggio di cinque anni. Egli è pieno di brio; ha condotto seco dei servitori di varie nazioni; e dopo la sua venuta la mia casa pare trasportata in Parigi.

PAMELA.

Spero, che il cavaliere vostro nipote non avrà a domesticarsi con me.

MILEDI.

Orsù andiamo, non perdiamo inutilmente il tempo.

M.^{ma} JEURE.

Non volete restare a pranzo con vostro fratello?

MILEDI.

No, mi preme condurre a casa Pamela.

PAMELA.

Signora, che dirà il mio padrone, se parto così villanamente senza baciargli la mano?

MILEDI.

Vieni meco, passeremo dal suo appartamento.

M.^{ma} JEURE.

Eccolo, ch' egli viene alla volta nostra.

PAMELA.

Oh Dio! Tremo tutta; il sangue mi si gela nelle vene.

rendre le bien que vous m'avez fait ! Pardonnez-moi les déplaisirs que j'ai pu vous causer ; veuillez-moi toujours du bien, et priez Dieu pour moi.

Mme JEFFRE (*à part.*)

O ciel ! mon cœur se brise ; je n'en puis plus.

MYLADI.

Paméla, plus tu restes ici, et plus tu auras de peine à t'en aller. Viens : tu trouveras chez moi de quoi t'égayer. Mon neveu est de retour d'un voyage de cinq ans ; c'est la gaieté même. Il a amené avec lui des domestiques de différentes nations ; et depuis son arrivée, ma maison semble transportée à Paris.

PAMÉLA.

J'ose espérer, Madame, que monsieur votre neveu n'aura rien à me commander.

MYLADI.

Allons ; c'est assez perdre de temps.

Mme JEFFRE.

Vous ne dînez point avec Mylord votre frère ?

MYLADI.

Non ; il me tarde de conduire Paméla chez moi.

PAMÉLA.

Mais que dira Mylord, si je pars ainsi, sans lui baiser la main ?

MYLADI.

Suis-moi ; nous passerons dans son appartement.

Mme JEFFRE.

Le voilà qui vient bien à propos.

PAMÉLA.

Oh ! Dieu ! je tremble. Mon sang se glace dans mes veines !

SCENA XX.

Milord BONFIL, MILEDI.

BONFIL.

MILEDI, chez fate voi in queste camere?

MILEDI.

Son venuta a sollecitare Pamela.

BONFIL.

Che volete far voi di Pamela?

MILEDI.

Condurla meco.

BONFIL.

Dove?

MILEDI.

In casa mia. Non me l' avete voi concessa per Cameriera?

BONFIL.

Pamela non ha da uscire di casa mia.

MILEDI.

Come! mi mancate voi di parola?

BONFIL.

Io non mi prendo soggezione di mia sorella.

MILEDI.

Una sorella, ch' è moglie d' un cavaliere, deve essere rispettata come una dama.

BONFIL.

Prendete la cosa come vi piace. Pamela non deve uscire di qui.

MILEDI.

Pamela deve venire con me.

SCÈNE XX.

Mylord BONFIL, Myladi DAURE.

BONFIL.
Myladi, que faites-vous ici?

MYLADI.
Je suis venue engager Paméla....

BONFIL.
Que voulez-vous faire de Paméla?

MYLADI.
L'emmener avec moi.

BONFIL.
Où cela?

MYLADI.
Mais, chez moi. Ne me l'avez-vous point donnée pour femme de chambre?

BONFIL.
Paméla ne sortira point de chez moi.

MYLADI.
Comment! vous me manquez de parole?

BONFIL.
Je ne me gêne point avec ma sœur.

MYLADI.
Une sœur qui est l'épouse d'un gentilhomme, exige et mérite les respects dus à une grande dame.

BONFIL.
Prenez la chose comme il vous plaira, Paméla ne sortira point d'ici.

MYLADI.
Paméla doit me suivre.

BONFIL (*a Pamela.*)

Va nella tua camera.

PAMELA.

Signore....

BONFIL.

Va nella tua camera, ti dico, che giuro al cielo vi ti farò condurre per forza.

MILEDI.

Eh Milord, se non avrete rispetto....

BONFIL (*a Miledi.*)

Se non avrete prudenza, ve ne farò pentire. Va in camera; che tu sia maledetta (*a Pamela con sdegno.*)

PAMELA.

Madama Jeure, ajutatemi.

M.ma JEURE.

Signore, per carità.

BONFIL.

Andate con lei.

M.ma JEURE.

Con Pamela?

BONFIL.

Si, con lei nella sua camera. Animo, con chi parlo?

M.ma JEURE (*piano a Pamela.*)

Pamela, andiamo; non lo facciamo adirar d'avvantaggio.

PAMELA.

Se venite voi, non ricuso d' andarvi.

M.ma JEURE (*a Bonfil.*)

Signore, faciamo il vostro volere.

PAMELA.

Obbedisco a' vostri comandi.

COMÉDIE.

BONFIL (*à Paméla.*)

Vas dans ta chambre.

PAMÉLA.

Monsieur.....

BONFIL.

Va dans ta chambre, te dis-je ; ou je t'y fais conduire par force.

MYLADI.

Eh ! Mylord, si vous ne respectez pas....

BONFIL (*à Myladi.*)

De la prudence, ma sœur ; ou vous pourrez vous repentir.... (*A Paméla.*) Vas dans ta chambre...... Maudit soit le jour, où je te vis pour la première fois !

PAMÉLA.

Madame Jeffre, ne m'abandonnez pas.

Mme JEFFRE.

Mylord, par charité !

BONFIL.

Allez avec elle.

Mme JEFFRE.

Avec Paméla ?

BONFIL.

Oui, avec Paméla, dans sa chambre. Eh, bien ! à qui parlé-je ?

Mme JEFFRE (*bas à Paméla.*)

Allons, ma chère ; ne l'irritons pas davantage.

PAMÉLA.

Je ne refuse point d'y aller avec vous.

Mme JEFFRE (*à Bonfil.*)

Mylord, nous faisons ce que vous avez dit.

PAMÉLA.

J'obéis à vos ordres. (*Elle salue et entre dans sa chambre avec madame Jeffre.*)

BONFIL.

Ah Pamela, sei pur vezzosa!

MILEDI.

Fratello, ricordatevi dell' onore della vostra famiglia

BONFIL.

BONFIL (*s'accosta alla camera, dov' è andata Pamela.*)

MILEDI.

Che? Andate voi nella camera con Pamela? Mi farete vedere su gli occhi miei le vostre debolezze? Giuro al cielo!

BONFIL. (*Serra per di fuori colla chiave la camera, ov' è Pamela, e si ripone la chiave in tasca.*)

MILEDI.

Assicurate la vostra bella, perchè non vi venga involata! Milord, pensate a voi stesso, non vi ponete a rischio di precipitare così vilmente.

BONFIL. (*Senza abbadare alla sorella, parte.*)

MILEDI (*sola.*)

Così mi lascia? Così mi tratta? Fa di me sì bel conto! Non son chi sono, se non mi vendico. Sa molto bene Milord, che nati siamo entrambi di un medesimo sangue. Lo sdegno, che in lui predomina, non è inferior nel mio seno; e s' egli mi tratta con un indegno disprezzo, mi scorderò, ch' egli mi sia fratello, e lo tratterò da nemico. Pamela o ha da venire con me, o ha da lasciare la vita.

---

(1) La durée de cet acte excède de beaucoup la mesure ordinaire de nos actes ; aussi sa dernière scène se trouve-t-elle la sixième du troisième acte de la pièce française, sans que cette division nouvelle ait coûté à l'auteur d'autre peine, que de suivre la coupe naturellement indiquée dans l'original, où le théâtre reste vide plusieurs fois.

Goldoni avait, pour les règles du poëme dramatique, une aversion

Fine dell' Atto primo.

BONFIL (*à part.*)

Ah ! Paméla ! que cependant tu es charmante ?

MYLADI.

Mon frère, ne perdez point de vue ce que vous devez à votre famille.

BONFIL (*se rapproche de la chambre où est entré Paméla.*)

MYLADI.

Quoi ! vous suivez Paméla dans cette chambre ? et vous ne rougirez pas de me rendre le témoin de vos faiblesses ! J'en atteste le ciel... !

BONFIL (*ferme à la clef la chambre où est Paméla, et met la clef dans sa poche.*)

MYLADI.

Oui, assurez-vous bien de votre proie, de peur qu'elle ne vous échappe ! Mylord, songez à ce que vous êtes ; et ne vous exposez point au danger d'une chute aussi honteuse.

BONFIL (*sort sans faire attention à ce que lui dit sa sœur.*)

MYLADI (*seule.*)

Est-ce ainsi qu'il me laisse ? Est-ce ainsi qu'il me traite ? Voilà donc le cas qu'il fait de sa sœur ! Je ne suis pas moi, si je ne me venge pas. Il ne sait que trop cependant que le même sang nous a donné le jour ! L'orgueil qui domine chez lui n'est pas moins actif dans mon sein. S'il me traite avec cet indigne mépris, j'oublierai qu'il est mon frère, et ne verrai plus en lui qu'un ennemi que je poursuivrai. Oui, Paméla viendra avec moi ; ou Paméla perdra la vie (1).

---

presque insurmontable. Il les regardait comme des entraves que l'on a données au génie, et dont il lui est permis de s'affranchir. Il s'y est cependant assujéti lui-même dans ses grands ouvrages ; et elles sont si simples d'ailleurs, et si naturelles, qu'il les a observées, pour ainsi dire, malgré lui dans les autres, où la marche et la division des cinq actes sont également sensibles au premier coup-d'œil.

Fin du premier Acte.

ATTO II.

SCENA PRIMA.

Milord BONFIL (*solo, con una chiave in mano.*)

La povera Pamela, la povera Jeure sono ancora imprigionate. Andiamo a dar loro la libertà. Ma, oh cielo! Che farò di Pamela? Pamela è l'anima mia. Talora faccio forza a me stesso per allontanarmi col pensiero dal suo bel volto, e parmi possibile l'abbandonarla, ma quando poi la rivedo, mi sento gelar il sangue nelle vene; giudico unicamente da lei dipendere la mia vita, non ho cuor di lasciarla. Ma che mai far dovrò? sposarla? Pamela, sì, tu lo meriti, ma a troppe cose mi convien pensare. Orsù aprasi quella porta, escano di timore quelle povere sventurate. (*va per aprire.*)

ISACCO.

Signore.

BONFIL.

Cosa vuoi?

ISACCO.

Milord Artur.

---

(1) O ciel! de Paméla que faire ? elle a mon cœur,
Elle est ma vie. En vain je me suis cru vainqueur !
Mais ma sœur m'inquiète ; elle viendra sans cesse
Attaquer mon penchant ; l'accuser de bassesse....
Son esprit de hauteur voudrait me maîtriser. —
Et je subis ce joug, au lieu de le briser !
Quelle est donc cette indigne et lâche dépendance,
Cet esclavage affreux, qu'on nomme bienséance !
O noblesse ! ô chimère ! absurde vanité,
Qui veux du genre humain rompre l'égalité !

ACTE II.

SCÈNE PREMIÈRE (1).

Mylord BONFIL (*seul, une clef à la main.*)

La pauvre Paméla, la pauvre Jeffre sont encore prisonnières : donnons-leur la liberté.... Mais, ô ciel! que ferai-je de Paméla? elle est ma vie! Je fais ce que je puis maintenant pour écarter de moi l'image et la pensée de ses attraits ; je me figure la possibilité de me séparer d'elle.... Mais dès qu'elle s'offre à ma vue, mon sang se glace dans mes veines ; je sens seulement que ma vie dépend d'elle, et je ne me trouve plus la force de l'abandonner. Que faire désormais! l'épouser? Oui, Paméla, tu en es digne! mais que de choses à arranger....! Ouvrons cette porte ; il est temps qu'elles respirent de leurs frayeurs. (*il va pour ouvrir.*)

ISAC.
Monsieur.

BONFIL.
Que veux-tu?

ISAC.
Mylord Artur.

De l'oubli de ses droits la nature se venge.
Je ne le sens que trop, à ce combat étrange
Qu'aujourd'hui dans mon sein se livrent tour-à-tour
Mon rang et ma raison, et sur-tout mon amour.
Mais c'est dans Paméla, sa vertu qui m'enflamme.
Je pourrais me résoudre à la prendre pour femme ;
Elle en est digne enfin.

(*Acte III, Sc. VII.*)

BONFIL.

Venga. A tempo egli arriva. La sua buona amicizia mi darà de i sinceri consigli. Soffrano ancor per poco Pamela, e Jeure la pena de' loro timorosi pensieri. Qualche cosa risolverò.

SCENA II.

Milord ARTUR, Milord BONFIL.

ARTUR.

Amico troppo presto vi replico l'incomodo di mia persona.

BONFIL.

Vi amo sempre, e vi desidero ora più che mai.

ARTUR.

Vi contentate, che io parli con libertà?

BONFIL.

Sì vi prego di farlo sinceramente.

ARTUR.

Son informato della ragione, per cui stamane teneste meco il forte ragionamento.

BONFIL.

Caro amico, non sapete voi compatirmi?

ARTUR.

Sì, vi compatisco, ma vi campiango.

BONFIL.

Trovate voi, che il mio caso meriti d'esser compianto?

ARTUR.

Moltissimo. Vi par poco per un uomo di merito,

BONFIL.

Qu'il entre. Il vient à propos : son amitié me donnera des avis sincères. Que Jeffre et Paméla souffrent encore un moment de captivité. Je prendrai un parti.

SCÈNE II.

Mylord ARTUR, Mylord BONFIL.

ARTUR.

Mon ami, c'est peut-être vous fatiguer trop tôt d'une seconde visite ?

BONFIL.

Vous me faites plaisir dans tous les temps : mais jamais je ne vous désirai plus qu'aujourd'hui.

ARTUR.

Serez-vous bien aise que je vous parle librement ?

BONFIL.

Oui, et je vous prie même de le faire avec toute la sincérité possible.

ARTUR.

Je suis instruit maintenant des motifs qui vous rendaient si pressant dans le raisonnement de ce matin.

BONFIL.

Eh, bien ! mon ami, ne me plaignez-vous pas ?

ARTUR.

Je vous plains de tout mon cœur.

BONFIL.

Vous trouvez donc ma position vraiment douloureuse ?

ARTUR.

Très-douloureuse. N'est-ce rien en effet pour ur

di virtù, il sacrificio del suo cuore, e della sua ragione?

BONFIL.

Il cuore vi confesso averlo perduto. Ma se voi m'imputate aver io operato senza ragione, Milord, credetemi, voi v'ingannate.

ARTUR.

Qual argomento avete voi per sostenere, che il vostro amore sia ragionevole?

BONFIL.

Amico, avete veduta Pamela?

ARTUR.

Sì, l'ho veduta, ma non con i vostri occhi.

BONFIL.

Negherete voi, ch'ella sia bella, che ella sia amabile?

ARTUR.

E' bella, è amabile: io lo concedo; ma tutto ciò è troppo poco in confronto di quella pace, che andate perdendo.

BONFIL.

Ah Milord, Pamela ha un gran pregio, che non vedono nè i vostri occhi, nè i miei.

ARTUR.

E in che consiste questo suo invisibile pregio?

BONFIL.

In una estraordinaria virtù, in una illibata onestà, in un'ammirabile delicatezza d'onore.

ARTUR.

Pregj grandi, grandissimi pregj, che meritano tutta la venerazione; ma se Pamela è delicata nell'onor suo, voi non lo dovete essere meno nel vostro.

BONFIL.

Vi ho pur convinto stamane, che l'uomo nobile

homme d'un mérite et d'une vertu reconnue, que le sacrifice de son cœur et de sa raison?

BONFIL.

Pour mon cœur, je l'avoue, le sacrifice en est fait; mais si vous m'accusez d'avoir agi sans raison, croyez-moi, Mylord, vous vous trompez.

ARTUR.

Sur quoi établiriez-vous les preuves que votre amour est raisonnable?

BONFIL.

Mon ami, avez-vous vu Paméla?

ARTUR.

Oui je l'ai vue, mais non pas de vos yeux.

BONFIL.

Lui refuseriez-vous des attraits, de l'amabilité?

ARTUR.

Elle est belle, elle est aimable: mais qu'est-ce que tout cela, en comparaison de la paix que vous allez perdre?

BONFIL.

Ah! Mylord, Paméla possède un rare mérite qui échappe à vos yeux comme aux miens.

ARTUR.

En quoi consiste donc ce mérite invisible?

BONFIL.

Dans une vertu extraordinaire, une honnêteté sans tache, une délicatesse admirable sur l'article de l'honneur.

ARTUR.

C'est un grand, un très-grand mérite sans doute, et digne de tous les hommages. Mais si Paméla est si délicate sur son honneur, le devez-vous être moins sur le vôtre?

BONFIL.

Je vous ai démontré ce matin qu'un noble ne blessait

con nozze ignobili non offende nè l'onestà, nè la legge.

ARTUR.

Ed io vi ho convinto, ch' egli tradisce i propri figliuoli.

BONFIL.

Questi figli non son sicuri.

ARTUR.

Bramereste voi morir senza prole?

BONFIL (*pensa un poco.*)

No certamente. Muore per metà chi lascia un' immagine di se stesso ne i figli.

ARTUR.

Dunque avete a lusingarvi anzi di conseguire quello, che ragionevolmente desiderate.

BONFIL.

Ah che bei figli, che cari figli uscirebbero dalla virtuosa Pamela!

ARTUR.

Il sangue di una madre vile potrebbe renderli bassamente inclinati.

BONFIL.

Non è il sangue, ma la virtù della madre, che opera mirabilmente ne' figli.

ARTUR.

Milord, siete voi risoluto di sposar Pamela?

BONFIL.

Il mio cuore lo brama, Pamela lo merita, ma non ho stabilito di farlo.

ARTUR.

Deh non lo fate, chiudete per un momento l'orecchio

---

(1) Jamais l'amitié ne parla avec plus de force, de chaleur et de sentiment à la fois. Il n'y a pas un trait qui ne porte dans l'ame de Bonfil une impression réelle, parce qu'il n'y en a pas un qui ne soit fondé sur la raison, et dicté par une amitié vraie, par

ni l'honneur, ni la loi, en épousant une femme sans nom.

ARTUR.

Et je vous ai prouvé, moi, qu'il trahissait ses enfans.

BONFIL.

Il n'est pas sûr qu'il en ait.

ARTUR.

Voudriez-vous mourir sans postérité ?

BONFIL (*après avoir réfléchi un moment.*)

Non certainement. On ne meurt qu'à moitié, en laissant dans ses fils une image de soi.

ARTUR.

Vous pouvez donc vous flatter de posséder ce que vous désirez avec tant de raison.

BONFIL.

Quels beaux enfans, quels enfans chéris sortiraient de la vertueuse Paméla !

ARTUR.

Le sang d'une mère qui n'est pas noble, leur pourrait communiquer des inclinations basses.

BONFIL.

C'est moins le sang que la vertu d'une mère qui agit dans ses enfans.

ARTUR.

Mylord, êtes-vous décidé à épouser Paméla.

BONFIL.

Mon cœur le désire ; Paméla le mérite : mais je n'en ai pas pris encore la résolution.

ARTUR (1).

Ah ! ne la prenez point, mon ami. Fermez un

---

un intérêt puissant pour l'honneur de Bonfil. Tous les tableaux que lui présente Artur, sont la peinture fidelle des suites d'une pareille mésalliance ; rien d'exagéré, point de vaines déclamations, point de sentences *philosophiques* sur-tout, point de vœux pour une égalité

alla passione, che vi lusinga, e apritelo ad un amico, che vi consiglia. Fermatevi a considerare per un momento questo principio vero : essere dovere dell' uomo onesto preferire il decoro all' amore, sottomettere il senso all' impero della ragione. Tutto voglio accordarvi per iscemare l' inganno della vostra passione. Sia vero, che l' onestà non si offenda, verissimo, che le leggi non l' impediscano; e diasi ancora, che i figli poco perdano per un tal maritaggio : udite le infallibili conseguenze, ch' evitare non si possono, e preparatevi a soffrirle, se avete cuore di farlo. I vostri Congiunti si lagneranno aspramente di voi, si crederanno a parte dell' ingiuria, che fatta avrete al vostro medesimo sangue, e vi dichiareranno debitore in perpetuo del loro pregiudicato decoro. Voi sarete la favola di tutta Londra. Ne i circoli, nelle veglie, alle mense, a i ridotti si parlerà con poca estima di voi. Ma tutto questo può tollerarsi da un uomo, che ha sagrificato il

---

chimérique, dont l'idée ne pouvait même se trouver dans la tête d'un homme tel qu'Artur.

Que Bonfil aveuglé, entraîné par une passion violente, et qui trouve, dans sa noblesse, un obstacle éternel à son bonheur, maudisse sans cesse les préjugés du rang, il n'y a rien là qui doive surprendre ; c'est la marche de la nature. Mais qu'*Artur*, l'homme sage de la pièce, l'homme sans passion, le vrai philosophe enfin, fortifie l'erreur de son ami, en lui présentant des idées qu'il n'est que trop disposé à embrasser, voilà ce qui nous paraît assez difficile à justifier, ou qui ne trouve du moins son excuse que dans la nécessité de flatter les idées du moment et de caresser l'opinion du plus grand nombre.

Voici comme s'exprime l'Artur français :

> Le préjugé des rangs, à parler sans scrupule,
> Me semble, comme à vous, injuste et ridicule.
> C'est peut-être un fléau de plus dans l'univers ;
> Et j'en conviendrais, même en la chambre des Pairs,
> Si d'un particulier l'impuissante morale
> Suffisait pour combattre une erreur générale.
> Les hommes sont égaux, mon ami, je le crois :
> Je désire qu'un jour ils rentrent dans leurs droits.
> Je n'ai point de l'orgueil la triste maladie :
> Heureuse, à mon avis, la nation hardie,
> Qui, s'estimant assez pour suivre un plan nouveau,
> Remettrait chaque état et chaque homme au niveau !

moment l'oreille à la passion qui vous flatte, pour l'ouvrir à l'amitié qui vous conseille. Arrêtez-vous pour un moment à la vérité constante de ce principe ; que le devoir de l'honnête homme est de préférer son honneur à l'amour, et de soumettre les sens à l'empire de la raison. Je vous accorderai tout, si vous voulez, pour justifier l'erreur où vous jette votre passion. Je veux qu'il soit vrai qu'elle n'offense point l'honneur ; plus vrai encore que les lois ne s'y opposent point ; que l'on dise même que les enfans ne perdent presque rien à une semblable alliance. Mais écoutez les conséquences infaillibles, inévitables de votre conduite ; et résignez-vous y d'avance, si vous osez les braver. Vos parens se plaindront hautement de vous : ils se croiront outragés aussi de l'injure que vous aurez faite à votre propre sang, et vous déclareront à jamais comptable envers leur honneur. Vous deviendrez la fable de Londres. Dans les cercles, dans les veillées, à table, à la promenade, par-tout on parlera de vous avec l'expression du mépris. Mais un homme qui a tout sacrifié à la violence de son amour, peut aisément braver tout cela. Ecoutez maintenant, écoutez ce qu'il vous sera impossible de souffrir : les outrages faits à votre épouse. Il lui

---

Cependant l'Angleterre, en ce point abusée,
Consacra, dans ses lois, la maxime opposée ;
De la philosophie on vante les progrès :
Mais, hélas ! qu'ils sont lents ! combien peu d'esprits vrais
Osent ouvrir les yeux à sa clarté féconde !
La coutume est encor le tyran de ce monde, etc.

(*Acte III, Sc. VIII.*)

Il n'y a pas une de ces maximes qui n'ait été complètement réfutée par celui de tous les raisonnemens auquel seul il est impossible de rien opposer, *l'expérience !* et quelle expérience ! Mais il y aurait trop à dire à ce sujet ; et une simple note n'est pas une discussion politique. Bornons-nous à plaindre l'estimable auteur de *Paméla* d'avoir été forcé de payer ce tribut *philosophique* à l'erreur du moment ; et plaignons-le d'autant plus, que, victime lui-même de cette prétendue philosophie, il doit sentir mieux que personne combien l'abus touche l'usage de près dans des matières aussi importantes.

mondo tutto al suo tenero amore. Udite, milord, udite ciò, che non avrete cuor di soffrire; gli oltraggj, che si faranno alla vostra sposa: ella dovrà star ritirata come una serva. Le donne nobili non si degneranno di lei; le ignobili non saranno degne di voi. Che vita miserabile dovrà menare quella infelice! I servitori medesimi non sapranno rispettar per padrona colei, ch'è stata loro compagna. Vi vedrete quanto prima d'intorno un suocero con le mani incallite, ed una serie di villani congiunti, che vi faranno arrossire. L'amore grande, quell'amore, che accieca, e fa parer tutto bello, non dura molto. Lo sfogo della passione dà luogo a i migliori riflessi; ma questi, quando giungono fuor di tempo, accrescono il dolore, e la confusione. Vi parlo da vero amico, con il cuor sulle labbra. Mirate da un canto le dolci lusinghe del vostro cupido, mirate dall'altro i vostri impegni, i vostri doveri, i pericoli a' quali vi esponete; se non avete smarrito il senno, eleggete da vostro pari, preferite ciò, che vi detta l'onore.

BONFIL (*si getta colle braccia al collo d'Artur.*)

Caro amico.

ARTUR.

Via, Milord, risolvete, fate una magnanima azione, degna intieramente di voi; allontanatevi da questo incanto, scioglietevi da questa ingiuriosa catena.

BONFIL.

Ma come, amico, come ho da far io ad abbandonarla?

ARTUR.

Concedetela a vostra sorella.

BONFIL.

No, questo non sarà mai. Con Miledi non anderà certamente.

ARTUR.

Ma perchè causa!

faudra vivre dans la retraite, comme une servante. Les femmes nobles ne daigneront pas la regarder; les autres ne seront pas dignes de votre société. A quel triste sort condamnez-vous cette infortunée ! vos gens eux-mêmes, pourront-ils s'accoutumer jamais à révérer une maîtresse, dans celle qui a été leur compagne ? Bientôt vous vous trouverez escorté d'un beau père, aux mains rudes et calleuses, et d'une longue suite de parens de la même classe ; tout cela vous fera rougir. L'amour, l'excès de l'amour qui vous transporte aujourd'hui, vous peint tout en beau, mais il ne dure pas ; le prestige s'évanouit, la passion s'éteint, et cède la place à des réflexions plus sages, qui, trop tardives alors, ne font qu'ajouter aux regrets et à la confusion. Je vous parle en ami, et le cœur sur les lèvres. Voyez d'un côté les douces illusions de votre amour ; de l'autre, les obstacles, les devoirs dont il vous faut triompher, les périls même auxquels vous vous exposez ; et s'il vous reste encore de la raison, choisissez vous-même, et suivez le parti que vous présente l'honneur.

BONFIL (*se jette entre ses bras.*)
Mon cher ami !

ARTUR.

Allons, Mylord, du courage, faites une action héroïque et digne de vous ; fuyez l'enchantement, affranchissez-vous d'une chaîne injurieuse.

BONFIL.

Mais comment, mon ami, comment l'abandonner ?

ARTUR.

Cédez-la à votre sœur.

BONFIL.

Non, cela ne sera jamais ; elle n'ira certainement pas chez elle.

ARTUR.

Mais pourquoi cela ?

BONFIL.

Ella è una pazza; ha degli impeti sregolati. Lo dirò a mia confusione, ella mi assomiglia assaissimo ne i difetti. Povera Pamela! avvezza con mia madre, che la trattava come una figlia, perderebbe con lei la salute, perderebbe miseramente la vita.

ARTUR.

Fate una cosa migliore; procurate di maritarla.

BONFIL (*pensa un poco, poi.*)

Sì, non sarebbe mal fatto.

ARTUR.

Volete, che io procuri di trovarle Marito?

BONFIL.

Procuratelo prestamente.

ARTUR.

Lo farò volentieri.

BONFIL.

Mia madre me l'ha teneramente raccomandata.

ARTUR.

Datele una discreta dote, e adempirete agli ordini di vostra madre.

BONFIL.

Sì, le darò di dote duemila Ghinee.

ARTUR.

Oh Milord, questo è troppo. Chi volete voi, che la sposi?

BONFIL.

Pamela non soffrirebbe un marito plebeo.

ARTUR.

Nè un marito nobile la prenderà per la dote.

BONFIL.

Avvertite a non le procurare un marito straniero.

BONFIL.

Ma sœur est une folle ; elle a des momens insupportables. Je le dirai à ma honte ; elle me ressemble, elle a tous mes défauts. Pauvre Paméla ! accoutumée aux bontés de ma mère, qui la traitait en fille ; elle perdroit bientôt, auprès de ma sœur, et la santé, et la vie misérablement.

ARTUR.

Faites mieux ; travaillez à l'établir.

BONFIL (*réfléchit un moment.*)

Oui ; voilà une excellente idée.

ARTUR.

Voulez-vous que je lui cherche un mari ?

BONFIL.

Occupez-vous-en sur le champ.

ARTUR.

Je le ferai volontiers.

BONFIL.

Ma mère me l'a si tendrement recommandée !

ARTUR.

Donnez-lui une dot honnête, ce sera remplir ses intentions.

BONFIL.

Oui ; je lui donnerai deux mille guinées pour dot.

ARTUR.

Oh ! c'est beaucoup trop ; qui voulez-vous qui l'épouse ?

BONFIL.

Paméla n'accepterait pas la main d'un homme du peuple.

ARTUR.

Et un noble ne la prendra pas pour sa dot.

BONFIL.

Faites en sorte que ce mari-là ne soit pas étranger.

ARTUR.

Che! Vi spiacerebbe, ch'ella andasse lontana?

BONFIL.

Non m'inasprite più crudelmente la piaga.

ARTUR.

Orsù diciamolo a madama Jeure. Ella è Donna di senno; ella provvederà a Pamela lo sposo.

BONFIL.

Sì, Jeure l'ama. Niuno meglio di lei saprà contentare Pamela.

ARTUR.

Ecco l'affare accomodato; ecco quasi assicurata la sorte di questa buona ragazza; ed ecco voi fuor di pericolo di rovinarvi per sempre.

BONFIL.

Caro Amico, i vostri consigli operano sopra il mio cuore con la forza della ragione, ma io provo, io solo provo le atroci pene della passione nemica.

ARTUR.

Giacchè avete dell'amore per me, vorrei pregarvi di un'altra grazia.

BONFIL.

Siete arbitro della mia vita.

ARTUR.

Vorrei, che vi compiaceste di venir meco per otto giorni in campagna.

BONFIL.

No, compatitemi, non posso in ciò compiacervi.

ARTUR.

Ma perchè mai?

ARTUR.

ARTUR.

Quoi! seriez-vous fâché qu'elle s'éloignât d'ici.

BONFIL.

N'aigrissez point plus cruellement ma blessure!

ARTUR.

Faisons part de tout cela à madame Jeffre. C'est une femme de bon sens; elle pourra s'occuper de pourvoir Paméla.

BONFIL.

Oui, Jeffre l'aime: personne ne saura mieux qu'elle contenter Paméla.

ARTUR.

Voilà donc l'affaire terminée: voilà le sort de Paméla comme assuré; vous voilà hors enfin du danger de vous perdre à jamais.

BONFIL.

Mon ami, vos conseils agissent sur mon cœur avec l'ascendant de la raison: mais j'éprouve, hélas! j'éprouve seul les tourmens cruels de la passion qui me dévore.

ARTUR.

Puisque vous avez de l'amitié pour moi, j'aurais une autre grâce à vous demander.

BONFIL.

Demandez ma vie si vous voulez.

ARTUR.

Je voudrais que vous me fissiez le plaisir de venir passer avec moi huit jours à la campagne.

BONFIL.

Non, excusez-moi; mais je ne puis vous complaire en ceci.

ARTUR.

Pour quelle raison?

Tome I.

BONFIL.

Gli affari miei non mi permettono uscire dalla Città.

ARTUR.

Fra questi vostri affari v'ha parte alcuna Pamela?

BONFIL.

Sì, ma unicamente per maritarla.

ARTUR.

Questo si può procurare senza di voi.

BONFIL.

Ma non si può risolvere senza di me.

ARTUR.

In otto giorni non si fa così facilmente un maritaggio per via di contratto.

BONFIL.

Dispensatemi, ve ne prego.

ARTUR.

Milord, voi mi adulate. Voi non siete persuaso de' miei consigli. Partito ch'io sono, voi tornate a sollecitare Pamela.

BONFIL.

Non giudicate sì malamente di me. Stimo i vostri consigli, gli apprezzo, e gli gradisco.

ARTUR.

Se così fosse, non ricusereste di venir meco.

BONFIL.

Otto giorni non posso lasciare la casa, senza di me.

ARTUR.

Eccomi più discretto, mi contento, che restiate meco tre soli giorni.

BONFIL.

Tre giorni? Dove?

BONFIL.
Mes affaires ne me permettent pas de sortir de Londres.
ARTUR.
Et Paméla n'est-elle pour rien dans ces affaires-là ?
BONFIL.
Je vous demande pardon ; mais c'est uniquement pour la marier.
ARTUR.
Cela se peut faire sans vous.
BONFIL.
Mais ne se peut décider sans moi.
ARTUR.
Mais un mariage par contrat ne se fait pas aussi facilement en huit jours.
BONFIL.
Dispensez-m'en, je vous en conjure.
ARTUR.
Vous me flattez, Mylord, je le vois bien : et vous n'êtes point persuadé de la sincérité de mes avis. A peine serai-je parti, que la passion vous ramènera à Paméla.
BONFIL.
Ne me jugez point aussi mal. J'estime vos conseils, j'en sens le prix, et je vous en remercie.
ARTUR.
S'il en était ainsi, vous ne refuseriez pas de venir avec moi.
BONFIL.
Je ne puis m'absenter huit jours de chez moi.
ARTUR.
Eh bien ! je serai plus discret. Je ne vous demande que trois jours.
BONFIL.
Trois jours ! Où ?

ARTUR.
Alla contea d' Artur.
BONFIL.
Ma! Oh cielo! Perchè mi volete condurre in villa?
ARTUR.
Deggio dare una festa ad una mia cugina ritornata da Portogallo.
BONFIL.
Il mio malinconico umore non può che spiacere nell' allegrìa della villa.
ARTUR.
Voi avete a piacere a me solo.
BONFIL.
E non volete dispensarmi?
ARTUR.
No certamente, a costo di perdere la vostra preziosa amicizia.
BONFIL.
Voi non meritate, che io vi corrisponda villanamente. Per compiacervi verrò.
ARTUR.
Sollecitate il pranzo; un' ora dopo il mezzo giorno sarà quì il mio sterzo, e ce n' andremo immediatamente.
BONFIL.
Oimè! così presto?
ARTUR.
Due ore abbiamo di tempo.
BONFIL.
E' troppo poco.
ARTUR.
Che cosa avete di maggior premura?
BONFIL.
Non volete, che io dia gli ordini alla mia famiglia?

ARTUR.
Mais, au comté d'Artur.
BONFIL.
Mais, ô ciel! pourquoi me conduire à la campagne?
ARTUR.
J'y dois donner une petite fête à ma cousine qui est de retour du Portugal.
BONFIL.
Mon humeur mélancolique ne peut que faire un contraste désagréable avec l'alégresse d'une fête de campagne.
ARTUR.
Vous n'avez à plaire qu'à moi.
BONFIL.
Et vous ne voulez pas m'en dispenser?
ARTUR.
Non certainement, dussé-je en perdre votre précieuse amitié.
BONFIL.
Vous ne méritez pas un refus de ma part. J'irai, pour vous faire plaisir.
ARTUR.
Hâtez le dîner. Une heure après midi, mon cabriolet sera à votre porte, et nous partirons à l'instant.
BONFIL.
Comment! si vite!
ARTUR.
Nous avons encore deux heures.
BONFIL.
C'est trop peu.
ARTUR.
Qu'avez-vous de plus pressé à faire?
BONFIL.
Ne voulez-vous pas que je donne mes ordres à mes gens?

ARTUR.

La vostra famiglia è ben regolata. Tre giorni di assenza non alterano le vostre commissioni.

BONFIL.

Amico, per quel ch'io vedo, voi temete, che io non mi possa staccar da Pamela.

ARTUR.

Se ricusate di venir meco, mi darete cagione di sospettarlo.

BONFIL.

Bene, verrò con voi.

ARTUR.

Me ne date parola?

BONFIL.

Sì, in parola di cavaliere.

ARTUR.

Permettetemi, che vada poco lontano; or ora sono da voi.

BONFIL.

Non volete desinar meco?

ARTUR.

Sì, ma deggio dare una piccola commissione. Fra un'ora attendetemi.

BONFIL.

Accomodatevi, come vi aggrada.

ARTUR.

Amico, addio.

BONFIL.

Son vostro servo.

ARTUR (*da se.*)

Povero Milord! Nello stato, in cui si ritrova, egli ha bisogno di un vero amico, che lo soccorra. (*Parte.*)

BONFIL (*chiama.*)

Ehi.

ARTUR.
Votre maison est bien réglée ; et trois jours d'absence n'y peuvent occasioner aucun désordre.
BONFIL.
D'après ce que je vois, mon ami, vous craignez que je ne me puisse séparer de Paméla.
ARTUR.
Mais un nouveau refus de m'accompagner, me donnerait lieu de le soupçonner.
BONFIL.
Eh bien ! j'irai.
ARTUR.
Vous m'en donnez votre parole ?
BONFIL.
Oui, foi de gentilhomme.
ARTUR.
Souffrez que je m'éloigne pour un moment : je suis à vous dans la minute.
BONFIL.
Vous ne voulez point dîner avec moi ?
ARTUR.
Si ; mais j'ai une petite commission à donner auparavant. Attendez-moi dans une heure.
BONFIL.
Faites ce qui vous arrangera le mieux.
ARTUR.
Adieu, mon ami.
BONFIL.
Je suis votre serviteur.
ARTUR (*à part.*)
Pauvre Mylord ! dans l'état où il se trouve, il a besoin d'un véritable ami, dont les conseils le fortifient. (*Il sort.*)
BONFIL (*appelle.*)
Hola !

SCENA III.

Milord BONFIL, ISACCO, poi LONGMAN.

ISACCO.

Signore?

BONFIL (*solo.*)

Il maggiordomo. (*Isacco via.*) Milord Artur conosce il mio male, ed il mio rimedio; ed io son un infermo, che odia la medicina, e non vorrebbe al medico rassegnarsi. Ho data la mia parola; anderò. E Pamela? E Pamela si mariterà. Si mariterà? Sì, sì; si mariterà a tuo dispetto, mio cuore; sì, a tuo dispetto.

LONGMAN.

Signore?

BONFIL.

Vi levo ogni ordine. Non vado alla contea di Lincoln.

LONGMAN.

Ho inteso.

BONFIL.

Fatemi preparare per dopo pranzo un abito da viaggio.

LONGMAN.

Parte oggi, Signore?

BONFIL.

Sì.

LONGMAN.

Dunque parte.

BONFIL.

Sì, l'ho detto.

SCÈNE III.

Mylord BONFIL, ISAC, et LONGMAN.

ISAC.

Monsieur?

BONFIL (seul.)

L'intendant. (*Isac sort.*) Mylord connaît mon mal, et son amitié m'indique le remède. Mais je suis un malade qui repousse la médecine, et ne voudrait pas se résigner au médecin. J'ai donné ma parole : j'irai. Et Paméla...? Paméla se mariera. Elle se mariera...? Oui, elle se mariera, en dépit de toi, mon cœur : oui, en dépit de toi.

LONGMAN.

Monsieur?

BONFIL.

Je révoque mes ordres : je ne vais plus au comté de Lincoln.

LONGMAN.

J'entends.

BONFIL.

Faites-moi préparer un habit de voyage, pour après dîner.

LONGMAN.

Monsieur part aujourd'hui?

BONFIL.

Oui.

LONGMAN.

Donc Monsieur part?

BONFIL.

Je vous l'ai déjà dit.

LONGMAN.

Ho da preparare il bagaglio per la contea di Lincoln?

BONFIL.

Siete sordo? V'ho detto, che non vi vado.

LONGMAN.

Ma se parte....

BONFIL.

Parto, sì parto, ma non per la contea.

LONGMAN (*da se.*)

Non lo capisco.

BONFIL.

Che ha detto Miledi in partendo da casa mia?

LONGMAN.

Che vuol Pamela assolutamente.

BONFIL.

Non l'avrà. Giuro al cielo, non l'avrà.

LONGMAN.

Resterà ella in casa?

BONFIL.

La mariterò.

LONGMAN.

Signore la vuol maritare?

BONFIL.

Sì, voglio assicurare la sua fortuna.

LONGMAN.

Perdoni; le ha ritrovato marito?

BONFIL.

Non ancora.

LONGMAN (*da se.*)

Ah foss'io il fortunato!

BONFIL.

Avreste voi qualche buon partito da proporre a Pamela?

COMÉDIE.

LONGMAN.
Je vais faire préparer le bagage pour le comté de *Lincoln*.

BONFIL.
Etes-vous sourd ? je vous ai dit que je n'y vais plus.

LONGMAN.
Mais si vous partez....

BONFIL (*impatienté.*)
Oui je pars, je pars, mais pour un autre endroit.

LONGMAN (*à part.*)
Je n'y comprends plus rien.

BONFIL.
Qu'a dit Myladi en sortant de chez moi ?

LONGMAN.
Qu'elle veut absolument Paméla.

BONFIL.
Elle ne l'aura point, j'en fais le serment : elle ne l'aura point.

LONGMAN.
Restera-t-elle ici ?

BONFIL.
Je la marierai.

LONGMAN.
Monsieur veut la marier ?

BONFIL.
Oui, je lui veux assurer un sort.

LONGMAN.
Pardon : mais Monsieur lui a-t-il trouvé un mari ?

BONFIL.
Pas encore.

LONGMAN (*à part.*)
Que ne suis-je le mortel fortuné !

BONFIL.
Auriez-vous quelque bon parti à lui proposer?

LONGMAN.
L' avrei io, ma....
BONFIL.
Che vuol dire questa sospensione?
LONGMAN.
Domando perdono.... La vuol maritar davvero, davvero?
BONFIL.
Io non parlo invano.
LONGMAN.
Pamela vorrà soddisfarsi.
BONFIL.
Pamela è saggia.
LONGMAN.
Se è saggia, non disprezzerà un uomo avanzato.
BONFIL.
Inclinereste voi a sposarla?
LONGMAN.
E perchè no? Voi sapete chi sono.
BONFIL (*da se.*)
Ah ribaldo! Costui mi è rivale.
LONGMAN.
Le farò donazione di quanto possiedo.
BONFIL (*da se.*)
Sì, sì, con questo matrimonio Pamela non si scosta dagli occhi miei.
LONGMAN.
Signore, ecco superato ogni mio rossore. Amo Pamela, ed ora che vi vedo in procinto di disporre di lei vi supplico consolarmi.
BONFIL (*da se.*)
Come? Soffrirò, che un mio servitore gioisca di quella bellezza, che m' innamora? Non sarà mai.

COMÉDIE.

LONGMAN.

Je l'aurais bien : mais.....

BONFIL.

Eh bien ! que signifie cette réticence ?

LONGMAN.

Je vous demande pardon.... Vraiment là, vraiment Monsieur veut la marier ?

BONFIL.

Je ne parle point en vain.

LONGMAN.

Paméla voudra satisfaire son inclination.

BONFIL.

Paméla est sage.

LONGMAN.

Si elle est sage, elle ne dédaignera pas un homme un peu avancé en âge.

BONFIL.

Quoi ! vous sentiriez-vous disposé à l'épouser ?

LONGMAN.

Pourquoi pas ? vous me connaissez, Monsieur.

BONFIL (*à part*).

Le vieux fou ! Voilà donc mon rival ?

LONGMAN.

Je lui ferai la donation de tout ce que je possède.

BONFIL (*à part.*)

Oui, oui ; ce mariage-là, du moins, n'éloignera point Paméla de mes yeux.

LONGMAN.

Monsieur, j'ai triomphé de l'espèce de honte qui m'arrêtait. J'aime Paméla ; et vous voyant sur le point de disposer d'elle, je vous supplie de prendre pitié de moi.

BONFIL (*à part.*)

Comment ! Je souffrirai qu'un de mes valets possède les attraits qui m'enchantent ; non, cela ne sera jamais.

LONGMAN.

Signore, che dite?

BONFIL.

Dico, che siete un pazzo; che se ardirete mirar Pamela, vi ucciderò colle mie proprie mani.

LONGMAN (*senza parlare fa una riverenza a Milord, e parte.*)

BONFIL (*solo.*)

Ah no, non sarà possibile, ch' io vegga d' altri Pamela senza morire. Ma la parola, che ne ho data all' amico? Sarò volubile a questo segno? Mi cambierò ogni momento? Orsù cedasi alla ragione, trionfi l' orgoglio, e si sagrifichi il cuore. Madama Jeure trovi a Pamela lo sposo. Io non tornerò a Londra prima, che ella sia legata ad altrui. E allora potrò io vivere? No, morirò certamente, e la mia morte sarà trofeo delle massime rigorose del vero onore. Veggasi Pamela, ma per l' ultima volta. (*Va ad aprir colla chiave, ed esce madama Jeure.*)

SCENA IV.

Milord BONFIL, M.ma JEURE.

M.ma JEURE.

Signore, vi sembra ancor tempo di liberarmi di carcere?

BONFIL.

Dov' è Pamela?

M.ma JEURE.

E in quella camera, che piange, sospira, e trema.

LONGMAN.

Qu'en dites-vous, Monsieur?

BONFIL.

Je dis que vous êtes un fou. Que si vous osez seulement regarder Paméla, je vous étrangle de mes propres mains.

LONGMAN. (*Il fait un grand salut à Mylord, et se retire sans dire un mot.*)

BONFIL (*seul.*)

Non, il ne sera pas possible que je voie, sans en mourir, Paméla passer en d'autres bras! Mais la parole que j'ai donnée à mon ami! serai-je inconstant à ce point? changerai-je à chaque moment? Oui, rendons-nous à la raison; cédons cette victoire à l'orgueil, et sacrifions mon cœur. Que madame Jeffre trouve un époux à Paméla : je ne reviendrai point à Londres qu'elle ne soit mariée.... Pourrai-je vivre alors? non, je mourrai certainement, et ma mort sera à jamais un monument glorieux de ce que peuvent les maximes rigoureuses du véritable honneur. Voyons Paméla.... pour la dernière fois. (*Il ouvre la porte de la chambre de Paméla, et madame Jeffre sort.*)

SCÈNE IV.

Mylord BONFIL, Madame JEFFRE.

Mme JEFFRE.

Croyez-vous, Monsieur, qu'il soit temps de me faire sortir de prison?

BONFIL.

Où est Paméla?

Mme JEFFRE.

Elle est là, qui pleure, soupire et tremble.

BONFIL.
Trema? Di che ha ella paura?

M.^{ma} JEURE.
Di voi, che siete peggio di Satanasso.

BONFIL.
Le ho fatto io qualche ingiuria?

M.^{ma} JEURE.
Voi non vi conoscete.

BONFIL.
Che vorreste voi dire?

M.^{ma} JEURE.
Quando siete in collera, fate paura a mezzo mondo.

BONFIL.
La mia collera è figlia dell' amor mio.

M.^{ma} JEURE.
Maledetto amore!

BONFIL.
Dite a Pamela, che venga qui.

M.^{ma} JEURE.
Ma, che cosa volete da quella povera figliuola?

BONFIL.
Le voglio parlare.

M.^{ma} JEURE.
E non altro?

BONFIL.
E non altro.

M.^{ma} JEURE.
Posso fidarmi?

BONFIL.
L' onestà di Pamela merita ogni rispetto.

BONFIL.

COMÉDIE.

BONFIL.
Elle tremble ! Et de quoi a-t-elle peur ?

Mme JEFFRE.
De vous, qui êtes pire que le Diable.

BONFIL.
Lui ai-je fait quelque injure ?

Mme JEFFRE.
Vous ne vous connaissez pas.

BONFIL.
Qu'entendez-vous par-là ?

Mme JEFFRE.
Que quand vous êtes en colère, vous faites trembler la moitié du monde.

BONFIL.
Ah ! mes emportemens ne viennent que de l'excès de mon amour.

Mme JEFFRE.
Maudit amour !

BONFIL.
Dites à Paméla qu'elle vienne ici.

Mme JEFFRE.
Que voulez-vous de cette pauvre enfant ?

BONFIL.
Je veux lui parler.

Mme JEFFRE.
Rien de plus ?

BONFIL.
Rien de plus.

Mme JEFFRE.
Puis-je compter sur vous ?

BONFIL.
L'honnêteté de Paméla mérite toutes sortes d'égards.

Mᵐᵃ JEURE.

Che siate benedetto! Ora la faccio venire. Ma chi! Signore padrone, non vorrei, che mirando Pamela, la sua bellezza vi facesse scordare della sua onestà.

BONFIL.

Jeure, non mi stancate. O qui venga Pamela, o io vado da lei

Mᵐᵃ JEURE.

No, no; la farò venir qui. (*Da se.*) In questa camera vi si vede poco. (*Parte.*)

BONFIL.

Ecco il terribile punto, in cui ho da imparare la gran virtù di superare me stesso.

SCENA V.

Milord BONFIL, Mᵐᵃ JEURE (*conducendo Pamela per mano, che viene col capo chino, e tremando.*)

Mᵐᵃ JEURE (*piano a Pamela.*

Non dubitate, ha promesso di non farvi alcun dispiacere.

PAMELA (*piano a Jeure.*)

Ha giurato?

BONFIL (*resta pensoso fra se.*)

Mᵐᵃ JEURE (*piano a Pamela.*)

Sì, l'ha giurato.

PAMELA.

Oh quando giura non manca.

COMÉDIE.

Mme JEFFRE.

Que le ciel vous entende. Je vais la faire venir. (*Elle s'éloigne un peu et revient sur ses pas.*) Mais, c'est que je ne voudrais pas, Monsieur, qu'en voyant Paméla, l'aspect de ses charmes vous fît perdre de vue son honnêteté.

BONFIL.

Jeffre, ne me fatiguez point. Que Paméla vienne ici, ou je vais auprès d'elle.

Mme JEFFRE.

Non, non. Je la vais faire venir. (*A part.*) Cette chambre est un peu obscure. (*Elle sort.*)

BONFIL.

Le voilà le moment terrible où je dois acquérir la gloire de me vaincre moi-même.

SCÈNE V.

Mylord BONFIL, Mme JEFFRE (*conduisant Paméla, qui entre la tête baissée, et toute tremblante.*)

Mme JEFFRE (*à Paméla.*)

Ne craignez rien : il m'a promis de ne rien faire qui puisse vous déplaire.

PAMÉLA (*à Jeffre.*)

L'a-t-il juré ?

BONFIL (*reste pensif un moment.*)

Mme JEFFRE (*à Paméla.*)

Oui, il l'a juré.

PAMÉLA.

Oh ! quand il jure, il ne manque pas à sa parole.

M.ma JEURE *(a Bonfil.)*

Signore.

BONFIL *(si volta.)*

Pamela.

PAMELA *(con gli occhi bassi non risponde.)*

BONFIL.

Pamela, tu dunque m'odj.

PAMELA.

No, signore, io non vi odio.

BONFIL.

Tu mi vorresti veder morire.

PAMELA.

Spargerei il mio sangue per voi.

BONFIL.

Mi ami?

PAMELA.

Vi amo, come la serva deve amare il padrone.

M.ma JEURE *(a Bonfil.)*

Poverina! E' di buon cuore.

BONFIL.

Sì, Pamela, tu sei veramente una giovine di buon costume; conosco la tua onestà; ammiro la tua virtù; meriti, ch'io ricompensi la tua bontà.

PAMELA.

Signore, io non merito nulla.

BONFIL.

La tua bellezza è stata creata dal cielo per felicitare un qualche avventurato mortale.

PAMELA *(piano a Jeure.)*

Io non intendo bene il senso di queste parole.

M.ma JEURE *(piano a Pamela.)*

Povero signore! Egli si lusinga.

COMÉDIE.

Mme JEFFRE (*à Bonfil.*)

Monsieur.

BONFIL. (*Il se retourne.*)

Paméla.

PAMÉLA (*les yeux baissés, sans répondre.*)

BONFIL.

Paméla, tu me hais donc !

PAMÉLA.

Non, Mylord, je ne vous hais point.

BONFIL.

Tu voudrais me voir mourir.

PAMÉLA.

Je verserais mon sang pour vous.

BONFIL.

Tu m'aimes !

PAMÉLA.

Je vous aime.... comme une servante doit aimer son maître.

Mme JEFFRE (*à Bonfil.*)

Pauvre petite ! Elle est de bonne foi.

BONFIL.

Oui, Paméla, tu es vraiment une fille étonnante : je connais ton honnêteté, j'admire ta vertu, et tu mérites que je récompense ton bon cœur.

PAMÉLA.

Monsieur, je n'ai rien mérité.

BONFIL.

Le ciel n'a formé tant d'attraits, que pour faire la félicité de quelque heureux mortel.

PAMÉLA (*à Jeffre.*)

Je ne comprends pas bien le sens de ces dernières paroles.

Mme JEFFRE (*à Paméla.*)

Pauvre Mylord ! il se flatte.

PAMELA.
Non vi è pericolo.
BONFIL.
Dimmi, sei tu nemica degli uomini?
PAMELA.
Sono anch' essi il mio prossimo.
BONFIL.
Inclineresti al legame del matrimonio?
PAMELA.
Ci penserei.
BONFIL *(da se.)*
Ah beato colui, che avrà una sposa sì vaga!
PAMELA *(piano a Jeure.)*
Madama, di chi mai parla il padrone.
M.^{ma} JEURE *(piano a Pamela.)*
Chi sa, che non parli di lui medesimo?
PAMELA.
Ah! non mi lusingo.
BONFIL *(a Pamela.)*
Tu non istai bene per cameriera con un padrone, che non ha moglie.
PAMELA.
Questo è verissimo.
BONFIL.
Miledi mia sorella m' ha posto in puntiglio. Non voglio, che tu vadi con lei assolutamente.
PAMELA.
Farò sempre la vostra volontà.
BONFIL.
Ah! cara Pamela! nata tu non sei per servire.
PAMELA *(piano a Jeure.)*
Sentite?

COMÉDIE.

PAMÉLA (*à Jeffre.*)

Il n'y a pas de danger.

BONFIL.

Dis-moi : tu n'es pas l'ennemie des hommes ?

PAMÉLA.

Les hommes sont aussi mon prochain.

BONFIL.

Pencherais-tu pour les nœuds du mariage ?

PAMÉLA.

Cela demanderait des réflexions.

BONFIL (*à part.*)

Heureux celui qui possédera une aussi belle épouse !

PAMÉLA (*à Jeffre.*)

Madame, de qui parle donc Monsieur ?

Mme JEFFRE (*à Paméla.*)

Qui sait ? peut-être parle-t-il de lui-même.

PAMÉLA.

Ah ! je ne m'en flatte pas.

BONFIL (*à Paméla.*)

Tu n'es pas bien ici : un maître qui n'est point marié....

PAMÉLA.

Cela est très-vrai.

BONFIL.

Myladi ma sœur m'a piqué : je ne veux pas absolument que tu ailles avec elle.

PAMÉLA.

Je ferai toujours vos volontés.

BONFIL.

Non, ma chère Paméla ; non, tu n'es pas née pour servir. (*Il reste pensif.*)

PAMÉLA (*à Jeffre.*)

Entendez-vous ?

M.^{ma} JEURE (*a Pamela.*)
Io spero moltissimo.

PAMELA (*piano a Jeure.*)
Ah! non merito una sì gran fortuna.

BONFIL (*a Pamela.*)
Ho risoluto di maritarti.

PAMELA.
Signore, io sono una povera miserabile.

BONFIL.
Mia madre a me ti ha racomandata.

PAMELA.
Benedetta sia sempre la mia adorata padrona.

BONFIL.
Sì, Pamela, voglio assicurare la tua fortuna.

PAMELA.
Oh Dio! come?

BONFIL (*da se.*)
Mi sento staccar l'alma dal seno.

PAMELA (*piano a Jeure.*)
Madama, che cosa mai sarà di me?

M.^{ma} JEURE (*piano a Pamela.*)
Io spero, che abbiate a divenire la mia padrona.

PAMELA (*piano a Jeure.*)
Ah non mi tormentate!

BONFIL.
Dimmi; vuoi tu prender Marito?

PAMELA.
Signore.....

M.^{ma} JEURE (*piano a Pamela.*)
Ditegli di sì.

BONFIL.
Rispondimi con libertà.

Mme JEFFRE (*à Paméla.*)
J'espère beaucoup.

PAMÉLA (*bas à Jeffre.*)
Ah! je ne mérite pas une si grande fortune!

BONFIL (*à Paméla.*)
J'ai résolu de t'établir.

PAMÉLA.
Monsieur, je suis une pauvre malheureuse.

BONFIL.
Ma mère t'a recommandée à mes soins.

PAMÉLA.
Ah! bénie soit à jamais cette maîtresse adorée!

BONFIL.
Oui, Paméla; je veux te faire un sort.

PAMÉLA.
Oh, Dieu! comment?

BONFIL (*à part.*)
Je sens mon ame s'arracher de mon sein.

PAMÉLA (*à Jeffre.*)
Madame, que fera-t-il donc de moi?

Mme JEFFRE (*à Paméla.*)
J'espère que vous deviendrez ma maîtresse.

PAMÉLA (*à Jeffre.*)
Ah! n'insultez point à ma position!

BONFIL.
Dis-moi: veux-tu prendre un mari?

PAMÉLA.
Monsieur....

Mme JEFFRE (*à Paméla.*)
Dites que oui.

BONFIL.
Réponds-moi franchement.

PAMELA.
Son vostra serva; disponete di me.

BONFIL (*da se.*)
Ah crudele! Ella non sente pena in lasciarmi.

PAMELA (*piano a Jeure.*)
Vedete com' è confuso?

M^{ma} JEURE (*piano a Pamela.*)
Lo compatisco. E' un passo grande.

BONFIL (*alterato.*)
Sposati, ingrata, e vattene dagli occhi miei.

PAMELA (*da se.*)
Oimè!

M^{ma} JEURE (*da se.*)
Non lo capisco.

BONFIL.
Dimmi. Lo hai preparato lo sposo?

PAMELA.
Se mai ho pensato a ciò, mi fulmini il cielo.

M^{ma} JEURE.
Pamela è stata sempre sotto la mia custodia.

BONFIL.
E con tanta prontezza accetti l' offerta, che io ti fo, di uno sposo?

PAMELA.
Ho detto, che voi potete disporre di me.

BONFIL.
Posso disporre di te per farti d' altrui, e non potrò disporre per farti mia!

PAMELA.
Di me potete disporre, ma non della mia onestà.

PAMÉLA.
Je suis votre servante, disposez de moi.

BONFIL (*à part.*)
Cruelle ! il ne lui en coûte pas de me quitter !

PAMÉLA (*à Jeffre.*)
Remarquez-vous son trouble ?

Mme JEFFRE (*à Paméla.*)
Je le plains ! le pas est difficile.

BONFIL (*troublé.*)
Marie-toi donc ! ingrate, et éloigne-toi de mes yeux.

PAMÉLA (*à part.*)
Hélas !

Mme JEFFRE (*à part.*)
Je n'y comprends plus rien.

BONFIL.
Eh ! dis-moi ; est-il déjà choisi cet époux bienheureux ?

PAMÉLA.
Si j'y pensai jamais, que le ciel me punisse à l'instant.

Mme JEFFRE.
Paméla n'est jamais sortie de dessous mes yeux.

BONFIL.
Et tu acceptes aussi promptement l'offre que je te fais d'un époux ?

PAMÉLA.
J'ai dit que vous pouviez disposer de moi.

BONFIL.
Je puis disposer de toi, pour te donner à un autre, et je ne puis rien pour moi !

PAMÉLA.
Vous pouvez disposer de moi, mais vous n'avez aucun droit sur mon honneur.

BONFIL (*da se.*)

Ah costei sempre più m'innamora!

PAMELA (*piano a Jeure.*)

Che dite, madama Jeure? Belle speranze!

M.ma JEURE (*piano a Pamela.*)

Sono mortificata.

BONFIL (*a Pamela.*)

Orsù, per mettere in sicuro la tua onestà mi converrà maritarti. Jeure, voi che l'amate, provedetele voi lo sposo.

M.ma JEURE.

E la dote?

BONFIL.

Io le darò duemila ghinee.

M.ma JEURE (*a Pamela.*)

Non dubitate, farete un ottimo matrimonio.

PAMELA.

Signore, per carità vi prego, non mi sagrificate.

BONFIL.

Che! Hai tu il cuor prevenuto?

PAMELA.

Se mi concedeste l'arbitrio di poter dispor di me stessa, vi direi quali sono le inclinazioni del mio cuore.

BONFIL.

Parla, io non sono un tiranno.

PAMELA.

Bramo di vivere nella cara mia libertà.

BONFIL (*con dolcezza.*)

Cara Pamela, vuoi tù restar meco?

BONFIL (à part)

Ah ! chaque mot qu'elle me dit m'enchante davantage !

PAMÉLA (à Jeffre.)

Qu'en dites-vous, madame Jeffre ? où sont ces flatteuses espérances ?

Mme JEFFRE (à Paméla.)

J'en suis toute consternée.

BONFIL (à Paméla.)

Allons, il faut absolument que je te marie ; il n'y a pas de meilleur moyen de mettre ton honneur en sureté. Jeffre, vous qui l'aimez, occupez-vous du soin de lui chercher un mari.

Mme JEFFRE.

Et la dot ?

BONFIL.

Je lui donnerai deux mille guinées.

Mme JEFFRE (à Paméla.)

N'en doutez point ; vous ferez, avec cela, un excellent mariage.

PAMÉLA

Ah ! de grace, Mylord, ne me sacrifiez pas !

BONFIL.

Quoi ! ton cœur serait-il engagé ?

PAMÉLA.

Si vos bontés, Mylord, me permettaient de disposer de moi, je vous dirais quel est le penchant de mon cœur.

BONFIL.

Parle : je ne suis point un tyran.

PAMÉLA.

Tous mes vœux se bornent à conserver ma douce liberté.

BONFIL (avec douceur.)

Ma chère Paméla, veux-tu rester avec moi ?

PAMELA.

Ciò non conviene, nè a voi, nè a me.

BONFIL.

Ma, dimmi il vero, peneresti a lasciarmi?

M.ma JEURE (*da se.*)

L'amico si va riscaldando.

PAMELA.

A fare il mio dovere non peno mai.

BONFIL (*da se.*)

E' un prodigio, se io non muojo.

M.ma JEURE (*piano a Pamela.*)

Pamela, badate bene.

PAMELA.

Signore, volete voi stabilire la mia fortuna; mettere in sicuro la mia onestà, e fare, ch'io v'abbia a benedire per sempre?

BONFIL.

Che non farei, per vederti consolata?

PAMELA.

Mandatemi a i miei genitori.

BONFIL.

A vivere fra le selve?

PAMELA.

A vivere quieta; a morire onorata.

M.ma JEURE (*piano a Pamela.*)

Deh non fate questa risoluzione. Non mi lasciate per amor del cielo.

PAMELA (*piano a Jeure.*)

Lasciatemi andare, Madama. Di già sento, che poco ancor posso vivere.

BONFIL.

Pamela.

COMÉDIE.

PAMÉLA.
Ce parti ne convient ni à vous, ni à moi.

BONFIL.
Mais, parle-moi franchement, t'en coûterait-il de me quitter ?

Mme JEFFRE (*à part.*)
Oh ! comme le voilà qui se ranime !

PAMÉLA.
Il ne m'en coûte jamais de faire mon devoir.

BONFIL (*à part.*)
Il faut un miracle, pour que je n'en meure pas.

Mme JEFFRE (*à Paméla.*)
Ma chère, vous n'allez point au but.

PAMÉLA.
Voulez-vous, Mylord, faire en effet mon bonheur, mettre mon honneur en sureté, et mériter mes éternelles bénédictions ?

BONFIL.
Eh ! que ne ferais-je pas pour te voir heureuse ?

PAMÉLA.
Rendez-moi à mes parens.

BONFIL.
Quoi ! vivre au milieu des forêts !

PAMÉLA.
J'y vivrai tranquille, j'y mourrai respectée.

Mme JEFFRE (*à Paméla.*)
Ah ! ne prenez point cette résolution ; au nom du ciel, ne m'abandonnez pas.

PAMÉLA (*à Jeffre.*)
Laissez-moi partir, Madame ; je sens déjà que j'aurai peu de temps à y vivre.

BONFIL.
Paméla !

PAMELA,

PAMELA.

Signore.

BONFIL.

Sarai contenta. Anderai a vivere con i tuoi genitori.

PAMELA (*sospirando.*)

Ah! il cielo ve ne renda il merito.

M.^{ma} JEURE.

Deh signor padrone, non sagrificate questa povera giovine. Ella non sa cosa chieda, e voi non l'avete a permettere.

BONFIL.

Tacete. Non sapete ciò, che vi dite. Voi donne fate più mal che bene, col vostro amore. Pamela fa una eroica risoluzione. Ella provvede alla sua onestà, al mio decoro, ed alla pace comune.

M.^{ma} JEURE.

Povera la mia Pamela!

BONFIL.

Le duemila ghinee, che doveva avere il tuo sposo, le avrà tuo padre.

PAMELA.

Oh quanto mi saranno più care!

BONFIL.

Domani.... Sì.... Domani te n'andrai.

M.^{ma} JEURE.

Così presto?

BONFIL.

Sì domani. Voi non c'entrate; andrà domani.

M.^{ma} JEURE.

Ma come? con chi?

BONFIL.

Accompagnatela voi.

PAMÉLA.

PAMÉLA.

Monsieur !

BONFIL.

Tu seras contente : tu iras vivre avec tes parens.

PAMÉLA (*en soupirant.*)

Ah ! que le ciel vous récompense de ce bienfait !

Mme JEFFRE.

Mylord, Mylord, ne sacrifiez point cette pauvre petite ; elle ne sait ce qu'elle demande, et vous ne le lui devez pas accorder.

BONFIL.

Taisez-vous. Vous ne savez ce que vous dites. O femmes ! vous faites plus de mal que de bien avec votre amour. Paméla forme un projet héroïque ; elle songe à son honneur, au mien, à la paix commune.

Mme JEFFRE.

Ma pauvre Paméla !

BONFIL.

Ton père aura les deux mille guinées que je donnais à ton époux.

PAMÉLA.

Oh ! combien elles m'en deviendront plus chères !

BONFIL.

Demain.... oui demain, tu partiras.

Mme JEFFRE.

Si vîte ?

BONFIL.

Oui, demain. Ne vous mêlez point de cela. Elle s'en ira demain.

Mme JEFFRE.

Mais comment ? avec qui ?

BONFIL.

Avec vous ; accompagnez-la.

M^{ma} JEURE.

Io?

BONFIL.

Sì, voi nel carrozzin da campagna.

M^{ma} JEURE.

Ma così subito....!

BONFIL.

Giuro al Cielo, non replicate.

M^{ma} JEURE (*da se.*)

Furia, furia!

PAMELA.

I miei poveri genitori giubbileranno di contento!

BONFIL (*a Jeure.*)

Oggi devo partire. Preparatemi della biancheria per tre giorni.

M^{ma} JEURE.

Oggi andate via?

BONFIL.

Sì, l'ho detto.

M^{ma} JEURE.

Benissimo.

PAMELA.

Signore, voi partite oggi, ed io partirò domani. Non avrò più la fortuna di rivedervi.

BONFIL.

Ingrata! Sarai contenta.

PAMELA.

Permettemi, che io vi baci la mano.

BONFIL.

Tieni; per l'ultima volta.

Mme JEFFRE.

Moi ?

BONFIL.

Oui, vous ; dans ma voiture de campagne.

Mme JEFFRE.

Mais si promptement...!

BONFIL.

Au nom du ciel, ne me répliquez pas.

Mme JEFFRE (*à part*).

Furie, furie!

PAMÉLA.

Quelle joie mes pauvres parens éprouveront en me revoyant !

BONFIL (*à Jeffre.*)

Et moi, je pars aujourd'hui. Préparez-moi du linge pour trois jours.

Mme JEFFRE.

Vous partez aujourd'hui ?

BONFIL.

Oui, je vous l'ai dit.

Mme JEFFRE.

Très-bien.

PAMÉLA.

Monsieur, vous partez aujourd'hui ; je pars demain... Je n'aurai plus le bonheur de vous revoir.

BONFIL.

Ingrate ! tu seras contente.

PAMÉLA.

Accordez-moi l'honneur de vous baiser la main.

BONFIL.

Tiens ; pour la dernière fois.

PAMELA.

Il Cielo vi renda merito di tutto il bene, che fatto mi avete. Vi chieggo perdono, se qualche dispiacere vi ho dato; ricordatevi qualche volta di me. (*Gli bacia la mano piangendo, e la bagna colle lacrime.*)

BONFIL (*mostra la sua confusione, poi si sente bagnata la mano.*)

Ah, Pamela! Tu mi hai bagnata la mano.

PAMELA.

Oimè! Vi dimando perdono; sarà stata qualche lacrima caduta senz' avvedermene.

BONFIL.

Asciugami questa mano.

PAMELA.

Signore.....

M^ma JEURE (*a Pamela.*)

Via, vi vuol tanto? Asciugatelo.

PAMELA (*col suo grembiale asciuga la mano al Milord.*)

BONFIL.

Ah ingrata!

PAMELA.

Perchè, Signore, mi dite questo?

---

(1) L'auteur français a saisi et rendu ce beau mouvement avec une grace et une sensibilité, dont l'original n'offrait que l'idée.

    Hélas! je ne sais pas ce que je deviendrai:
    De vos bontés toujours je me ressouviendrai.
    Mon repos aujourd'hui veut un grand sacrifice.
    Croyez qu'il n'en est point que pour vous je ne fisse....
    Puisse le juste ciel, couronnant vos vertus,
   Vous payer les bienfaits que de vous j'ai reçus,
    Mylord! et si jamais Paméla vous fut chère,
    Ah! joignez sa mémoire à celle d'une mère!

BONFIL.

Paméla! sur ma main je sens couler tes pleurs!

PAMÉLA (1).

Que le ciel vous récompense de tout le bien que vous m'avez fait : daignez me pardonner les déplaisirs que j'ai pu vous causer, et souvenez-vous quelquefois de moi. (*Elle lui baise la main qu'elle baigne de ses larmes.*)

BONFIL (*témoigne son trouble ; il sent sa main arrosée de pleurs.*)

Ah, Paméla ! tes pleurs coulent sur ma main.

PAMÉLA.

Hélas ! pardon. Ce sera quelques larmes tombées sans m'en être apperçue.

BONFIL (2).

Essuie-moi cette main.

PAMÉLA.

Monsieur.....

Mme JEFFRE (*à Paméla.*)

Allons, qu'est-ce que cela vous coûtera ? Essuyez-lui la main.

PAMÉLA (*essuie la main de Mylord avec son tablier.*)

BONFIL.

Ingrate !

PAMÉLA.

Pourquoi, Mylord, me traitez vous ainsi ?

PAMÉLA.

Hélas ! un nom si cher réveille mes douleurs ; Pardon, Mylord ! etc. (*Acte III, Sc. XIV.*)

(2) Bonfil exigeant que Paméla lui essuie la main, et Paméla se rendant à sa demande, ne seraient point tolérés sur le théâtre français. Moins sévère que nous, les étrangers se permettent une foule de choses contre la vraisemblance ou les bienséances théâtrales, dont la plus légère suffirait, parmi nous, pour faire tomber un ouvrage d'ailleurs estimable.

BONFIL.
Tu confessi, che ti ho fatto del bene.
PAMELA.
Conosco l' esser mio dalla vostra casa.
BONFIL.
Ed hai cuor di lasciarmi!
PAMELA.
Siete voi, che mi licenziate.
BONFIL (*con dolcezza.*)
Vuoi restare?
PAMELA.
Ah no permettetemi, ch' io me ne vada.
BONFIL.
Lo vedi, crudele! Tu sei, tu sei, che vuoi partire, non sono io che ti manda.
M.^(ma) JEURE.
Oh che bei pazzi!

SCENA VI.
DETTI, ISACCO.

ISACCO.
Signore?
BONFIL.
Maledetto! Che cosa vuoi?
ISACCO.
Milord Artur.
BONFIL.
Vada... No, fermati. (*Pensa un poco.*) Digli, che venga.

BONFIL.

Tu confesses que je t'ai fait du bien.

PAMÉLA.

Je confesse que je dois tout à votre maison.

BONFIL.

Et cependant tu peux m'abandonner !

PAMÉLA.

C'est vous qui me congédiez.

BONFIL (*avec douceur.*)

Veux-tu rester ?

PAMÉLA

Ah ! souffrez que je vous quitte.

BONFIL.

Tu le vois bien, cruelle ! c'est toi, c'est toi qui veux partir, et non pas moi qui te renvoie.

Mme JEFFRE.

Oh ! mon dieu, qu'ils sont fous !

SCÈNE VI.

LES MÊMES, ISAC.

ISAC.

Monsieur ?

BONFIL.

Maudit valet ! Qu'y a-t-il ?

ISAC.

Mylord Artur.

BONFIL.

Sors... non, arrête. (*Il réfléchit un moment.*) Dis-lui qu'il vienne.

M.^{ma} JEURE.
Noi, Signore, ce n' andremo.
BONFIL.
Bene.
M.^{ma} JEURE.
Pamela, andiamo.
PAMELA (*fa riverenza a Milord, e vuol partire.*)
BONFIL.
Te ne vai senza dirmi nulla?
PAMELA.
Non so che dire: siate benedetto.
BONFIL.
Non mi vedrai più.
PAMELA.
Pazienza!
BONFIL.
Non mi baci la mano?
PAMELA.
Ve l' ho bagnata di lagrime.
BONFIL.
Ecco il Milord.
PAMELA.
Signore.....
BONFIL.
Vattene per pietà.
PAMELA (*sospirando.*)
Povera sventurata Pamela! (*Parte.*)
M.^{ma} JEURE (*da se.*)
Io credo, che tutti due sieno cotti spolpati. (*Parte.*)
BONFIL.
Quanto volentieri mi darei la morte!

Mme JEFFRE.
Et nous, Monsieur, nous nous en irons.
BONFIL.
Oui.
Mme JEFFRE.
Paméla, allons nous-en.
PAMÉLA.
(*Elle fait une révérence à Mylord, et va pour sortir.*)
BONFIL.
Tu pars, sans me rien dire ?
PAMÉLA.
Je ne puis que renouveler mes vœux pour votre bonheur.
BONFIL.
Tu ne me verras plus.
PAMÉLA.
Hélas !
BONFIL.
Tu ne me baises pas la main !
PAMÉLA.
Je l'ai déjà baignée de mes larmes.
BONFIL.
Voilà Mylord.
PAMÉLA.
Monsieur....
BONFIL.
Laisse-moi, par pitié, laisse-moi !
PAMÉLA (*en soupirant*).
Malheureuse Paméla ! (*Elle sort.*)
Mme JEFFRE (*à part.*)
Ma foi, je les crois tous les deux aussi amoureux, aussi fous l'un que l'autre. (*Elle sort.*)
BONFIL.
Que je me donnerais volontiers la mort !

SCENA VII.

Milord ARTUR, Milord BONFIL, poi ISACCO.

ARTUR.

Amico, eccomi a voi....

BONFIL (*chiama.*)

Ehi.

ARTUR (*da se.*)

Milord è turbato. Pena tuttavia nel risolvere.

ISACCO.

Signore.

BONFIL.

In tavola.

ARTUR (*ad Isacco.*)

Fermatevi. (*A Bonfil.*) Caro amico, fate, che sia compita la finezza, che siete disposto usarmi. Mia cugina è già passata dalla sua villeggiatura alla mia; ella mi ha prevenuto, e mi ha spedito un lacchè, facendomi avvertito, ch'ella non vuole pranzare senza di me. Sono in impegno di partir subito, e spero, che non mi lascerete andar solo.

BONFIL.

Questa non parmi ora a proposito di partirsi da Londra per andare a desinare in campagna?

ARTUR.

Due leghe si fanno presto. Caro amico, non mi dite di no.

BONFIL.

Voi mi angustiate!

ARTUR.

Io non mi posso trattenere un momento.

SCÈNE VII.

Mylords ARTUR, BONFIL, ensuite ISAC.

ARTUR.

MYLORD, je suis à vous.

BONFIL (appelle.)

Hola !

ARTUR (à part.)

Mylord est troublé. Il a bien de la peine à prendre un parti.

ISAC.

Monsieur.

BONFIL.

Que l'on serve.

ARTUR (à Isac.)

Ecoutez. (*A Bonfil.*) Mon cher ami, faites-moi l'amitié de mettre le comble à la faveur que vous m'avez promise. Ma cousine est passée déjà de sa terre dans la mienne ; elle m'en a prévenu, et m'a expédié un laquais, pour m'avertir qu'elle m'attend à dîner. Je me trouve obligé de partir sur le champ ; et j'espère que vous voudrez bien ne me pas laisser aller seul.

BONFIL.

Mais, est-ce bien l'heure de partir de Londres, pour aller dîner à la campagne ?

ARTUR.

Deux lieues sont bientôt faites. De grace, ne me refusez pas.

BONFIL.

Que vous me gênez !

ARTUR.

Je ne puis m'arrêter un moment.

BONFIL.
Andate.

ARTUR.
Avete promesso di venir meco.

BONFIL.
Non ho promesso di venir subito.

ARTUR.
Qual premura vi rende difficile l'anticipazione di un'ora?

BONFIL.
Lasciatemi cambiar di vestito.

ARTUR (*da se.*)
Se vede Pamela, non parte più. Milord, credetemi non disconvenire in villa un abito da città, quando si va a visitare una dama.

BONFIL.
Sì, non lo nego, ma io... (*da se*) partirò senza rivedere Pamela!

ISACCO.
Signore, mi comandi?

ARTUR.
Andate, andate, Milord viene a pranzo con me.

ISACCO (*da se.*)
Prego il Cielo, che vada, e non torni, se non ha scacciato quel demonio, che lo rende così furioso! (*Parte.*)

ARTUR.
Lo sterzo ci aspetta.

BONFIL.
Ma giuro al Cielo, lasciatemi pensare un momento.

ARTUR (*da se.*)
Gran confusione ha nel cuore!

BONFIL.
Eh bien ! partez.
ARTUR.
Vous m'avez promis de venir.
BONFIL.
Je n'ai point promis de partir si vîte.
ARTUR.
Eh ! quelle affaire imprévue vous rend si difficile l'anticipation d'une heure ?
BONFIL.
Souffrez du moins que je change d'habit.
ARTUR (*à part.*)
C'en est fait ; s'il revoit Paméla, il ne part plus. (*Haut.*) Croyez-moi, mon ami ; on peut très-bien aller à la campagne avec un habit de ville, quand c'est pour rendre visite à une dame.
BONFIL.
Oui, j'en conviens : mais... (*à part*) partir sans revoir Paméla !
ISAC.
Qu'ordonne Monsieur ?
ARTUR.
Allez, allez, Mylord dîne avec moi.
ISAC (*à part.*)
Puisse-t-il s'en aller, et ne revenir que quand il aura chassé le démon qui le rend si furieux ! (*Il sort.*)
ARTUR.
La voiture nous attend.
BONFIL.
Mais, au nom du ciel, laissez-moi réfléchir un moment.
ARTUR (*à part.*)
Quel trouble dans son cœur !

BONFIL (*chiama.*)

Jeure?

ARTUR.

Ma, se tornate dopo tre giorni....

BONFIL (*chiama più forte.*)

Jeure?

SCENA VIII.

DETTI, M.ma JEURE.

M.ma JEURE.

Signore.

BONFIL.

Sentite. (*La tira in disparte.*) Io parto: da qui a tre giorni ritorno. Vi raccomando Pamela.

M.ma JEURE.

Non deve andar da suo padre?

BONFIL.

No, vi anderà quando torno.

M.ma JEURE.

Ma ella vuol andare assolutamente.

BONFIL.

Giuro, che se voi la lasciate partire, la vostra vita la pagherà.

M.ma JEURE.

Dunque....

BONFIL.

M' avete inteso.

M.ma JEURE.

Le dirò.

BONFIL.

Andate via.

COMÉDIE.

BONFIL *(appelle.)*

Jeffre ?

ARTUR.

Mais, si vous revenez dans trois jours....

BONFIL *(appelle plus fort.)*

Jeffre ?

SCÈNE VIII.

Les Mêmes, M.me JEFFRE.

M.me JEFFRE.

Monsieur.

BONFIL.

Écoutez. (*Il la prend à part.*) Je pars, je reviens dans trois jours : je vous recommande Paméla.

M.me JEFFRE.

Ne doit elle pas retourner chez son père ?

BONFIL.

Non, elle ne partira qu'à mon retour.

M.me JEFFRE.

Mais elle veut s'en aller absolument.

BONFIL.

Je vous jure que si vous la laissez partir, votre vie m'en répondra.

M.me JEFFRE.

En ce cas...

BONFIL.

Vous m'avez entendu ?

M.me JEFFRE.

Je le lui dirai.

BONFIL.

Allez.

Mᵐᵃ JEURE (*da se.*)

Oh che diavolo di uomo!

ARTUR.

Milord, voi siete molto adirato?

BONFIL.

Andiamo.

ARTUR.

Siete risoluto di venir ora?

BONFIL.

Sì.

ARTUR.

Mi obbligate infinitamente. (*Da se.*) Spero più facilmente illuminarlo lontano dalla causa del suo acciecamento. (*Parte.*)

BONFIL (*chiama.*)

Jeure?

Mᵐᵃ JEURE.

Eccomi qui.

BONFIL.

Se Pamela parte, povera voi. (*Parte.*)

Mᵐᵃ JEURE.

Vivano i pazzi. Pamela, uscite. Uscite vi dico, che se n' è andato.

SCENA IX.

PAMELA (*sulla porta.*), Mᵐᵃ JEURE.

PAMELA.

E' partito il padrone?

Mᵐᵃ JEURE.

Sì, è partito.

Mme JEFFRE (*à part.*)

Quel diable d'homme !

ARTUR.

Mylord, vous êtes bien ému ?

BONFIL.

Partons.

ARTUR.

Vous voilà donc enfin décidé maintenant ?

BONFIL.

Oui.

ARTUR.

Vous me faites un sensible plaisir. (*A part.*) J'espère l'éclairer plus facilement loin de l'objet de son aveuglement. (*Il sort.*)

BONFIL (*appelle.*)

Jeffre ?

Mme JEFFRE.

Me voilà.

BONFIL.

Malheur à vous, si Paméla s'en va. (*Il sort.*)

Mme JEFFRE.

Ma foi, vivent les fous. Paméla, venez ; venez, vous dis-je ; il est parti.

SCÈNE IX.

PAMÉLA (*sur la porte*), Mme JEFFRE.

PAMÉLA.

Monsieur est parti ?

Mme JEFFRE.

Oui, il est parti.

PAMELA.

Dov' è egli andato, madama Jeure? (*S' avanza.*)

M^ma JEURE.

Io non lo so; ma non tornerà, che dopo tre giorni.

PAMELA (*sospira.*)

Ah! io non lo vedrò più!

M^ma JEURE.

Oh lo vedrete, sì, lo vedrete.

PAMELA.

Quando? Se domattina io parto?

M^ma JEURE.

Domattina non partirete più.

PAMELA.

Il padrone lo ha comandato.

M^ma JEURE.

Il padrone ha comandato a me, ch' io non vi lasci partire, s' egli non torna.

PAMELA (*con tenerezza.*)

S' egli non torna?

M^ma JEURE.

Sì, che ne dite? Non è volubile?

PAMELA.

E' padrone, può comandare.

M^ma JEURE.

Ci restate poi volentieri?

PAMELA.

Io son rassegnata ai voleri del mio padrone.

COMÉDIE.

PAMÉLA.

Où est-il allé, madame Jeffre ? (*Elle s'approche.*)

Mme JEFFRE.

Je l'ignore ; tout ce que je sais, c'est qu'il reviendra dans trois jours.

PAMÉLA (*en soupirant.*)

Ah ! je ne le verrai plus !

Mme JEFFRE.

Vous le reverrez, vous le reverrez.

PAMÉLA.

Quand, si je pars demain ?

Mme JEFFRE.

Vous ne partez plus demain.

PAMÉLA.

Monsieur l'a ordonné.

Mme JEFFRE.

Et Monsieur m'a défendu de vous laisser partir avant son retour.

PAMÉLA (*avec tendresse.*)

Et s'il ne revient pas ?

Mme JEFFRE.

Oui, qu'en dites-vous ? N'est-il pas bien mobile dans son humeur ?

PAMÉLA.

Il est le maître ; il peut commander.

Mme JEFFRE.

Vous resteriez avec plaisir ici, n'est-ce pas ?

PAMÉLA.

Je suis aveuglément soumise aux volontés de Monsieur.

Mᵐᵃ JEURE.

Eh Pamela, Pamela! io dubito, che questo vostro padrone vi stia troppo fisso nel cuore!

PAMELA.

Oh Dio! Non mi dite queste parole, che mi farete piangere amaramente.

SCENA X.

DETTE, ISACCO.

ISACCO.

Madama Jeure?

Mᵐᵃ JEURE.

Che c'è?

ISACCO.

E' venuta miledi Daure.

Mᵐᵃ JEURE.

Il padrone è partito?

ISACCO.

Sì, è montato in uno sterzo a quattro cavalli, ed ora sarà vicino alla porta della città.

Mᵐᵃ JEURE.

Dite a Miledi, che non vi è suo fratello.

ISACCO.

L'ho detto, ed ella tanto e tanto ha voluto scendere dalla carrozza.

Mᵐᵃ JEURE.

E' sola?

ISACCO.

Vi è il cavaliere suo nipote.

Mme JEFFRE.

Ah Paméla, Paméla! je soupçonne que votre maître vous tient bien au cœur!

PAMÉLA.

Oh Dieu! ne me parlez point ainsi; vous me feriez pleurer amèrement.

SCÈNE X.

LES MÊMES, ISAC.

ISAC.

Madame Jeffre?

Mme JEFFRE.

De quoi s'agit-il?

ISAC.

Myladi Daure est arrivée.

Mme JEFFRE.

Et Monsieur est-il parti?

ISAC.

Oui. Il est monté dans un carrosse à quatre chevaux, et sera bientôt aux portes de la ville.

Mme JEFFRE.

En ce cas là, dites à Myladi que son frère n'y est pas.

ISAC.

Je l'ai dit; et elle n'en a pas moins voulu descendre de son équipage.

Mme JEFFRE.

Elle est seule?

ISAC.

Le chevalier son neveu l'accompagne.

PAMELA.
Andiamoci a serrar nella nostra camera.
M.ma JEURE.
Di che avete paura?
PAMELA.
Miledi mi ha fatta una cattiva relazione di suo nipote.
M.ma JEURE.
Ecco Miledi.
PAMELA.
Me n'andrò io.

SCENA XI.

DETTE, Miledi DAURE.

MILEDI.
PAMELA, dove si va? (*Pamela si volta, e fa una riverenza.*)
M.ma JEURE.
Signora, il vostro fratello non è in città.
MILEDI.
Lo so. Io resterò qui a pranzo in vece sua con il cavalier mio nipote.
M.ma JEURE.
Se non vi è il padrone....
MILEDI.
Ebbene! se non vi è, ardirete voi di scacciarmi?
M.ma JEURE.
Compatite, siete, padrona d'accomodarvi; ma Signore il cavaliere.....

PAMÉLA.

Allons nous renfermer dans notre chambre.

Mme JEFFRE.

Que craignez-vous?

PAMÉLA.

Myladi m'a parlé de son neveu d'une manière....

Mme JEFFRE.

Voilà Myladi.

PAMÉLA.

Je m'en irai.

SCÈNE XI.

LES MÊMES, Myladi DAURE.

MYLADI.

Ou va Paméla? (*Paméla se retourne, et lui fait la révérence.*)

Mme JEFFRE.

Monsieur votre frère n'est point à Londres.

MYLADI.

Je le sais. Je dînerai ici avec mon neveu.

Mme JEFFRE.

Si Monsieur n'y est pas....

MYLADI.

Eh bien! s'il n'y est pas, auriez-vous pour cela l'audace de me chasser?

Mme JEFFRE.

Pardon, Madame; vous êtes bien la maîtresse de rester: mais Monsieur votre neveu.....

PAMÉLA,

MILEDI.

Il cavaliere non vi porrà in soggezione.

M.^{ma} JEURE.

Permettetemi, che io vada a dar qualche ordine.

MILEDI.

Sì, andate.

M.^{ma} JEURE (*da se, partendo.*)

Vi mancava l'impiccio di costei. (*Parte.*)

MILEDI (*da se.*)

Non temete, che non son venuta qui per pranzare.

PAMELA (*da se.*)

Me n'andrei pur volentieri.

MILEDI.

Ebbene! Pamela, hai tu risoluto? Vuoi venire a star con me?

PAMELA.

Io dipendo dal mio padrone.

MILEDI.

Il tuo padrone è un pazzo.

PAMELA.

Perdonatemi, una sorella non dovrebbe dire così.

MILEDI.

Presuntuosa! M'insegnerai tu a parlare?

PAMELA.

Vi domando perdono.

MILEDI.

Orsù preparati a venir meco.

PAMELA.

Ci verrò volentieri, se il Padrone lo accorderà.

MYLADI.

Mon neveu ne vous embarrassera pas.

Mme JEFFRE.

Je vais, avec votre permission, donner quelque ordre.

MYLADI.

Allez.

Mme JEFFRE (*à part en s'en allant.*)

Il ne nous manquait plus que ce nouvel embarras.

MYLADI (*à part.*)

Ne craignez rien ; ce n'est pas pour dîner que je suis venue ici.

PAMÉLA (*à part.*)

J'aimerais bien mieux m'en aller.

MYLADI.

Eh bien ! Paméla, toutes tes réflexions sont-elles faites ? Veux-tu venir avec moi ?

PAMÉLA.

Je dépends de mon maître.

MYLADI.

Ton maître est un fou.

PAMÉLA.

Pardon, Madame ; mais une sœur ne devrait pas en parler de la sorte.

MYLADI.

Présomptueuse ! Tu m'apprendras à parler peut-être ?

PAMÉLA.

Je vous demande pardon.

MYLADI.

Allons ; dispose-toi à partir.

PAMÉLA.

Avec bien du plaisir, Madame, si Monsieur y consent.

MILEDI.

Egli me l'ha promesso.

PAMELA.

Egli mi ha commandato di non venirvi.

MILEDI.

E tu vorrai secondare la sua volubilità?

PAMELA.

Son obligata a ciecamente obbedirlo.

MILEDI.

Fraschetta! lo vedo, lo vedo, ti compiaci in obbedirlo.

PAMELA.

Fo il mio dovere.

MILEDI.

Il tuo dovere sarebbe di vivere da figlia onorata.

PAMELA.

Tale mi vanto di essere.

MILEDI.

Non lo sei. Sei una sfacciatella.

PAMELA.

Con qual fondamento potete dirlo?

MILEDI.

Tu vuoi restare col tuo padrone, perchè ne sei innamorata.

PAMELA.

Ah! Signora, voi giudicate contro giustizia.

MILEDI.

Sei innocente?

PAMELA.

Lo sono, per grazia del cielo.

MILEDI.

Dunque vieni meco.

MYLADI.

J'ai sa parole.

PAMÉLA.

Il m'a défendu de vous suivre.

MYLADI.

Et tu pourras seconder son inconcevable mobilité?

PAMÉLA.

Mon obéissance doit être aveugle.

MYLADI.

Petite effrontée! tu trouves, je le vois, du plaisir à lui obéir.

PAMÉLA.

Je fais mon devoir.

MYLADI.

Ton devoir serait de vivre comme une fille honnête.

PAMÉLA.

J'ose me flatter de l'être.

MYLADI.

Non, tu ne l'es pas: tu es une petite effrontée, et rien de plus.

PAMÉLA.

Et sur quoi fondez-vous, Madame, un semblable reproche?

MYLADI.

Tu ne veux rester avec ton maître, que parce que tu l'aimes.

PAMÉLA.

Ah! Madame, vous me jugez bien injustement.

MYLADI.

Es-tu innocente?

PAMÉLA.

Je le suis, graces au ciel.

MYLADI.

Eh bien, viens avec moi.

PAMELA.

Non posso farlo.

MILEDI.

Perchè?

PAMELA.

Perchè il padrone lo vieta.

MILEDI.

A me tocca a pensarci. Vieni con me.

PAMELA.

Non mi farete commettere una sì nera azione.

MILEDI.

Parli da temeraria.

PAMELA.

Compatitemi per carità.

SCENA XII.

DETTE, Il cavaliere ERNOLD.

ERNOLD.

Che fate quì con questa bella ragazza?

MILEDI.

Cavaliere, vi piace?

ERNOLD.

Se mi piace? E come! E' questa forse quella Pamela, di cui mi avete più di tre ore parlato?

MILEDI.

E' questa per l'appunto.

COMÉDIE.
PAMÉLA.

Je ne le puis.

MYLADI.

Pourquoi ?

PAMÉLA.

Monsieur me l'a défendu.

MYLADI.

C'est à moi d'y penser. Suis moi.

PAMÉLA.

Non, vous ne me ferez point commettre une action si noire.

MYLADI.

Tu parles avec bien de l'audace.

PAMÉLA.

De grace, excusez-moi.

SCÈNE XII.

Les Mêmes, le chevalier ERNOLD.

ERNOLD.

Eh bien ! que faites-vous donc avec cette belle enfant ?

MYLADI.

Oui ? Est-elle de votre goût ?

ERNOLD.

Comment ? si elle est de mon goût ! c'est peut-être cette Paméla dont vous m'avez parlé pendant trois heures ?

MYLADI.

C'est elle précisément.

ERNOLD.

E' ancora più bella di quello me l' avete dipinta. Ha due occhi, che incantano.

PAMELA.

Miledi, con vostra permissione. (*Vuol partire.*)

MILEDI.

Dove vuoi andare?

ERNOLD.

No, gioja mia, non partite; non mi private del bel contento di vagheggiarvi anche un poco.

PAMELA.

Signore, queste frasi non fanno per me.

MILEDI.

Eh cavaliere, lasciatela stare. Ella è caccia riservata del Milord mio fratello.

ERNOLD.

Non si potrebbe fare un piccolo contrabando?

PAMELA (*da se.*)

Che parlare scorretto!

MILEDI.

Voi mi fareste ridere, se costei non mi desse motivo di essere accesa di collera.

ERNOLD.

Che cosa vi ha fatto?

MILEDI.

Mio fratello mi ha data parola, ch' ella sarebbe venuta a servirmi, ed ella venir non vuole, e Mylord mi manca per sua cagione.

ERNOLD.

Eh, ragazza mia, bisogna mantener la parola; senz' altro bisogna venire a servire miledi Daure.

ERNOLD.

Sa beauté est encore au-dessus du récit que vous m'en aviez fait. Elle a des yeux enchanteurs.

PAMÉLA.

Madame, avec votre permission….. (*Elle veut sortir.*)

MYLADI.

Où veux-tu aller ?

ERNOLD.

Point du tout, ma belle, s'il vous plaît ; ne me privez point du plaisir de vous voir encore un peu.

PAMÉLA.

Monsieur, ces belles phrases-là ne peuvent s'adresser à moi.

MYLADI.

Eh ! mon neveu, laissez-la tranquille : vous chassez sur les plaisirs de mon frère.

ERNOLD.

Et il n'y aurait pas moyen de faire un peu de contrebande ?

PAMÉLA (*à part.*)

Quel indigne langage !

MYLADI.

En vérité, mon neveu, vous me feriez rire, si cette petite créature ne me mettait en colère.

ERNOLD.

Que vous a-t-elle donc fait ?

MYLADI.

Mon frère m'a donné sa parole qu'elle viendrait me servir, et mademoiselle s'y oppose, et Mylord me manque pour ses beaux yeux.

ERNOLD.

Allons, ma fille, allons, il faut tenir sa parole ; il faut venir servir myladi Daure.

PAMELA.

Ma io dipendo....

ERNOLD.

Non vi è ragione in contrario, voi avete da venire a servirla.

PAMELA.

Ma se il padrone....

ERNOLD.

Il padrone è fratello della padrona, fra loro s'intenderanno, e la cosa sarà aggiustata.

PAMELA.

Vi dico, Signore....

ERNOLD.

Via, via, meno ciarle; datemi la mano, e andiamo.

PAMELA.

Non soffrirò una violenza. (*Va verso la porta per fuggire.*)

ERNOLD.

Giuro al cielo, fuor di qui non si va. (*Si mette alla porta.*)

PAMELA.

Come, Signore. In casa del Milord Bonfil?

MILEDI.

Chi sei tu, che difendi la ragion di Milord? Sei qualche cosa del suo? Giuro al cielo, se immaginar mi potessi, ch'egli ti avesse sposata, o ti volesse sposare, ti caccerei uno stiletto nel cuore.

ERNOLD.

Eh figuratevi, se Milord è così pazzo di volerla sposare! La tiene in casa per un piccolo divertimento.

PAMÉLA.

PAMÉLA.
Mais je dépends.....
ERNOLD.
Point de raison ; il faut entrer à son service.
PAMÉLA.
Mais, si Monsieur.....
ERNOLD.
Monsieur est frère de madame, ils s'entendront ; et la chose sera bientôt arrangée.
PAMÉLA.
Mais je vous répète, Monsieur.....
ERNOLD.
Point tant de verbiage, s'il vous plaît ; donnez-moi la main, et marchons.
PAMÉLA.
Je ne souffrirai point de violence. (*Elle va du côté de la porte pour fuir.*)
ERNOLD.
Oh ! je te jure bien que tu ne sortiras pas d'ici. (*Il se place à la porte.*)
PAMÉLA.
Comment, Monsieur ! dans la maison de mylord Bonfil !
MYLADI.
Eh ! qui donc es-tu, pour prendre ici le parti de Mylord ? Lui appartiens-tu d'une manière quelconque ? Jour de dieu ! Si je me pouvais figurer qu'il t'eût épousée ou qu'il le voulût faire, je t'enfoncerais un poignard dans le cœur.
ERNOLD.
Croyez-vous, de bonne foi, Mylord assez fou pour penser à l'épouser ? C'est un caprice qu'il veut se passer.

PAMELA.
Mi maraviglio di voi. Sono una fanciulla onorata.
ERNOLD.
Brava! me ne rallegro. E viva la signora onorata. Ehi, se siete tanto onorata, avrete dell' onore da vendere.
PAMELA.
Che volete dire preciò?
ERNOLD.
Me ne volete vendere ancora a me?
PAMELA.
Credo, dell' onore ne abbiate veramente bisogno.
MILEDI.
Ah impertinente! Così rispondi al cavalier mio nipote?
PAMELA.
Tratti come deve, io parlerò come si conviene.
ERNOLD.
Eh non mi offendo delle ingiurie, che vengono da un bel labbro. Tutte queste belle sono stizzosette. Sapete perchè fa la ritrosa? Perchè siete qui voi. Andate via, e m' impegno, che fa a mio modo.
MILEDI.
Voglio che costei venga a stare con me.
ERNOLD.
Verrà, verrà. Volete, che vi faccia vedere come si fa a farla venire? Osservate (*cava una borsa.*) Pamela, queste sono ghinee; se vieni con Miledi, da cavaliere te ne dono mezza dozzina.

---

(1) Cette situation pénible, et peut-être trop prolongée de la vertu aux prises avec l'impudence d'une part et la méchanceté de l'autre, ne serait point admissible sur notre scène. Elle est dans la nature, sans doute; elle contribue puissamment à faire éclater la vertu de *Paméla*, et à rendre son triomphe plus beau; mais

COMÉDIE.

PAMÉLA.

Vous m'étonnez, Monsieur. Sachez que je suis une fille honnête.

ERNOLD (1).

Bravo ! J'en suis charmé. Vive donc la fille honnête ! Mais dites-moi donc, la belle, si vous êtes si honnête, vous devez avoir de l'honneur à revendre.

PAMÉLA.

Qu'entendez-vous par-là ?

ERNOLD.

M'en voudriez-vous céder un peu ?

PAMÉLA.

Mais je crois que cela ne serait pas sans besoin.

MYLADI.

Impertinente ! est-ce ainsi que tu parles à mon neveu ?

PAMÉLA.

Qu'il me traite décemment, je lui parlerai de même.

ERNOLD.

Je ne m'offense point des injures qui sortent d'une jolie bouche. Toutes ces jolies filles sont si faciles à fâcher...! Savez-vous pourquoi elle fait la cruelle ? c'est que vous êtes là ; allez-vous-en, et je vous réponds qu'elle fera tout ce que je voudrai.

MYLADI.

Je veux qu'elle vienne avec moi.

ERNOLD.

Elle viendra, mon dieu, elle viendra. Voulez-vous que je vous montre un moyen infaillible de la décider ? Tenez. (*Il tire une bourse.*) Tiens Paméla, tu vois bien ces guinées ; si tu suis ma tante, foi de chevalier, je t'en donne une demi douzaine.

---

notre délicatesse, bien ou mal entendue, repousse la peinture trop fidelle des mœurs qui nous blessent, et ne veut voir la nature imitée qu'en beau.

L'auteur français n'a fait qu'indiquer cette situation ; c'est tout ce qu'il en fallait pour des spectateurs français.

PAMELA.
Datele a' chi sarete solito di trattare.

ERNOLD.
Oh capperi! Sei una qualche principessa? che ti venga la rabbia! Recusi sei ghinee! Ti pajon poche?

PAMELA.
Eh Signore, non conoscete il prezzo dell' onestà, e per questo parlate così.

ERNOLD.
Tieni, vuoi tutta la borsa?

PAMELA (*da se.*)
Oh cielo! liberami da questo importuno.

ERNOLD.
Sarei ben pazzo, se te la dessi. Fraschetta.

PAMELA.
Come parlate? Lo saprà il mio padrone.

ERNOLD.
Certo, il tuo padrone si prendera una gran cura di te?

PAMELA.
Lasciatemi andare.

ERNOLD.
Orsù vien quì. Facciamo la pace. (*Vuol prenderla per la mano.*)

PAMELA.
Finitela d' importunarmi. (*Vuol fuggire.*)

ERNOLD.
Senti una parola sola.

PAMELA. (*Vuol fuggire.*)
Madama Jeure?

PAMÉLA.

Donnez-les, Monsieur, à celles que vous êtes dans l'usage de traiter ainsi.

ERNOLD.

Comment diable ! Es-tu quelque princesse ? Quelle rage est la tienne ? Refuser six guinées ! est-ce trop peu à tes yeux ?

PAMÉLA.

Ah ! Monsieur, vous ne connaissez pas le prix de l'honneur ; et voilà pourquoi vous parlez ainsi.

ERNOLD.

Tiens ; veux-tu la bourse entière ?

PAMÉLA (à part.)

O ciel ! délivre-moi de ses persécutions !

ERNOLD.

Je serais, ma foi, bien fou de te la donner, petite sotte !

PAMÉLA.

Comment osez-vous me parler, Monsieur ? Mylord en sera instruit.

ERNOLD.

Et ton maître certainement se fera de cela une affaire importante ?

PAMÉLA.

Laissez-moi m'en aller.

ERNOLD.

Allons ; viens ici, et faisons la paix.
(*Il veut la prendre par la main.*)

PAMÉLA.

Cessez de m'importuner. (*Elle veut fuir.*)

ERNOLD.

Ecoute, un mot seulement.

PAMÉLA. (*Elle veut fuir.*)

Madame Jeffre ?

ERNOLD.
Senti.
PAMELA.
Isacco?
ERNOLD.
Sei una briconcella.
PAMELA.
Siete un cavaliere sfacciato.
ERNOLD.
Ah indegna! A me sfacciato?
MILEDI.
Ah disgraziata! Sfacciato a mio nipote?
PAMELA.
Se è cavaliere, stia nel suo grado.
MILEDI.
Ti darò delli schiaffi.
ERNOLD.
Ti prenderò per le mani, e non fuggirai. (*La inseguisce.*)
PAMELA.
Ajuto, gente, ajuto.

SCENA XIII.

DETTI, Madama JEURE.

M.ma JEURE.

Oimè! Che c'è stato? Che ha Pamela, che grida?
PAMELA.
Ah Madama, ajutatemi! difendetemi voi dagl' insulti di un dissoluto.

ERNOLD.

Ecoute donc.

PAMÉLA.

Isac?

ERNOLD.

Tu es une petite coquine.

PAMÉLA.

Et vous, un impudent.

ERNOLD.

Qu'entends-je? me traiter d'impudent!

MYLADI.

Ah! malheureuse! impudent à mon neveu?

PAMÉLA.

S'il est gentilhomme, qu'il sache conserver son rang.

MYLADI.

Je te donnerai un soufflet.

ERNOLD.

Je te prendrai si bien les mains, que tu ne m'échapperas pas. (*Il la poursuit.*)

PAMÉLA.

Au secours! du monde! au secours!

SCÈNE XIII.

LES MÊMES, Mme JEFFRE.

Mme JEFFRE.

Eh! mon dieu! qu'est-il donc arrivé? qu'à donc Paméla à crier de la sorte?

PAMÉLA.

Ah, Madame, secourez-moi! protégez-moi contre les outrages d'un impudent.

M.me JEURE.

Come, signor cavaliere? In casa di Milord Bonn.

ERNOLD.

Che cosa credete, ch'io le abbia fatto?

M.me JEURE.

Le sue strida quasi quasi me lo fanno supporre.

ERNOLD.

Le volevo far due carezze, e non altro.

M.me JEURE.

E non altro?

ERNOLD.

Che dite? non è ella una sciocca a strillare così?

MILEDI.

E' una temeraria. Ha perso il rispetto a mio nipote, ed a me stessa.

M.me JEURE.

Mi maraviglio, che il signor cavaliere si prenda una simile libertà.

ERNOLD.

Oh poffar il mondo? con una serva non si potrà scherzare.

M.me JEURE.

Dove avete imparato questo bel costume?

ERNOLD.

Dove? dappertutto. Voi non sapete niente. Io ho viaggiato. Ho ritrovato per tutto delle cameriere vezzose, delle cameriere di spirito, capaci di trattenere una brillante anticamera, fintanto che la padrona si mette in istato di ricevere la conversazione. Colle cameriere si scherza, si ride, si dicono delle barzelette, e tuttochè abbia qualcuna di esse l'abilità d'innamorare il padrone, non sono con i forestieri fastidiose come costei.

COMÉDIE.

Mme JEFFRE.

Comment, Monsieur! chez mylord Bonfil?

ERNOLD.

Que croyez-vous donc que je lui ai fait?

Mme JEFFRE.

Ses clameurs me le feraient presque supposer.

ERNOLD.

Je voulais lui faire deux caresses, et rien de plus.

Mme JEFFRE.

Et rien de plus?

ERNOLD.

Qu'en dites-vous? cela valait-il la peine de crier de la sorte?

MYLADI.

C'est une impudente, qui a manqué de respect à mon neveu, et à moi-même.

Mme JEFFRE.

Je suis surprise que Monsieur se permette de semblables libertés.

ERNOLD.

Vous me faites rire, bonne femme! vous allez voir qu'on ne pourra pas badiner avec une servante.

Mme JEFFRE.

Où donc avez vous pris ces jolies manières?

ERNOLD.

Où? mais par-tout. Allez, vous ne savez rien. J'ai voyagé: j'ai vu de jolies femmes-de-chambre, des filles d'esprit, et capables de tenir un brillant antichambre, en attendant que Madame fût en état de recevoir la compagnie. Eh bien! l'on s'amuse, l'on rit avec elles; on dit des folies: et en supposant que l'une d'elles ait eu l'adresse d'inspirer de l'amour au maître de la maison, elles ne sont point dédaigneuses avec les étrangers, comme cette petite créature-là.

Mma JEURE.
In verità, signor cavaliere, che a viaggiare avete imparato qualche cosa di buono.

MILEDI.
Orsù tronchiamo questo importuno ragionamento. Pamela ha da venire con me.

PAMELA (*piano à Jeure.*)
Madama Jeure, mi raccomando a voi.

Mma JEURE (*à Miledi.*)
Signora, aspettate, che venga il padrone.

MILEDI.
Appunto perchè non c'è, ella deve meco venire.

Mma JEURE.
Oh perdonatemi, non ci verrà assolutamente.

MILEDI.
Non ci verrà? La farò strascinare per forza.

ERNOLD.
Io non ho vedute femmine più impertinenti di voi.

Mma JEURE.
Signore, non mi perdete il rispetto; sono la governatrice del milord Bonfil.

ERNOLD.
Io credevo, che foste la governatrice dell'Indie.

Mma JEURE.
Saprà Milord gl'insulti, che fatti avete alla di lui casa.

MILEDI.
Sappiali pure. Egli mi ha provocato.

ERNOLD.
Milord non si riscalderà per due sciocche di donne.

Mme JEFFRE.
En vérité, Monsieur, vous avez fait, en voyageant, des acquisitions merveilleuses.

MYLADI.
Tranchons ces raisonnemens déplacés. Paméla doit me suivre.

PAMÉLA (*à Jeffre.*)
Je me recommande à vous.

Mme JEFFRE (*à Myladi.*)
Madame, attendez le retour de Monsieur.

MYLADI.
C'est précisément parce qu'il n'y est pas que je dois l'emmener.

Mme JEFFRE.
Oh ! je vous demande bien pardon ; elle n'ira surement pas.

MYLADI.
Elle n'y viendra pas ? je la ferai plutôt traîner de force.

ERNOLD.
Je n'ai jamais vu de femme plus impertinente que vous.

Mme JEFFRE.
Respectez, Monsieur, la gouvernante de mylord Bonfil.

ERNOLD.
Ah ! ah ! Je vous croyais, moi, la gouvernante des Indes.

Mme JEFFRE.
Mylord saura la manière injurieuse dont vous vous êtes conduit chez lui.

MYLADI.
Qu'il le sache ; c'est lui qui m'a provoqué.

ERNOLD.
Eh ! mon dieu, Mylord ne s'échauffera pas la bile, pour deux bégueules de femmes.

PAMÉLA,

Mma JEURE.

Mi maraviglio di voi.

MILEDI.

Impertinente! (*chiama alla porta.*) Ehi. Dove sìete?

Mma JEURE.

Chi chiamate, Signora?

MILEDI.

Chiamo i miei Servítori.

Mma JEURE.

Usereste qualche violenza?

MILEDI (*chiama come sopra.*)

Ehi, dico!

SCENA XIV.

DETTI, ISACCO.

ISACCO.

CHE comandate, Signora?

MILEDI.

Ove sono i miei servitori?

ISACCO.

Sono tutti ...cesi. E' ritornato il padrone.

Mma JEURE.

Il Padrone?

ISACCO.

Sì, il nostro padrone è ritornato in dietro.

PAMELA (*da se.*)

Oh ringraziato sia il Cielo!

Mma JEURE.

Si sa per qual causa?

M.me JEFFRE.

En vérité vous m'étonnez, Monsieur.

MYLADI.

Impertinente! (*Elle appelle.*) Hola! où êtes-vous?

M.me JEFFRE.

Qui appelez-vous, Madame?

MYLADI.

Mes gens.

M.me JEFFRE.

Vous pourriez vous porter à quelque violence?

MYLADI (*appelle de nouveau.*)

Eh bien! allons donc.

SCÈNE XIV.

LES MÊMES, ISAC.

ISAC.

Que demande madame?

MYLADI.

Où sont mes gens?

ISAC.

Ils se sont tous retirés, et Mylord est de retour.

M.me JEFFRE.

Mylord?

ISAC.

Oui; Mylord notre maître est revenu sur ses pas.

PAMÉLA (*à part.*)

Ah! le ciel en soit béni!

M.me JEFFRE.

Sait-on pourquoi?

PAMÉLA,

ISACCO.
E' stato assalito da un oribile svenimento. (*Parte.*)

PAMELA (*da se.*)
Oh Dio!

M.ma JEURE.
Povero padrone! Non vo' mancare di prestargli soccorso.

PAMELA.
Presto, madama Jeure, andatelo ad ajutare.

M.ma JEURE.
Eh Pamela, egli avrebbe più bisogno di voi, che di me. (*Parte.*)

PAMELA (*da se.*)
Ah che non mi convien d'andare!

ERNOLD.
Pamela, perchè non vai ancor tu a soccorrere il tuo padrone? Fai forse la ritrosa, perchè siamo qui noi?

PAMELA.
Signore, ora ch'è ritornato il padrone, mi fate meno timore, e vi parlerò con maggior libertà. Chi credete voi, che io sia? Son povera, ma onorata.

---

(1)   Sir Ernold, Mylord est de retour,
Et je vais vous parler sans crainte et sans détour.
Connaissez-moi, du moins. Je suis pauvre, mais sage.
Je sers: de commander tous n'ont pas l'avantage,
Et, pour être sans bien, l'on n'est pas sans honneur.
La mère de Mylord a voulu mon bonheur.
Hélas! elle n'est plus. A ses ordres docile,
Son fils, dans sa maison, me conserve un asile.
C'est de lui que sa sœur me devait obtenir.
S'il refuse, il est maître, et je dois obéir.
Fidelle aux sentimens que m'inspira sa mère,
J'y puisai cet orgueil qui semble vous déplaire.
Je le conserverais dans un état plus bas;
C'est l'orgueil de l'honneur..... mais vous n'y croyez pas.
Pour avoir fréquenté quelques femmes frivoles,
D'un siècle dépravé, méprisables idoles;
Ainsi l'on méconnait les traits de la vertu:
Quand le cœur est gâté, l'œil même est corrompu.
Votre oreille est peu faite à ce langage austère;
Mais dût-il m'attirer votre injuste colère,

ISAC.
Il a été attaqué d'un horrible évanouissement. (*Il sort.*)

PAMÉLA (*à part.*)
Oh ! Dieu !

Mme JEFFRE.
Mon pauvre maître ! Je vole à son secours.

PAMÉLA.
Ah ! courez-y bien vîte, madame Jeffre.

Mme JEFFRE.
Ah ! Paméla, il aurait bien plus besoin de vous que de moi. (*Elle sort.*)

PAMÉLA (*à part.*)
Faut-il, hélas ! que la décence m'empêche d'y aller.

ERNOLD.
Pourquoi donc, Paméla, ne voles-tu pas aussi au secours de ton maître ? peut-être fais-tu la cruelle, parce que nous sommes ici.

PAMÉLA (1).
Monsieur, maintenant que Mylord est de retour, vous m'inspirez moins de frayeur, et je vous parlerai avec plus de liberté. Pour qui me prenez-vous ? Je suis pauvre, mais honnête ; je mange le pain d'autrui, mais je le mange avec honneur. Je suis entré dans cette maison au service de la mère, et non pas du fils ; la mère n'est plus, et le fils n'a pas dû me chasser de chez lui. Si Myladi désirait de m'avoir, elle devait savoir m'obtenir de son frère. S'il refuse

---

Je me flatte du moins de vous avoir appris
Que je sais tout braver, excepté le mépris :
Que la rigueur du sort n'a rien qui m'humilie,
Et qu'enfin Paméla ne peut être avilie.
(*Acte IV, Sc. III.*)

Comme l'enthousiasme de traducteurs ne nous aveuglera jamais, nous avouerons avec plaisir que l'auteur français a embelli et heureusement corrigé ici son modèle. Le langage noble et simple à la fois qu'il prête à sa Paméla, est infiniment supérieur au couplet original. Voilà ce qu'elle devait dire, et non point donner à Ernold des leçons dont elle est bien sûre qu'il ne profitera pas. D'ailleurs, elle doit se borner à sa justification : tout ce qu'elle dit de plus est au moins inutile.

Mi nutrisco del pane altrui, ma lo guadagno con onestà. Venni in questa casa a servir la madre, non il figliuolo. La madre è morta, ed il figliuolo non mi dovea cacciar sulla strada. Se Miledi mi voleva, doveva sapermi chiedere a suo fratello; e se egli ad essa mi niega, avrà ragione di farlo. Informatevi con tutti i domestici di questa casa; chiedete di me a quanti hanno qui praticato, e meglio rileverete quale sia il mio costume. Voi mi avete detto fraschetta, e briconcella (ahi che arrossisco in rammentarlo!) Se avete ritrovate pel mondo delle donne di tal carattere, non vuol già dire, che sieno o tutte, o per la maggior parte così; ma si rileva piuttosto, che il vostro mal costume si fermava unicamente con queste, senza far conto delle saggie, delle oneste, che abbondano in ogni luogo. Come volete voi sapere, se più sieno le donne buone, o le cattive, se solamente delle pessime andate in traccia? Come può discernere che cosa sia la virtù, chi unicamente coltiva le sue passioni? Ebbi l'onor di conoscervi prima che partiste da Londra, ed eravate allora un buon cavaliere, un saggio Inglese, un giovine di ottima aspettativa. Avete viaggiato, e avete apprese delle massime così cattive? Ah permettetemi, ch'io rifletta in vostro vantaggio, che avrete avuto nei vostri viaggj delle pessime compagnie, delle pessime direzioni. Il cuore dell'uomo tenero come la cera facilmente riceve le buone, e le cattive impressioni. Se i mali esempj di quel cattivo mondo, che avete avuta la disgrazia di praticare, vi hanno guastato il cuore, siete a tempo di riformarlo. La vostra gran patria vi darà degli stimoli a farlo. E se per disingannarvi del mal concetto, che avete voi delle donne, può valere l'esempio di una, che non teme irritarvi per dimostrare la propria onestà, ammirate in me la franchezza, con cui ho il coraggio di dirvi, che se ardirete più d'insultarmi, saprò chiedere, e saprò trovare giustizia. (*Parte.*)

de me laisser aller, il aura, sans doute, ses raisons pour en agir ainsi. Informez-vous de moi à tous les domestiques de cette maison; parlez de moi à tous ceux qui y sont venus, et vous apprendrez quelle est ma façon de penser et de me conduire. Vous m'avez, (je rougis de le répéter!) vous m'avez traité de petite sotte, de coquine! si le monde vous a offert des femmes de ce caractère, je suis bien loin de penser que ce soit la totalité ou même le plus grand nombre; mais vous me donnez lieu de croire que vos inclinations perverses vous ont concentré dans la société de celles-ci, et que vous n'avez fait aucun cas des femmes honnêtes et sages, dont le nombre cependant est grand par-tout. Comment voulez-vous savoir si le nombre des femmes estimables l'emporte sur celui des femmes perverses, lorsque les plus corrompues sont les seules que vous recherchiez? Comment connaître ce qui constitue la vertu, quand on suit uniquement sa passion? J'eus l'honneur de vous connaître avant que vous sortissiez de Londres: vous étiez alors un chevalier honnête, un sage Anglais, un jeune homme enfin de la plus belle espérance. Vous avez voyagé, et vous vous êtes infecté de ces maximes détestables! Ah! permettez-moi une réflexion pour vous justifier: vous aurez vu, sans doute, de très-mauvaises compagnies, et d'un exemple pernicieux. Aussi flexible qu'une cire molle, le cœur de l'homme reçoit aisément les bonnes et les mauvaises impressions. Si les exemples dangereux de ce monde pervers que vous avez eu le malheur de fréquenter, ont gâté votre cœur, il en est temps encore, vous pouvez réparer le mal: votre patrie vous donnera des motifs puissans d'émulation pour le faire. Et si, pour effacer en vous la mauvaise idée que vous avez des femmes, il suffit de l'exemple d'une jeune fille qui ne craint pas de vous irriter, en vous remettant dans les voies de l'honneur, admirez la franchise avec laquelle j'ajoute hardiment, que si vous avez l'audace de m'insulter encore, je saurai demander et trouver justice. (*Elle sort.*)

Tome I.   O

SCENA XV.

Miledi DAURE, ERNOLD.

ERNOLD.

Costei mi ha fatto rimanere incantato.

MILEDI.

Io rimango attonita, non per cagione di lei, ma per cagione di voi.

ERNOLD.

E perchè?

MILEDI.

Perchè abbiate avuta la sofferenza di udirla senza darle una mano nel viso.

ERNOLD.

In casa d'altri, per dirla, mi sono avantazo anche troppo.

MILEDI.

Lo svenimento di mio fratello sarà provenuto dall' amor di Pamela.

ERNOLD.

Io per le donne non mi son mai sentito svenire.

MILEDI.

Egli l'ama con troppa passione.

ERNOLD.

Se l'ama, che si consoli.

MILEDI.

Ah temo, ch' egli la sposi.

---

(1) Il y a quelque chose de bien dur, de bien grossier même dans cette réponse! Comment une femme de qualité, et qui n'a personnellement aucun sujet de se plaindre de Paméla, peut-elle s'oublier à ce point! D'ailleurs, quel rôle a-t-elle joué pendant la scène indécente d'Ernold? voilà encore une de ces choses que le spectateur français ne tolérerait pas, et que ne pallieraient point

SCÈNE XV.

Myladi DAURE, ERNOLD.

ERNOLD.

Elle me laisse pétrifié!

MYLADI.

Je suis étonnée aussi, moi ; mais c'est de vous, et non pas d'elle.

ERNOLD.

Pourquoi donc cela, je vous prie?

MYLADI (1).

Parce que vous avez eu la patience de l'entendre, sans lui donner de votre main sur la figure.

ERNOLD.

Soyons vrais ; je me suis avancé un peu trop loin dans la maison d'un autre.

MYLADI.

L'évanouissement de mon frère vient sans doute de son amour pour Paméla.

ERNOLD.

Jamais je ne me suis évanoui pour les dames.

MYLADI.

Il l'aime trop passionnément.

ERNOLD.

Eh! parbleu, s'il l'aime, qu'il s'en passe la fantaisie.

MYLADI.

Je tremble qu'il ne l'épouse.

à ses yeux les beautés réelles dont tout l'ouvrage est semé. Mais ce qu'il admirerait avec raison, ce que peut-être l'imitateur n'a point assez fait sentir encore, c'est la métamorphose subite opérée dans *Ernold* ; c'est l'effet sûr et inévitable du discours de *Paméla* ; et tel sera toujours l'heureux ascendant de la vertu sur les ames qui ne sont point essentiellement corrompues.

ERNOLD.
E se la sposa, che importa a voi?

MILEDI.
Come! Io dovrei tollerare questo sfregio al mio sangue?

ERNOLD.
Che sfregio? che sangue? che debolezze son queste? pazzie, pazzie. Io, che ho viaggiato, di questi matrimonj ne ho veduti frequentemente. Il mondo ride. I parenti strillano; ma dicesi per proverbio: una maraviglia dura tre giorni. Voglio andare a vedere, che fa il Milord. (*Parte*.)

SCENA XVI.

MILEDI (*sola*.)

PER quel, che sento, il cavalier mio nipote non averebbe riguardo a far peggio di mio fratello. Se una donna pensasse così, sarebbe il ludibrio del mondo; si ecciterebbe contro l' ira, la maledizione, e la vendetta. Misere donne! Ma se tant' altre hanno la viltà di soffrire, io insegnerò alle più timide come si vendicano i nostri torti. Se mio fratello persiste, farò morire Pamela.

---

(1) Point de tache à cela, ma tante: eh! mon dieu non.
Quels sont vos préjugés! cette noble manie
N'existe tout au plus que dans la Germanie.
Les hymens inégaux sont ailleurs très-fréquens:
J'en ai vu. Le public lâche des mots piquans,
La famille se plaint, l'un en rit, l'autre en glose;
Mais au bout de huit jours, on parle d'autre chose.
(*Acte IV*, *Sc. IV.*)

(2) Voilà deux fois que ce mot affreux sort de la bouche de Myladi, et toujours à la fin d'un acte; ce qui donnerait lieu de croire que, dans l'intervalle d'un acte à l'autre, elle va s'occuper, sinon de l'horrible exécution d'un pareil projet, du moins des moyens de noircir Paméla auprès de son frère, de la mettre dans quelque situation périlleuse, et d'ajouter par-là à l'intérêt qu'elle inspire: mais la situation reste la même, l'action ne fait pas un pas, et ce

Fine dell' Atto secondo.

ERNOLD.

Eh bien! que vous importe?

MYLADI.

Comment! Je tolérerais cette tache à mon sang?

ERNOLD (1).

Quelle tache! quel sang! Quelles foiblesses sont-ce là? folies, pures folies. Moi qui ai voyagé, j'ai vu cent exemples de ces sortes de mariages. Le monde rit, les parens criaillent; mais, comme dit le proverbe, une merveille ne dure que trois jours. Allons voir un peu ce que fait Mylord. (*Il sort.*)

SCÈNE XVI.

MYLADI (*seule.*)

D'APRÈS ce que je viens d'entendre, mon neveu serait tout disposé à faire pire encore que mon frère. Une femme qui penserait ainsi deviendrait le jouet du monde, et allumerait contre elle le ressentiment, la malédiction et la vengeance. Malheureuses femmes! Mais, si tant d'autres ont la bassesse de souffrir, j'enseignerai aux plus timides comment se vengent nos affronts. Oui, si mon frère persiste dans son fol amour, je ferai périr Paméla (2).

---

sont par conséquent des méchancetés gratuites, qu'il faut toujours épargner au spectateur. En général, on peut dire que cet ouvrage est riche en beaux détails, mais un peu vide d'action, et trop dénué de ce mouvement dramatique qui attache et entraîne le spectateur. La marche des deux premiers actes est lente et embarrassée, et l'on désirerait plus de chaleur dans le troisième. L'arrivée du père de Paméla n'y produit point assez d'effet: c'était le cas cependant, ou jamais, d'observer le précepte de *Boileau*:

Que le trouble toujours croissant de scène en scène,
À son comble arrivé se débrouille sans peine.
L'esprit ne se sent point plus vivement frappé,
Que lorsqu'en un sujet d'intrigue enveloppé,
D'un secret tout-à-coup la vérité connue
Change tout, donne à tout une face imprévue.

(*Art poétique, Chant III.*)

Fin du second Acte.

ATTO III.

SCENA PRIMA.

Milord BONFIL, M.^{ma} JEURE e ISACCO.

(*Isacco con spada, e bastone del Milord, che ripone sul tavolino.*)

BONFIL.

Come! Il cavaliere Ernold ha maltrattata Pamela!

M.^{ma} JEURE.

Ha perduto il rispetto a lei, l'ha perduto a me, e l'ha perduto alla vostra casa.

BONFIL.

Temerario!

M.^{ma} JEURE.

Signore, come vi sentite?

BONFIL.

Dov'è Pamela?

M.^{ma} JEURE.

Ella sarà nella mia camera.

BONFIL.

Lo sa, ch'io son ritornato in città?

M.^{ma} JEURE.

Lo sa, ed ha preso il vostro ritorno per una provvidenza del cielo.

BONFIL.

Per qual ragione?

ACTE III.

SCÈNE PREMIÈRE.

Mylord BONFIL, M.me JEFFRE et ISAC.

Isac pose sur une table la canne et l'épée de Bonfil.)

BONFIL.

Qu'entends-je ! Ernord a maltraité Paméla ?

M.me JEFFRE.

Il a perdu toute espèce de respect pour elle, pour moi, pour votre maison.

BONFIL.

Téméraire !

M.me JEFFRE.

Monsieur, comment vous trouvez-vous maintenant ?

BONFIL.

Où est Paméla ?

M.me JEFFRE.

Elle sera surement dans ma chambre.

BONFIL.

Sait-elle que je suis de retour ?

M.me JEFFRE.

Elle le sait ; et ce retour fortuné a été pour elle un bienfait du ciel.

BONFIL.

Comment cela donc ?

Mma JEURE.

Perchè si è liberata dalle persecuzioni del cavaliere.

BONFIL.

Ah cavaliere indegno! Morirà, giuro al cielo, sì, morirà.

ISACCO.

Signore.

BONFIL.

Che vuoi?

ISACCO.

Il cavaliere Ernold vorrebbe riverirvi.

(*Bonfil corre furioso a prendere la spada, e denudandola, corre verso la porta, Jeure, ed Isacco intimoriti fuggono, e Milord va per uscire di camera.*)

SCENA II.

Milord BONFIL, Milord ARTUR.

ARTUR.

Dove, Milord, colla spada alla mano?

BONFIL.

A trafiggere un temerario.

ARTUR.

E chi è questi?

BONFIL.

Il cavaliere Ernold.

ARTUR.

Che cosa mai vi ha egli fatto!

BONFIL.

Lo saprete quando l'avrò ucciso.

M.me JEFFRE.

C'est qu'il l'a affranchie des persécutions du chevalier.

BONFIL.

Homme indigne ! il mourra, j'en fais le serment. Il mourra.

ISAC.

Monsieur ?

BONFIL.

Que veux-tu ?

ISAC.

Le chevalier Ernold désirerait vous voir.

(BONFIL furieux, se jette sur son épée, la tire du fourreau, et court vers la porte. Isac et madame Jeffre effrayés prennent la fuite : Bonfil va pour sortir.)

SCÈNE II.

Milords BONFIL, ARTUR.

ARTUR.

Où court Mylord l'épée à la main ?

BONFIL.

Percer un téméraire.

ARTUR.

Quel est-il ?

BONFIL.

Ernold.

ARTUR.

Que vous a-t-il fait ?

BONFIL.

Vous le saurez quand je serai vengé.

ARTUR.
Fermatevi.
BONFIL.
Non mi trattenete.
ARTUR.
In vostra casa ucciderete un nemico?
BONFIL.
Egli alla mia casa ha perduto il rispetto.
ARTUR.
Voi non potete giudicar dell' offesa.
BONFIL.
Perchè?
ARTUR.
Perchè vi accieca lo sdegno.
BONFIL.
Eh lasciatemi castigar quell' audace.
ARTUR.
Non lo permetterò certamente.
BONFIL.
Comè! Voi in difesa del mio nenico?
ARTUR.
Difendo il vostro decoro.
BONFIL.
Giuro al cielo, colui ha da morire per le mie mani.
ARTUR.
Ma poss' io sapere, che cosa vi ha fatto?
BONFIL.
In casa mia ha strapazzata madama Jeure; ha fatte delle insolenze a Pamela; ha perduto il rispetto a me, che sono il loro padrone.
ARTUR.
Milord, un momento di quiete. Trattenete per un

COMÉDIE.

ARTUR.
Arrêtez.

BONFIL.
Laissez-moi.

ARTUR.
Tuer votre ennemi dans votre maison!

BONFIL.
Il m'a manqué chez moi.

ARTUR.
Vous ne pouvez juger de l'offense.

BONFIL.
Pourquoi cela ?

ARTUR.
La fureur vous aveugle.

BONFIL.
Eh! laissez-moi châtier son audace.

ARTUR.
Je ne le souffrirai certainement pas.

BONFIL.
Qu'entends-je ! vous défendez mon ennemi?

ARTUR.
Je défends votre honneur.

BONFIL.
Il mourra! je l'ai juré; il mourra de mes mains.

ARTUR.
Mais ne puis-je enfin savoir son crime ?

BONFIL.
Il a maltraité madame Jeffre, outragé Paméla, et manqué à leur maître.

ARTUR.
Mylord, un moment de calme s'il est possible :

solo momento lo sdegno. Il cavaliere v' ha offeso; avete ragione di vendicarvi. Io stesso vi sollicito alla vendetta, e sarò con voi, e lo sfiderò in nome vostro. Ma prima ditemi da cavaliere, da uomo d'onore, da vero leale Inglese, ditemi se in questo vostro furore vi ha alcuna parte la gelosia.

BONFIL.

Non ho luogo a discernere quale delle mie passioni mi spinga. Vi dico solo, che il perfido ha da morire.

ARTUR.

Non vi riuscirà di farlo prima che non abbiate calmata la vostra ira.

BONFIL.

Chi può vietarlo?

ARTUR.

Io.

BONFIL.

Voi?

ARTUR.

Sì, io, che son vostro amico; io, che avendo il cuore non occupato, so distinguere il valor dell' offesa.

BONFIL.

La temerità di colui non merita di esser punita?

ARTUR.

Sì, lo merita.

BONFIL.

A chi tocca vendicare i miei torti?

ARTUR.

Tocca al milord Bonfil.

BONFIL.

Ed io chi sono?

ARTUR.

Voi siete in questo punto un amante, che freme

contenez pour un moment votre juste indignation. Ernold vous a offensé, vous avez raison de vous venger ; je vous y engage moi-même, je serai avec vous, et je le défierai en votre nom. Mais, parlez-moi d'abord en bon gentilhomme, en homme d'honneur, en vrai et loyal Anglais : la jalousie n'est-elle pour rien dans cette fureur ?

BONFIL.

Je ne puis distinguer laquelle de mes passions m'agitent le plus dans ce moment. Tout ce que je puis vous dire, c'est que le perfide mourra.

ARTUR.

Vous n'exécuterez point ce projet avant d'avoir calmé votre fureur.

BONFIL.

Eh ! qui peut m'en empêcher ?

ARTUR.

Moi.

BONFIL.

Vous ?

ARTUR.

Oui, moi, qui suis votre ami, et dont le cœur libre sait apprécier la valeur de l'offense.

BONFIL.

Sa témérité ne mérite-t-elle pas un châtiment ?

ARTUR.

Oui, sans doute.

BONFIL.

Et à qui appartient-il de venger mes torts ?

ARTUR.

A mylord Bonfil.

BONFIL.

Eh ! qui suis-je donc ?

ARTUR.

Un amant qui frémit de jalousie. Vous ne devez

di gelosìa. Non avete a confondere l' amor di Pamela coll' onor della vostra casa.

BONFIL.

L' onore, e l' amore, tutto mi sprona, tutto mi sollecita. Quel perfido ha da morire.

ARTUR.

Domani lo sfiderete.

BONFIL.

Non posso fin a domani trattener la mia collera.

ARTUR.

Dunque che pensereste di fare?

BONFIL.

Ucciderlo in questo momento.

ARTUR.

Ah Milord, acquietatevi.

BONFIL.

Son fuor di me stesso.

SCENA III.

DETTI, M.ma JEURE.

M.ma JEURE.

Signore?

BONFIL.

Dov' è il cavaliere?

M.ma JEURE.

Sa, che siete sdegnato, ed è partito.

BONFIL.

Lo raggiungerò. (*In atto di voler partire.*)

M.ma JEURE.

Signore, sentite?

point confondre l'honneur de votre maison avec votre amour pour Paméla.

BONFIL.
L'honneur, l'amour, tout m'excite, tout m'engage....
Le perfide mourra.

ARTUR.
Demain vous le provoquerez.

BONFIL.
Je ne puis captiver ma colère jusqu'à demain.

ARTUR.
Que voudriez-vous donc faire?

BONFIL.
Le tuer dans l'instant.

ARTUR.
Ah, Mylord! appaisez-vous.

BONFIL.
Je suis hors de moi.

SCÈNE III.
LES MÊMES, Mme JEFFRE.

Mme JEFFRE.
Monsieur?

BONFIL.
Où est le chevalier?

Mme JEFFRE.
Il vous a su en colère, et il est parti.

BONFIL.
Je le rejoindrai. (*En attitude de partir.*)

Mme JEFFRE.
Monsieur, écoutez donc?

BONFIL.
Che ho da sentire?

M.ma JEURE.
E' arrivato in questo punto il padre di Pamela.

BONFIL.
Il padre di Pamela? Che vuole?

M.ma JEURE.
Vuole condur seco sua figlia.

BONFIL.
Dove?

M.ma JEURE.
Al suo rustico albergo.

BONFIL.
Ha da parlare con me.

M.ma JEURE.
Voi non l'avete accordato?

BONFIL.
Dove trovasi questo vecchio?

M.ma JEURE.
In una camera con sua figlia.

BONFIL.
Or ora mi sentirà. (*Parte.*)

ARTUR.
Ecco come una passione cede il luogo ad un'altra. L'amore ha superato lo sdegno.

M.ma JEURE.
Signore, che cosa ha da essere di questo mio povero padrone?

ARTUR.
Egli è in uno stato, che merita compassione.

M.ma JEURE.
Com'è accaduto il suo svenimento? Dalla sua bocca non ho potuto ricavare un accento.

BONFIL.

COMÉDIE.

BONFIL.

Qu'avez-vous à me dire ?

Mme JEFFRE.

Le père de Paméla arrive dans l'instant.

BONFIL.

Le père de Paméla ! que veut-il ?

Mme JEFFRE.

Emmener sa fille avec lui.

BONFIL.

L'emmener ? où ?

Mme JEFFRE.

Mais, dans sa retraite champêtre.

BONFIL.

Il faut qu'il me parle.

Mme JEFFRE.

N'avez-vous pas permis.... ?

BONFIL.

Où est ce vieillard ?

Mme JEFFRE.

Dans une chambre avec sa fille.

BONFIL.

Il va m'entendre. (*Il sort.*)

ARTUR.

Voilà comme une passion cède la place à l'autre : l'amour a triomphé de la fureur.

Mme JEFFRE.

Monsieur, que va donc devenir mon pauvre maître ?

ARTUR.

Il est dans un état à faire pitié.

Mme JEFFRE.

Comment donc est arrivé son évanouissement ?

ARTUR.

Egli non faceva che sospirare, e appena usciti di Londra mi cadde fra le braccia svenuto.

M^(ma) JEURE.

Avete fatto bene a tornare in dietro.

ARTUR.

Lo soccorsi con qualche spirito, ma solo alla vista di questa casa riprese fiato.

M^(ma) JEURE.

Qui, qui, vi è la medicina per il suo male.

ARTUR.

Ama egli Pamela?

M^(ma) JEURE.

Poverino! L'adora.

ARTUR.

Pamela è savia?

M^(ma) JEURE.

E' onestissima.

ARTUR.

E' necessario che da lui si divida.

M^(ma) JEURE.

Ma non potrebbe....?

ARTUR.

Che cosa?

M^(ma) JEURE.

Sposarla?

ARTUR.

Madama Jeure, questi sentimenti non son degni

---

(1) ARTUR.
.... Oui cela pourrait être,
S'il était entouré de parens moins altiers.
Mais je les connais trop. L'orgueil de leurs quartiers
Ne descendra jamais jusqu'à l'objet qu'il aime :
Ils lui reprocheraient de s'avilir lui-même.

L'auteur Français ayant absolument décidé de faire d'*Artur* un

COMÉDIE.

ARTUR.

Il poussoit de fréquens soupirs ; et à peine fumes-nous hors de Londres, qu'il tomba évanoui entre mes bras.

Mme JEFFRE.

Vous avez bien fait de revenir sur vos pas.

ARTUR.

Je lui prodiguai les secours de quelqu'eau spiritueuse ; mais il n'a repris la respiration qu'à l'aspect de son hôtel.

Mme JEFFRE.

C'est ici, Mylord, c'est ici qu'est le remède de son mal.

ARTUR.

Il aime Paméla ?

Mme JEFFRE.

S'il l'aime ! il l'adore.

ARTUR.

Paméla est sage ?

Mme JEFFRE.

Elle est infiniment honnête.

ARTUR.

Il faut qu'elle se sépare de lui nécessairement.

Mme JEFFRE.

Mais ne pourrait-il pas.....?

ARTUR.

Quoi faire ?

Mme JEFFRE.

L'épouser ?

ARTUR (1).

Madame Jeffre, ces sentimens-là sont indignes de

---

philosophe à sa manière, il a bien fallu affaiblir nécessairement, dénaturer même quelquefois les traits principaux du caractère original. Nous en avons vu déjà un exemple, et nous en retrouverons encore. Ce qu'Artur dit ici à *Jeffre*, dans *Goldoni*, est le langage d'un

di voi. Se amate il vostro padrone, non fate sì poco conto dell' onor suo.

M^{ma} JEURE.

Ma, ha da morir dal dolore?

ARTUR.

Sì, piuttosto morire, che sagrificare il proprio decoro. (*Parte.*)

M^{ma} JEURE (*solo.*)

Che s'abbia a morire per salvar l'onore, l'intendo; ma che sia disonore sposare una povera ragazza onesta, non la capisco. Io ho sentito dir tante volte, che il mondo sarebbe più bello, se non l'avessero guastato gli uomini, li quali per cagione della superbia, hanno sconcertato il bellissimo ordine della natura. Questa madre commune ci considera tutti eguali, e l'alterigia de i grandi non si degna de i piccoli. Ma verrà un giorno, che de i piccoli, e de i grandi si farà novamente tutta una pasta. (*Parte.*)

SCENA IV.

ANDREUVE, PAMELA.

PAMELA.

Oh caro padre, quanta consolazione voi mi recate!

ANDREUVE.

Ah, Pamela! sento ringiovenirmi nel rivederti.

---

honête homme, d'un ami vrai, qui ne voit, qui ne cherche et ne désire que le bonheur de son ami, et qui voudrait que tout le monde y contribuât avec lui. Dans la pièce Française, au contraire, ce n'est plus qu'un homme faible, qui sacrifie volontiers son opinion, son rang, sa dignité; et qui trouverait tout naturel que *Bonfil* épousât une servante, (car enfin Paméla n'est que cela encore à ses yeux) s'il n'avait à redouter l'orgueil de ses parens, et leur juste respect pour un nom qu'ils craignent de voir avili.

vous. Si vous aimez véritablement votre maître, faites un peu plus de cas de son honneur.

Mme JEFFRE.

Mais il va mourir de douleur.

ARTUR.

Eh bien ! mourir plutôt cent fois, que de sacrifier son honneur. (*Il sort.*)

Mme JEFFRE (*seule.*)

Mourir pour sauver son honneur ; je comprends cela à merveille ; mais qu'il se déshonore en épousant une fille pauvre, mais honnête, c'est ce que je ne vois pas du tout. J'ai entendu dire si souvent que le monde serait bien beau, si les hommes ne l'eussent pas gâté : c'est leur orgueil qui a renversé l'ordre superbe établi par la nature. Ne sommes-nous pas tous égaux aux yeux de cette mère commune ? et, malgré cela, la fierté des grands ne compte pour rien les petits. Mais un jour viendra que l'on ne fera plus qu'une seule et même pâte des grands et des petits.

SCÈNE IV.

ANDREUSS (1), PAMÉLA.

PAMÉLA.

Père chéri ! quelle consolation vous m'apportez !

ANDREUSS.

Ah ! Paméla ! je me sens renaître en te voyant.

---

(1) Cette arrivée du père de Paméla n'est point préparée, et a été à peine annoncée au commencement du premier acte ; encore, n'était-ce qu'une faible espérance dont se flattait *Paméla*. Il y a long-temps que le spectateur a perdu cela de vue ; et il faut nécessairement que l'intrigue d'une pièce, que les ressorts qui la dirigent, que la marche même des personnages n'aient rien d'obscur pour lui.

L'auteur de la Paméla Française a obvié à cet inconvénient, en introduisant son *Andreuss* dès la fin du troisième acte.

PAMELA.

Che fa la mia cara madre?

ANDREUVE.

Soffre con ammirabile costanza i disagj della povertà, e quelli della vecchiezza.

PAMELA.

E' ella assai vecchia?

ANDREUVE.

Guardami. Son' io vecchio? Siamo d' età conformi, se non che prevale in me un non so che di virile, che manca in lei. Io ho fatto venti miglia in due giorni. Ella non li farebbe in un mese.

PAMELA.

Oh Dio! siete venuto a piedi?

ANDREUVE.

E come poteva io venire altrimenti? Calessi lassù non si usano: montar a cavallo non posso più. Sono venuto a mio bell' agio, e certo il desìo di rivederti m' ha fatto fare prodigj.

PAMELA.

Ma voi sarete assai stanco; andate per pietà a riposare.

ANDREUVE.

No, figlia, non sono stanco. Ho riposato due ore prima d' entrare in Londra.

PAMELA.

Perchè differirmi due ore il piacere d' abbracciarvi?

ANDREUVE.

Per reggere con più lena alla forza di quella gioja, che prevedeva dover provare nel rivederti.

PAMELA.

Quanti anni sono, che vivo da voi lontana?

PAMÉLA.

Que fait ma tendre mère ?

ANDREUSS.

Elle supporte avec une constance admirable les désagrémens de la pauvreté et ceux de la vieillesse.

PAMÉLA.

Elle est déjà si avancée en âge !

ANDREUSS.

Regarde-moi ; suis-je vieux ? Eh bien ! nous sommes du même âge, à l'exception de cette force qui caractérise l'homme, et que ta mère n'a pas. J'ai fait vingt milles en deux jours ; elle ne le ferait pas en un mois.

PAMÉLA.

Oh dieu ! vous êtes venu à pied ?

ANDREUSS.

Eh ! comment, dis-moi, pouvais-je venir autrement ? on ne peut se servir de voitures sur nos montagnes, et je ne monte plus à cheval. Je suis venu à mon aise, je t'en réponds, et certes le désir de te revoir m'a fait faire des prodiges.

PAMÉLA.

Mais vous devez être bien fatigué ; de grace, allez-vous reposer.

ANDREUSS.

Non, ma fille, non, je ne suis point fatigué. Je me suis reposé deux heures avant d'entrer à Londres.

PAMÉLA.

Pourquoi différer de deux heures pour moi le plaisir de vous embrasser ?

ANDREUSS.

Pour me préparer à résister aux transports de joie que je savais bien devoir éprouver en te revoyant.

PAMÉLA.

Combien y a-t-il d'années que je vis loin de vous ?

ANDREUVE.

Ingrata! Tu me lo chiedi? Segno, che poca pena ti è costata la lontananza de' tuoi genitori. Sono dieci anni, due mesi, dieci giorni, e tre ore dal fatal punto, che da noi ti partisti. Se far tu sapessi il conto quanti sono i minuti, che compongono un sì gran tempo, sapresti allora quanti sieno stati li spasimi di questo cuore, per la tua lontananza.

PAMELA.

Deh, caro padre, permettetemi, ch'io vi dica non aver' io desiderato lasciarvi; non aver io ambito di cambiare la selva in una gran città; e che carissimo mi saria stato il vivere accanto a voi col dolce impiego di soccorrere a i bisogni della vostra vecchiezza.

ANDREUVE.

Sì, egli è vero. Io sono stato, che non soffrendo vederti a parte delle nostre miserie, ti ho procurata una miglior fortuna.

PAMELA.

Se il cielo mi ha fatta nascer povera, io poteva in pace soffrire la povertà.

ANDREUVE.

Ah, figlia, figlia, tutto a te non è noto. Quando da noi partisti, non eri ancor in età di confidarti un arcano.

PAMELA.

Oh cieli! Non sono io vostra figlia?

ANDREUVE.

Sì, lo sei per grazia del cielo.

PAMELA.

Vi sembra ora, ch'io sia in età di essere a parte di sì grande arcano?

ANDREUVE.

La tua età, la tua saviezza, di cui sono a mia consolazione informato, esigono, ch'io te lo sveli.

ANDREUSS.
Tu me le demandes, ingrate! triste preuve, hélas! qu'il t'en coûte bien peu d'être éloignée de nous! Dix ans, deux mois, dix jours et trois heures se sont écoulés depuis l'instant fatal que tu t'es séparée de nous. Si tu sais calculer le nombre des minutes qui composent un pareil intervalle, tu sauras alors ce que mon cœur a éprouvé d'angoisses loin de toi.

PAMÉLA.
Ah! mon père, permettez-moi de vous dire que je n'ai point désiré de vous quitter, que je n'ai point eu l'ambition d'abandonner le séjour des forêts pour celui des villes, et que mon vœu le plus cher sera toujours de vivre auprès de vous, avec le doux emploi de soulager les besoins de votre vieillesse.

ANDREUSS.
Oui, j'en conviens. C'est moi qui, ne pouvant te voir partager notre misère, t'ai procuré un sort plus heureux.

PAMÉLA.
Puisque le ciel m'a fait naître pauvre, j'aurais supporté sans murmure le joug de la pauvreté.

ANDREUSS.
Ah, ma fille! ma fille, tu ne connais pas tout ton sort. Quand tu nous quittas, la faiblesse de ton âge ne permettait pas encore de te confier un secret.

PAMÉLA.
Oh, ciel! ne suis-je point votre fille?

ANDREUSS.
Tu l'es, graces au ciel.

PAMÉLA.
Me trouvez-vous maintenant digne de votre confiance?

ANDREUSS.
Ton âge, ta sagesse qui font toute ma consolation, exigent que je te révèle un secret important.

PAMELA.

Deh fatelo subitamente; fatelo per pietà; non mi tenete più in pena.

ANDREUVE.

Ah, ah Pamela! Tu sei una virtuosa fanciulla, ma circa la curiosità, sei donna come le altre.

PAMELA.

Perdonatemi; non ve lo chiedo mai più.

ANDREUVE.

Povera ragazza! Sei pur buona! Sì cara, te lo dirò. Quante volte mi ha stimolato a farlo il mio rimorso, e la tua cara madre! Ma ogni giorno la povera vecchierella, il famiglio, la mandra, il gregge avean, bisogno di me. Ora ch' è morta la tua padrona, che qui non devi restare con un padrone, che non ha moglie; che deggio ricondurti al mio rustico albergo, voglio prima di farlo svelarti chi son' io, chi tu sei; acciò nella vita misera, ch' io ti propongo di eleggere per sicurezza della tua onestà, abbia merito ancora la tua virtù.

PAMELA.

Oimè! Voi mi preparate l'animo a cose strane.

ANDREUVE.

Sì, strane cose udirai, la mia adorata Pamela.

PAMÉLA.

Ah! parlez, mon père! parlez; au nom du ciel, ne me faites pas languir plus long-temps.

ANDREUSS.

Ah, Paméla! Paméla, tu es une vertueuse enfant; mais sur l'article de la curiosité, tu es femme comme les autres.

PAMÉLA.

Pardon : je ne demande plus rien.

ANDREUSS.

Pauvre enfant! tu as un excellent cœur! oui, ma fille, oui, je te dirai tout. Combien de fois mes remords et ta mère m'ont engagé à le faire! Mais chaque jour, hélas! ma vieille compagne, mon petit intérieur, ma ferme réclamaient tous mes soins. Aujourd'hui que ta maîtresse n'est plus, que tu ne peux décemment rester avec un homme qui n'est point marié, que je te dois enfin reconduire sous mon toit champêtre, je veux avant tout t'apprendre qui je suis, qui tu es, afin que dans le sein même de l'indigence que je t'engage à choisir pour la sureté de ton honneur, ta vertu ait encore un mérite de plus.

PAMÉLA.

Dieu! que vous préparez mon cœur à d'étranges récits.

ANDREUSS.

Oui, fille adorée! tu entendras en effet des choses bien étranges.

SCENA V.

DETTI, Milord BONFIL.

PAMELA.

Ecco il Padrone.

ANDREUVE.

Signore.....

BONFIL.

Siete voi il genitor di Pamela?

ANDREUVE.

Sì, Signore, sono il vostro servo Andreuve.

BONFIL.

Siete venuto per rivedere la figlia?

ANDREUVE.

Per rivederla pria di morire.

BONFIL.

Per rivederla, e non altro?

ANDREUVE.

E meco ricondurla a consolar sua madre.

BONFIL.

Questo non si può fare senza di me.

ANDREUVE.

Appunto per questo io sospirava l'onore d'essere a vostri piedi.

BONFIL.

Qual ragione vi spinge a volervi ripigliare la figlia?

ANDREUVE.

Siamo assai vecchj; abbiamo necessità del suo ajuto.

SCÈNE V.

Les Mêmes, Mylord BONFIL.

PAMÉLA.

Voila Mylord.

ANDREUSS.

Monsieur.....

BONFIL.

C'est vous qui êtes le père de Paméla ?

ANDREUSS.

Oui, Monsieur ; Andreuss pour vous servir.

BONFIL.

Vous êtes venu pour revoir votre fille ?

ANDREUSS.

Pour l'embrasser avant de mourir.

BONFIL.

Pour l'embrasser, et rien de plus ?

ANDREUSS.

Et l'emmener avec moi consoler sa mère.

BONFIL.

Cela ne se peut sans mon consentement.

ANDREUSS.

Aussi est-ce pour obtenir cette grace, qu'il me tardait de me voir à vos pieds.

BONFIL.

Quel motif vous engage à reprendre votre fille ?

ANDREUSS.

Nous sommes vieux ; nous avons besoin de son aide.

BONFIL.
Pamela, ritirati.
PAMELA.
Obbedisco. (*Da se.*) Io parto, e questi due, che restano, hanno il mio cuore, la metà per uno. (*Parte.*)

SCENA VI.

Milord BONFIL, ANDREUVE, poi ISACCO.

BONFIL.

EHI! (*Chiama Isacco, il quale subito comparisce.*) Da sedere. (*Isacco porta una sedia.*) Un' altra sedia. (*Ne porta un' altra, poi parte.*) Voi siete assai vecchio, sarete stanco. Sedete.
ANDREUVE.
Il cielo vi rimuneri della vostra pietà. (*Siedono.*)
BONFIL.
Siete voi un uomo sincero?
ANDREUVE.
Perchè son sincero, son povero.
BONFIL.
Ditemi, qual' è la vera ragione, che vi sprona a domandarmi Pamela?

---

(1) BONFIL.
Eh bien! qui vous engage
A mener Paméla dans un pays sauvage?
ANDREUSS.
Sans vous rien déguiser, Mylord, je le dirai:
Sa gloire pour un père est un objet sacré.
BONFIL.
Sa gloire! entre mes mains est-elle hasardée?
ANDREUSS.
Hélas! de vos vertus le monde a-t-il l'idée?
BONFIL.
Eh! quo prétendez-vous qu'elle fasse au hameau?

BONFIL.
Paméla, retirez-vous.
PAMÉLA.
J'obéis. (*A part.*) Je pars, et je laisse ici mon cœur partagé entre deux mortels qui me sont bien chers. (*Elle sort.*)

SCÈNE VI.

Mylord BONFIL, ANDREUSS, ensuite ISAC.

BONFIL.

Hola! (*Isac entre*) des siéges. (*Isac apporte un fauteuil.*) Un autre. (*Il l'apporte et se retire.*) Vous êtes vieux, fatigué sans doute ; asseyez-vous.
ANDREUSS.
Le ciel vous récompense de votre bonté. (*Ils s'asseyent.*)
BONFIL.
Êtes-vous sincère ?
ANDREUSS.
Monsieur, je ne serais pas pauvre sans cela.
BONFIL (1).
Dites-moi : quel est le véritable motif qui vous engage à me demander Paméla ?

ANDREUSS.
Elle aidera sa mère à soigner mon troupeau,
Travaillera pour nous ; et sa tendre jeunesse
Pourra de quelques fleurs semer notre vieillesse.
BONFIL.
La pauvre Paméla ! quels revers accablans !
N'a-t-elle tant d'esprit, d'attraits et de talens,
Que pour être en vos champs tristement confinée !
Sa vertu méritait une autre destinée, etc.
(*Acte IV, Sc. XII.*)

ANDREUVE.

Signore, ve lo dirò francamente. Il zelo della di lei onestà.

BONFIL.

Non è ella sicura nelle mie mani?

ANDREUVE.

Tutto il mondo non sarà persuaso della vostra virtù.

BONFIL.

Che pretendete, ch' ella abbia a fare presso di voi?

ANDREUVE.

Assistere alla vecchierella sua madre. Preparere il cibo alla piccola famigliuola, tessere, lavorare, e viver in pace, e consolarci negli ultimi periodi di nostra vita.

BONFIL.

Sventurata Pamela! Avrà ella imparate tante belle virtù per tutte nell' obblìo seppellirle? Per confinarsi in un bosco?

ANDREUVE.

Signore, la vera virtu si contenta di se medesima.

BONFIL.

Pamela non è nata per tessere, non è nata per il vile esercizio della cucina.

ANDREUVE.

Tutti questi esercizj, che non offendono l' onestà, sono adattabili alle persone onorate.

BONFIL.

Ella ha una mano di neve.

ANDREUVE.

Il fumo della città può renderla nera più del sol li campagna.

BONFIL.

E' debole, è delicata.

ANDREUSS.

COMÉDIE.

ANDREUSS.

Je vous le dirai franchement ; c'est mon zèle pour son honneur

BONFIL.

N'est-il pas en sûreté dans mes mains ?

ANDREUSS.

Tout le monde, Monsieur, ne peut pas être convaincu de votre honnêteté.

BONFIL.

Eh ! quelles seront auprès de vous ses occupations ?

ANDREUSS.

De seconder sa vieille mère, de préparer la nourriture à la petite famille, de travailler, de vivre en paix, de nous consoler enfin dans les derniers momens de notre vie.

BONFIL.

Malheureuse Paméla ! N'a-t-elle acquis tant de vertus aimables, que pour les ensevelir toutes dans l'oubli, pour les confiner dans un bois !

ANDREUSS.

Monsieur, la vraie vertu se contente d'elle-même.

BONFIL.

Paméla n'est pas née pour filer, ni pour le vil exercice de la cuisine.

ANDREUSS.

Tous les exercices qui ne blessent point l'honneur, peuvent convenir aux personnes honnêtes.

BONFIL.

Sa main est blanche comme la neige !

ANDREUSS.

La fumée des villes peut la brunir plus que le soleil de la campagne.

BONFIL.

Elle est faible, délicate.

Tome I.

ANDREUVE.

Co i cibi innocenti farà maggior digestione.

BONFIL.

Buon vecchio, venite voi colla vostra moglie ad abitare in città.

ANDREUVE.

L'entrate mie non mi basterebbero per quattro giorni.

BONFIL.

Avrete il vostro bisogno.

ANDREUVE.

Con qual merito?

BONFIL.

Con quello di vostra figlia.

ANDREUVE.

Tristo quel padre, che vive sul merito della figlia!

BONFIL.

Mia madre mi ha raccomandata Pamela.

ANDREUVE.

Era una dama piena di carità.

BONFIL.

Io non la deggio abbandonare.

ANDREUVE.

Siete un cavaliere generoso.

BONFIL.

Dunque resterà meco.

ANDREUVE.

Signore, potete dare a me quello, che avete intenzione di dare a lei.

BONFIL.

Sì, lo farò. Ma voi me la volete fare sparire dagli occhi.

COMÉDIE.
ANDREUSS.
Des mets innocens lui procureront de meilleures digestions.
BONFIL.
Bon vieillard! venez habiter la ville avec votre épouse.
ANDREUSS.
Mes revenus ne m'y suffiraient pas pour quatre jours.
BONFIL.
Vous n'y éprouverez aucun besoin.
ANDREUSS.
Eh! qui y pourvoira?
BONFIL.
Le mérite de votre fille.
ANDREUSS.
Ah! malheureux le père qui subsiste d'un tel produit.
BONFIL.
Ma mère m'a recommandé Paméla.
ANDREUSS.
C'était une dame si pleine de bontés!
BONFIL.
Je ne la dois point abandonner.
ANDREUSS.
Vous êtes bien généreux.
BONFIL.
Il faut donc qu'elle reste avec moi.
ANDREUSS.
Monsieur peut me remettre ce qu'il avait intention de lui donner.
BONFIL.
Je le ferai. Mais vous voulez priver mes yeux du plaisir de la voir.

ANDREUVE.
Perchè farla sparire? io intendo condurla meco con tutta la possibile convenienza.
BONFIL.
Trattenetevi qualche giorno.
ANDREUVE.
La mia vecchierella mi aspetta.
BONFIL.
Andrete quando ve lo dirò.
ANDREUVE.
Son due giorni, ch'io manco; se due ne impiego al ritorno, sarà anche troppo per me.
BONFIL.
Io non merito, che mi trattiate sì male.
ANDREUVE.
Signore....
BONFIL.
Non replicate. Partirete quando vorrò.
ANDREUVE.
Questi peli canuti possono di voi ottenere la grazia di potervi liberamente parlare?

---

(1) ANDREUSS.
Ces cheveux blancs, Mylord, ont-ils le privilége
D'excuser à vos yeux la libre vérité!
BONFIL.
Oui; je fais cas sur-tout de la sincérité.
ANDREUSS.
Ah! Mylord, je vois trop qu'il ne reste aucun doute
Sur ce que je craignais, et qu'on m'a dit en route.
BONFIL.
Eh! que vous a-t-on dit!
ANDREUSS.
                Que ma fille est l'objet
De votre amour.

ANDREUSS.

Comment cela ? J'entends la conduire chez moi avec toute la convenance possible.

BONFIL.

Restez ici quelques jours.

ANDREUSS.

Mon épouse m'attend.

BONFIL.

Vous partirez quand je vous le dirai.

ANDREUSS.

Voilà déjà deux jours d'absence ; si j'en employe deux encore à mon retour, ce sera trop pour moi.

BONFIL.

Je ne mérite pas que vous me traitiez avec cette rigueur.

ANDREUSS.

Monsieur....

BONFIL.

Ne me répliquez point. Vous partirez quand je voudrai.

ANDREUSS (1).

Ces cheveux blancs peuvent-ils se flatter d'obtenir de vous la grâce de parler franchement ?

BONFIL.
Souvent on parle sans sujet....
Quoiqu'il en soit, Andreuss, votre fille est honnête.
Bien loin de me flatter d'avoir fait sa conquête,
Je sais qu'elle mourrait avant de consentir
A rien dont elle dût jamais se repentir.

ANDREUSS.
O sage Paméla ! seul trésor de ta mère !
Cher et dernier espoir de ton malheureux père !
Que je suis consolé d'apprendre tes vertus !
Ah ! Mylord, au danger ne l'exposez donc plus.
Assurez son repos, en daignant me la rendre.
C'est mon bien, permettez que j'ose le reprendre.

(*Acte IV, Sc. XII.*)

BONFIL.
Sì, io amo la sincerità.
ANDREUVE.
Ah Milord! Temo sia vero quello, che per la via mi fu detto, e che il mio cuore anche di lontano mi presagiva.
BONFIL.
Spiegatevi.
ANDREUVE.
Che voi siate invaghito della mia povera figlia.
BONFIL.
Pamela ha negli occhi due stelle.
ANDREUVE.
Se queste stelle minacciano tristi influssi alla di lei onestà, sono pronto a strapargliele colle mie mani.
BONFIL.
Ella è una virtuosa fanciulla.
ANDREUVE.
Se così è, voi non potrete lusingarvi di nulla.
BONFIL.
Son certo, che morirebbe pria di macchiare la sua innocenza.
ANDREUVE.
Cara Pamela! unica consolazione di questo misero antico padre! Deh, Signore, levatevi dagli occhi un pericolo; ponete in sicuro la di lei onestà; datemi la mia figlia, come l'ebbe da noi la vostra defunta madre.
BONFIL.
Ah troppo ingrata è la sorte col merito di Pamela.
ANDREUVE.
S'ella merita qualche cosa, il cielo non la lascerà in abbandono.

COMÉDIE.
BONFIL.
Oui ; j'aime la franchise.
ANDREUSS.
Ah ! Mylord. Je crains bien que ce qui m'a été dit sur la route, et que mon cœur présageait de loin, ne soit malheureusement trop vrai.
BONFIL.
Expliquez-vous.
ANDREUSS.
On m'a dit que Mylord était épris de ma pauvre fille.
BONFIL.
Les yeux de Paméla sont deux astres.
ANDREUSS.
Ah ! si ces astres prétendus menacent son honneur d'une triste influence, je me sens capable de les lui arracher de mes propres mains.
BONFIL.
C'est une bien vertueuse enfant.
ANDREUSS.
S'il en est ainsi, vos espérances seront vaines.
BONFIL.
Je suis sûr qu'elle mourrait plutôt que de porter à son innocence la plus légère atteinte.
ANDREUSS.
O ma Paméla ! chère et unique consolation de ton vieux et malheureux père ! Ah ! Monsieur, dérobez-vous au danger : mettez son honneur en sureté ; rendez-moi ma fille telle que votre mère la reçut de nos mains !
BONFIL.
Ah ! le sort est trop injuste envers Paméla.
ANDREUSS.
Si elle mérite quelque chose, le ciel ne l'abandonnera pas.

BONFIL.

Quanto cambierei volentieri questo gran palazzo con una delle vostre capanne!

ANDREUVE.

Par qual ragione?

BONFIL.

Unicamente per isposare Pamela.

ANDREUVE.

Siete innamorato a tal segno?

BONFIL.

Sì, non posso vivere senza di lei.

ANDREUVE.

Il cielo mi ha mandato in tempo per riparare a i disordini della vostra passione.

BONFIL.

Ma se non mi lice sposar Pamela, giuro al cielo altra donna non prenderò.

ANDREUVE.

Lascerete estinguer la vostra casa?

BONFIL.

Sì per accrescere a mio dispetto il trionfo degl' indiscreti congiunti.

ANDREUVE.

E se fosse nobile Pamela, non esistereste a sposarla?

BONFIL.

Lo farei prima della notte vicina.

ANDREUVE.

Eh Milord, ve ne pentireste. Una povera, ancorchè fosse nobile, non la riputereste degna di voi.

BONFIL.

La mia famiglia non ha bisogno di dote.

COMÉDIE.

BONFIL.

Avec quel plaisir j'échangerais ce palais magnifique contre une de vos chaumières !

ANDREUSS.

Pourquoi, Mylord ?

BONFIL.

Uniquement pour épouser Paméla.

ANDREUSS.

Vous l'aimeriez à ce point ?

BONFIL.

Oui ; il m'est impossible désormais de vivre sans elle.

ANDREUSS.

Le ciel m'envoie bien à propos pour arrêter les suites funestes de votre passion.

BONFIL.

S'il ne m'est pas permis d'épouser Paméla, je jure bien de ne prendre jamais une autre épouse.

ANDREUSS.

Vous laisseriez périr votre nom ?

BONFIL.

Oui, pour ajouter, en dépit de moi, au triomphe d'une indiscrette famille.

ANDREUSS.

Et si Paméla était noble, vous n'hésiteriez donc pas à l'épouser ?

BONFIL.

Cela serait terminé dès ce soir.

ANDREUSS.

Ah ! Mylord, vous vous en repentiriez bientôt. Quoique noble, une fille sans bien ne vous paraîtrait pas digne de vous.

BONFIL.

Ma famille n'a pas besoin de dot.

ANDREUVE.
Siete ricco, ma chi più ha, più desidera.
BONFIL.
Voi non mi conoscete.
ANDREUVE.
Dunque la povertà in Pamela non vi dispiace?
BONFIL.
Anzi le accresce il merito dell' umiltà.
ANDREUVE (*da se.*)
Cielo, che mi consigli di fare?
BONFIL.
Che dite fra di voi?
ANDREUVE.
Per carità lasciatemi pensare un momento.
BONFIL.
Sì pensate.
ANDREUVE (*da se.*)
Se la sovrana pietà del cielo offre a Pamela una gran fortuna, sarò io così barbaro per impedirla?
BONFIL (*da se.*)
Combatte in lui la pietà, come in me combatte l' amore.
ANDREUVE (*da se.*)
Orsù si parli, e sia di me, e sia di Pamela, ciò che destinano i numi. (*Si alza da sedere, e con istento s' inginocchia.*) Signore, eccomi a' vostri piedi.
BONFIL.
Che fate voi?
ANDREUVE.
Mi prostro per domandarvi soccorso.

ANDREUSS.

Vous êtes riche : mais plus on possède de biens, plus on en veut posséder.

BONFIL.

Vous me connaissez mal.

ANDREUSS.

Ainsi la pauvreté de Paméla ne serait point un obstacle ?

BONFIL.

Elle augmente encore en elle le mérite de l'humilité.

ANDREUSS. (*à part.*)

O ciel ! que ferai-je ?

BONFIL.

Que dites-vous ?

ANDREUSS.

De grace, Monsieur, un moment de réflexion.

BONFIL.

Réfléchissez.

ANDREUSS (*à part.*)

Si la bonté souveraine du ciel offre une grande fortune à Paméla, serai-je assez barbare pour l'en priver ?

BONFIL (*à part.*)

Il est combattu par la tendresse ; je le suis par l'amour.

ANDREUSS (*à part.*)

Allons ; qu'il arrive de moi et de Paméla ce que le ciel en ordonnera, parlons. (*Il se lève et se jette aux genoux de Bonfil.*) Mylord, vous me voyez à vos pieds.

BONFIL.

Que faites-vous ? ô ciel !

ANDREUSS.

J'implore et j'attends votre secours.

BONFIL.

Sedete.

ANDREUVE.

Vorrei svelarvi un arcano, ma può costarmi la vita.

BONFIL.

Fidatevi della mia parola.

ANDREUVE.

A voi mi abbandono, a voi mi affido. Andreuve non è il nome della mia casa. Io sono un ribelle della corona Britanna, son il conte Auspingh, non ultimo fra le famiglie di Scozia.

BONFIL.

Come! Voi il conte Auspingh?

ANDREUVE.

Sì Milord, trent' anni or sono, che nell' ultime

---

(1) BONFIL.

Le capitaine Auspingh! ce fameux Ecossais?

ANDREUSS.

Fameux par des revers, plus que par des succès.
Je fus, bien jeune encor, dans une longue guerre,
L'un des premiers auteurs des troubles d'Angleterre;
Et je prouvai du-moins qu'un simple roturier
Peut de Mars comme un autre obtenir le laurier.

L'auteur a, comme on voit, substitué au comte d'Auspingh, à un homme de la première distinction, un brave et vieux militaire, qui n'est point noble à la vérité, mais qui s'est long-temps distingué par sa valeur, et qui a sauvé les jours du père de Bonfil ; c'est un intérêt de plus répandu sur ce personnage, et ce changement est en général très-heureux. Quelles que soient les raisons alléguées par *Goldoni* dans la préface italienne, il n'en est pas moins vrai que le but moral et vraiment philosophique de la pièce disparait entièrement, dès l'instant que *Bonfil*, en épousant *Paméla*, ne fait plus qu'un mariage assorti de toutes les manières, et contre lequel il n'y

COMÉDIE.

BONFIL.

Asseyez-vous.

ANDREUSS.

Je voudrais vous dévoiler un secret; mais il peut me coûter la vie.

BONFIL.

Vous pouvez compter sur ma parole.

ANDREUSS.

Je m'abandonne, je me livre à vous. Andreuss n'est point mon nom : je suis un malheureux coupable de rebellion envers l'état, le comte Auspingh, qui tient un rang distingué dans la noblesse d'Ecosse.

BONFIL (1).

Quoi! vous le comte Auspingh!

ANDREUSS.

Oui, Mylord. Il y a trente ans à présent que dans les dernières révolutions de l'Angleterre, j'ai levé le premier l'étendart de la révolte. Quelques-uns de mes complices furent pris et décapités : d'autres

---

a plus d'objection : ce n'est plus la *vertu* qu'il *récompense ;* c'est le hasard heureux de se trouver tout-à-coup la fille d'un homme de qualité. L'auteur anglais, et *Voltaire*, dans sa *Nanine*, se sont bien gardés d'affaiblir ainsi la leçon qu'ils se proposaient de donner. Andreuss continue :

> Vainqueur, je fus humain, et sus me faire aimer :
> Vaincu, je me fis craindre, et me fis estimer.
> Mais le sort nous trahit : la victoire inconstante,
> Sur le trône a fixé la ligue protestante.
> De mes amis, plusieurs sur l'échafaud sont morts.
> D'autres chez l'étranger se sauvèrent alors.
> Ces émigrans voulaient m'engager à les suivre :
> Mais hors de son pays, malheur à qui peut vivre !
> Dans sa patrie, hélas ! quoiqu'on puisse souffrir,
> Ah ! c'est où l'on naquit, c'est là qu'il faut mourir.

Rien de mieux sans doute ; rien de plus louable que cette maxime, dont l'application est sensible, et devrait être générale. Mais lorsque, par un renversement inconcevable d'idées, c'est la patrie dénaturée qui s'arme elle-même contre ses enfans, qui en proscrit une partie qu'elle abandonne aux poignards de l'autre; dans ce cas, qui malheureusement n'est pas une supposition, doit-on, peut-on même décemment crier anathème *à qui peut vivre hors de son pays !*

revoluzioni d' Inghilterra sono stato uno de' primi sollevatori del regno. Altri de' miei compagni furono presi, e decapitati; altri fuggirono in paesi stranieri. Io mi rifugiai nelle più deserte montagne, ove con quell' oro, che potei portar meco, vissi sconosciuto, e sicuro. Sedati dopo dieci anni i tumulti, cessate le persecuzioni, calai dall' altezza de' monti, e scesi al colle men aspro, e men disastroso, ove, con gli avanzi di alcune poche monete comprai un pezzo di terra, da cui coll' ajuto delle mie braccia il vitto per la mia famiglia raccolgo. Mandai sino in Iscozia ad offerire alla mia moglie la metà del mio pane, ed ella ha preferito un marito povero a' suoi doviziosi parenti, ed è venuta a farmi sembrare assai bella la pace del mio ritiro. Ella dopo due anni diede alla luce una figlia, e questa è la mia adorata Pamela. Miledi vostra madre, che villeggiava sovente co' suoi congiunti poco lungi da noi, me la chiese in età di dieci anni. Figuratevi con qual ripugnanza mi lasciai staccare dal seno l' unica cosa, che di prezioso abbia al mondo; ma il rimorso di dover allevare una figlia nobile vilanamente nel bosco m' indusse a farlo; ed ora lo stesso amore, che ho per essa, e le belle speranze suggeritemi dalla vostra pietà, m' obbligano a svelare un arcano sin ora con tanta gelosìa custodito, e che' se penetrato fosse anche in oggi dal partito del re, non mi costerebbe nulla men della vita. Un unico amico io aveva in Londra, il quale tre mesi sono morì. Ora in voi unicamente confido; in voi, Milord, che siete cavaliere, e che spero avrete quella pietà per il padre, che mostrate aver per la figlia.

BONFIL. (*chiama.*)

Ehi! (*ad Isacco*) Di' a Pamela, che venga subito. Va poscia da miledi Daure, e dille, che se può, mi favorisca di venir qui.

(*Isacco parte.*)

cherchèrent un asile dans l'étranger. Je me réfugiai dans les montagnes les plus désertes, où, par le moyen du peu d'argent que j'avois emporté, je vécus dans une heureuse obscurité. Dix ans après, les troubles s'appaisèrent, les persécutions s'éteignirent ; je quittai alors la cime des monts ; je descendis sur une colline moins âpre, moins sauvage ; et, de l'argent qui me restait, j'achetai un morceau de terre que mes mains cultivent et qui suffit à l'existence de ma famille. J'envoyai en Ecosse ; j'offris à mon épouse de partager le pain que je recueillais. Elle a préféré courageusement un mari pauvre au luxe où elle vivait chez ses parens ; elle est venue, et sa présence a embelli ma tranquille retraite. Deux ans après, elle donna le jour à une fille, et c'est mon adorable Paméla. Myladi votre mère, qui venait souvent jouir dans notre voisinage du plaisir de la campagne avec sa famille, me demanda ma fille, âgée alors de dix ans seulement. Figurez-vous, Mylord, avec quelle répugnance je laissai sortir de mes bras le seul trésor qui me restât sur la terre ! Mais le regret de donner, dans les bois, une éducation grossière à une fille d'un sang si noble, me détermina à la laisser partir. Aujourd'hui, l'amour que j'ai pour elle, les douces espérances dont me flatte votre bonté, tout me fait une loi de vous dévoiler un secret gardé jusqu'ici avec tant de soin, et qui, connu aujourd'hui même encore des partisans de la royauté, ne me coûterait rien moins que la vie. J'avais à Londres un ami qui est mort depuis trois mois. Toute ma confiance désormais repose en vous ; en vous qui êtes gentilhomme, et qui aurez, je l'espère, pour un père malheureux les bontés que vous daignez témoigner à sa fille.

BONFIL (*appelle.*)

Hola ! (*Isac entre.*) Dites à Paméla qu'elle vienne ici sur le champ. Vous irez ensuite chez myladi Daure, et vous la prierez de me faire, s'il est possible, le plaisir de se rendre chez moi. (*Isac sort.*)

PAMÉLA,

ANDREUVE.

Signore, voi non dite nulla!

BONFIL.

Vi risponderò brevemente. Il vostro ragionamento mi ha consolato. Prendo l'impegno di rimettervi in grazia del nostro re ; e la vostra Pamela, e la mia cara Pamela sarà mia sposa.

---

(1) BONFIL.

Avec vous cependant il faut que je m'explique.
Vous fûtes un des chefs du parti catholique,
L'un des plus acharnés contre les protestans,
Et votre fille ici, dès ses plus jeunes ans,
Bien loin de partager les préjugés d'un père,
Parut toujours soumise aux lois de l'Angleterre.

ANDREUSS.

Mylord, il est très-vrai : contre les réformés,
Par un zèle fougueux mes bras furent armés.
Je croyais venger Dieu ! mais dans ma solitude,
L'âge, l'expérience, une tardive étude,
Ont dessillé mes yeux ; j'ai connu mon erreur,
Et j'ai de nos chrétiens détesté la fureur.
L'on fit Dieu trop long-temps à l'image de l'homme.
De courageux esprits, bravant Genève et Rome,
Ont enfin démasqué le fanatisme affreux,
Et quiconque sait lire, est éclairé par eux.
Il n'est plus d'ignorant que celui qui veut l'être.
L'erreur avait fondé la puissance du prêtre,
Mais sur l'homme crédule, un empire usurpé
Doit cesser aussitôt que l'homme est détrompé.
L'Angleterre l'éprouve, et des sectes rivales,
Elle oublie aujourd'hui les discordes fatales.
Chacun prie à son gré ; les amis, les parens
Suivent, sans disputer, des cultes différens.
Ma femme est protestante ; et dans votre croyance
Elle a de Paméla nourri la tendre enfance.
Lorsque j'obtins sa main, ce point lui fut promis :
Je crus que, sans scrupule, il pouvait être admis.
Eh ! qu'importe qu'on soit protestant ou papiste !
Ce n'est pas dans les mots que la vertu consiste.
Pour la morale, au fond, votre culte est le mien :
Cette morale est tout, et le dogme n'est rien.
Ah ! les persécuteurs sont les seuls condamnables,
Et les plus tolérans, sont les plus raisonnables.

ANDREUSS.

COMÉDIE.

ANDREUSS.

Mylord, vous ne répondez rien ?

BONFIL (1).

Je vais vous répondre en deux mots. Votre récit a porté la consolation dans mon ame. Je prends avec vous l'engagement sacré de vous remettre en grâce avec le Prince ; et votre Paméla, ma chère Paméla sera mon épouse.

BONFIL.

Tous les honnêtes gens sont d'accord là-dessus.
Vos principes un jour par-tout seront reçus....., etc.

Voilà donc où conduit l'ambition, et, disons-le franchement, la manie de répandre par-tout le jargon philosophique, et de répéter, en vers faibles, prosaïques et décousus, ce qui a été dit vingt fois, toujours plus à propos, et toujours beaucoup mieux ! A quoi bon cette longue et fatigante déclamation ? Est-elle amenée par le sujet, liée à l'action, indiquée seulement dans l'original ? Son objet même ne l'excluait-il pas nécessairement de la scène ? Nous ne sommes ni prêtres ni théologiens ; et, fussions-nous l'un et l'autre, une note littéraire ne peut devenir une thèse théologique : nous nous bornerons à observer seulement que ces *courageux esprits* qui ont *bravé Genève et Rome*, qui ont *démasqué* le *fanatisme affreux*, qui ont *éclairé* tout ce qui *savait lire*, ont fait aussi des Révolutions ; et que cela diminue un peu, à de certains yeux, le prix des autres bienfaits.

Nous observerons, en notre qualité de littérateurs, que ce vers,

L'erreur avait fondé la puissance du prêtre,

n'est qu'une imitation faible de celui-ci d'*Œdipe*,

Notre crédulité fait toute leur science.

et nous ajouterons, comme homme et comme français, qu'il n'était peut-être pas très-*philosophique* de déclamer contre les prêtres, dans le temps même où on les égorgeait avec une férocité dont il n'existait pas d'exemple. Comment ose-t-on s'écrier :

Ah ! les persécuteurs sont les seuls condamnables,
Et les plus tolérans sont les plus raisonnables,

lorsqu'on donne soi-même le signal de la persécution, et l'exemple de l'intolérance la plus dangereuse, comme la moins philosophique ! Mais les philosophes ressemblent assez aux savans de *Molière* :

Nul n'aura de l'esprit, hors nous et nos amis.

et ces Messieurs nous diraient volontiers : nous vous tolérons tout excepté de ne pas penser comme nous, et sur-tout de nous contredire

Tome I.

ANDREUVE.

Ah, Signore! Voi mi fate piangere dall'allegrezza.

BONFIL.

Ma quali prove mi darete voi dell'esser vostro?

ANDREUVE.

Questa canuta barba dovrebbe meritar qualche fede. L'esser io vicino a terminare la vita non dovrebbe far dubitare, ch'io volessi morir da impostore. Ma grazie al cielo, ho conservato meco un tesoro, la cui vista mi consolava sovente nella mia povertà. Ecco in questi fogli di pergamena registrati i miei veri titoli; i miei perduti Feudi; le parentele della mia casa, che sempre è stata una delle temute di Scozia: e pur troppo per mia sventura, mentre l'uomo superbo si val talvolta della nobiltà, e della fortuna per rovinar se stesso. Eccovi oltre ciò due lettere del mio defunto amico Guglielmo Artur, le quali mi lusingavano del perdono, se morte intempestiva non troncava con la sua vita le mie speranze.

BONFIL.

Conoscete voi milord Artur figlio del fu Guglielmo.

ANDREUVE.

Lo vidi in età giovanile; bramerei con esso lui favellare. Chi sa, che il di lui padre non m'abbia ad esso raccomandato.

BONFIL.

Milord è cavalier virtuoso; è il mio più fedele amico. Ma oh Dio! quanto tarda Pamela! Andiamola a ritrovare. (*Si alzano.*)

ANDREUVE.

Signore, vi raccomando a non espor la mia vita.

ANDREUSS.

Ah ! Mylord, vous me faites répandre des pleurs d'alégresse !

BONFIL.

Mais quelles preuves pourront constater à mes yeux ce que vous êtes ?

ANDREUSS.

Monsieur, ces cheveux blancs devraient inspirer quelque confiance. Je suis trop voisin du terme de ma vie, pour qu'on me puisse supposer le dessein de mourir imposteur. Mais, grâces au ciel, j'ai conservé jusqu'ici un trésor, dont le seul aspect m'a souvent consolé, au sein même de la pauvreté. Ces parchemins contiennent mes titres véritables, mes terriers, le tableau chronologique de ma maison, l'une des plus redoutées de l'Ecosse, et des plus célèbres pour mon malheur ! puisqu'aveuglé par un sot orgueil, l'homme se prévaut quelquefois de sa naissance et de sa fortune, pour courir à sa perte !

Voilà, de plus, deux lettres de l'ami que j'ai perdu, Guillaume *Artur*. Elles me flattaient de l'espérance du pardon, lorsqu'une mort imprévue a tranché sa vie et détruit tout mon espoir.

BONFIL.

Connaissez-vous mylord Artur son fils ?

ANDREUSS.

Je l'ai vu bien jeune. Je désirerais avoir avec lui un moment d'entretien : qui sait si son père mourant ne m'a pas recommandé à son zèle ?

BONFIL.

Mylord Artur est plein de vertus, et c'est mon meilleur ami. Mais, grand Dieu ! combien tarde Paméla ! allons la trouver. (*Ils se lèvent.*)

ANDREUSS.

Je vous en conjure, Mylord, n'exposez point ma

Son vecchio, è vero, poco ancor posso vivere; ma non vorrei morire sotto la spada d'un manigoldo.

BONFIL.

In casa mia potete vivere in quiete. Qui niuno vi conosce, e niuno saprà chi voi siate.

ANDREUVE.

Ma dovrò vivere sempre rinchiuso? Son avvezzo a godere l'aria spaziosa della campagna.

BONFIL.

Giuro sull'onor mio, tutto farò perchè siate rimesso nella primiera libertà.

ANDREUVE.

Avete voi tanta forza presso di sua maestà!

BONFIL.

So quanto comprometter mi possa della clemenza del Re, e dell'amore de' ministri. Milord Artur s'unirà meco a proteggere la vostra causa.

ANDREUVE.

Voglia il cielo, che egli abbia per me quell'amore, con cui il padre suo mi trattava.

BONFIL.

Ma tarda molto Pamela. Corriamo ad incontrarla.

ANDREUVE.

Io non posso correre.

BONFIL.

Datemi la mano.

ANDREUVE.

Oh benedetta la provvidenza del cielo!

BONFIL.

Cara Pamela, ora non fuggirai, vergognosetta, dalle mie mani. (*Via con Andreuve.*)

vie. Je suis vieux, il est vrai, et il ne me reste que peu de jours à vivre ; mais je ne voudrais pas tomber sous le fer d'un bourreau.

BONFIL.

Vous pouvez être tranquille ici : personne ne vous y connaît ; personne n'y sait qui vous êtes.

ANDREUSS.

Mais, vivre toujours renfermé ! je suis accoutumé à respirer l'air libre et pur de la campagne.

BONFIL.

Je vous donne ma parole d'honneur que je ferai tout, pour que vous recouvriez au plutôt votre liberté première.

ANDREUSS.

Avez-vous un tel crédit auprès de sa majesté ?

BONFIL.

Je sais ce que je puis me promettre de la clémence du Prince, et de l'amitié des Ministres. Mylord Artur s'unira à moi pour plaider votre cause.

ANDREUSS.

Fasse le ciel que mylord Artur ait hérité en ma faveur de la bienveillance dont son père m'honorait !

BONFIL.

Paméla tarde bien : courons au-devant d'elle.

ANDREUSS.

Hélas ! il ne m'est plus possible de courir.

BONFIL.

Donnez-moi la main.

ANDREUSS.

Bénie soit la providence du Ciel !

BONFIL.

Ma chère Paméla ! tu ne me fuiras donc plus, le front tout couvert d'une aimable pudeur ! (*Il sort avec Andreuss.*)

SCENA VII.

M.ma JEURE, PAMELA (*da viaggio col cappellino all' inglese.*)

M.ma JEURE.

Presto Pamela, che il padrone vi domanda.
PAMELA.
Sarà meglio, ch' io parta senza vederlo.
M.ma JEURE.
Avete paura degli occhi suoi?
PAMELA.
Quando si adira, mi fa tremare.
M.ma JEURE.
Dunque siete risoluta d' andare?
PAMELA.
E' venuto a posta mio padre.
M.ma JEURE.
Cara Pamela, non ci vedremo mai più?
PAMELA.
Per carità, non mi fate piangere.

SCÈNE VII.

Mme JEFFRE, PAMÉLA (*en habit de voyage, avec un chapeau à l'anglaise.*)

Mme JEFFRE.

Allons, Paméla, allons, Monsieur vous demande.
PAMÉLA.
Je ferais mieux de partir sans le revoir.
Mme JEFFRE.
Ses yeux vous font-ils peur ?
PAMÉLA.
Quand il se fâche, il me fait trembler.
Mme JEFFRE.
Vous voilà donc décidée à partir ?
PAMÉLA
Mon père est venu bien à propos !
Mme JEFFRE.
Ma chère Paméla, nous ne nous verrons plus !
PAMÉLA.
Au nom du ciel, ne m'affligez point.

SCENA VIII.

DETTE, M. LONGMAN.

LONGMAN. (*Esce guardando se vi è Milord.*)

Pamela!

PAMELA.

Signore.

LONGMAN.

Partite?

PAMELA.

Parto.

LONGMAN.

Quando?

PAMELA.

Domattina per tempo.

LONGMAN (*sospira.*)

Ah!

PAMELA.

Pregate il cielo per me.

LONGMAN.

Povera Pamela!

PAMELA.

Vi ricorderete di me?

LONGMAN.

Non me ne scorderò mai.

M.ma JEURE.

Monsieur Longman, le volete bene a Pamela?

LONGMAN.

Madama, io l' amo teneramente.

SCÈNE VIII.
Les Mêmes, M. LONGMAN.

LONGMAN. (*Il entre en regardant bien si Mylord y est.*)
Paméla!

PAMÉLA.
Monsieur.

LONGMAN.
Vous partez.

PAMÉLA.
Je pars.

LONGMAN.
Quand?

PAMÉLA
Demain matin.

LONGMAN. (*Il soupire.*)
Ah!

PAMÉLA.
Priez le ciel pour moi.

LONGMAN.
Pauvre Paméla!

PAMÉLA.
Vous vous souviendrez de moi?

LONGMAN.
Jamais je ne vous oublierai.

Mme JEFFRE.
Monsieur Longman, vous lui voulez du bien à Paméla?

LONGMAN.
Madame, je l'aime tendrement.

M.me JEURE.

Poverina! Prendetela voi per moglie.

LONGMAN.

Ah!

M.me JEURE.

Che dite Pamela? Lo prendereste?

PAMELA.

Madama, perdonatemi, voi mi dite cose, alle quali non vi posso rispondere.

M.me JEURE.

Eppure monsieur Longman...

LONGMAN.

Zitto Madama, che se viene il padrone, povero me!

M.me JEURE.

Mi dispiace non averci pensato prima; ma siamo ancora a tempo. Pamela, ne parlerò a vostro padre, che ne dite, monsieur Longman?

LONGMAN.

Ah madama Jeure, non so che dire.

M.me JEURE.

Se Pamela parte, mi porta via il cuore.

LONGMAN.

Ed io resto senz' anima.

Mme JEFFRE.

Pauvre petite ! épousez-là.

LONGMAN.

Ah !

Mme JEFFRE.

Qu'en dites-vous, Paméla ? L'accepteriez-vous ?

PAMÉLA.

Pardon, Madame ; mais vous me faites des questions auxquelles je n'ai rien à répondre.

Mme JEFFRE.

Cependant monsieur Longman......

LONGMAN.

Paix, paix, Madame ! Si Mylord venait, malheur à moi.

Mme JEFFRE.

Je suis fâchée de n'avoir point eu cette idée-là plutôt ; mais nous sommes encore à temps. Paméla, j'en dirai deux mots à votre père. Qu'en pensez-vous, monsieur Longman ?

LONGMAN.

Ah, madame Jeffre ! je ne sais qu'en dire.

Mme JEFFRE.

Paméla emporte mon cœur, si elle s'en va.

LONGMAN.

Et moi, elle me laisse sans ame.

SCENA IX.

DETTI, Milord BONFIL.

BONFIL.

Pamela?

PAMELA.

Signore.

BONFIL.

Dove andate?

LONGMAN.

Signore...

BONFIL.

Buon vecchio, Pamela vi sta sul cuore.

LONGMAN.

Perdonate. (*Parte.*)

M.me JEURE (*da se.*)

Il Padrone mi sembra gioviale.

PAMELA (*a Jeure.*)

Sarà lieto, perchè io parto. Pazienza.

BONFIL.

Pamela, io vi ho mandata a chiamare, e voi non siete venuta.

PAMELA.

Perdonatemi questa nuova colpa.

BONFIL.

Perchè quell'abito così succinto?

PAMELA.

Adattato al luogo dove io vado.

BONFIL.

Perchè quel capellino così grazioso?

SCÈNE IX.

Les Mêmes, Mylord BONFIL.

BONFIL.

Paméla?

PAMÉLA.

Monsieur.

BONFIL.

Où allez-vous?

LONGMAN.

Monsieur.....

BONFIL.

Bon vieillard; Paméla vous tient toujours au cœur.

LONGMAN.

Pardon, Mylord! pardon. (*Il sort.*)

Mme JEFFRE (*à part.*)

Oh! oh! Monsieur est sur le ton plaisant.

PAMÉLA (*à Jeffre.*)

C'est mon départ probablement, qui le rend si joyeux!

BONFIL.

Paméla, je vous ai fait appeler, et vous n'êtes pas venue.

PAMÉLA.

Daignez me pardonner ce nouveau tort.

BONFIL.

Pourquoi donc un habit si modeste?

PAMÉLA.

Il convient au lieu que je vais habiter.

BONFIL.

Et ce joli chapeau?

PAMELA.
Per ripararmi dal sole.
BONFIL.
Quando si parte?
PAMELA.
Domani di buon mattino.
BONFIL.
Non sarebbe meglio partir stasera?
PAMELA (*piano a Jeure.*)
Non mi può più vedere.
M^ma JEURE (*piano a Pamela.*)
Questa è una gran mutazione.
BONFIL.
Jeure, preparate l'appartamento per la mia sposa.
M^ma JEURE.
Per quando, Signore?
BONFIL.
Per questa sera.
PAMELA (*piano a Jeure.*)
Ora intendo, perchè ei sollecita la mia partenza.
M^ma JEURE.
Un matrimonio fatto sì presto?
BONFIL.
Sì, fate, che le stanze sieno magnificamente addobbate. Unite tutte le gioje, che sono in casa; e per domani fate, che vengano de' mercanti, e de' sarti, per dar loro delle commissioni.
PAMELA (*da se.*)
Io mi sento morire.
M^ma JEURE.
Signore, perdonate l'ardire. Posso io sapere che sia la sposa?

PAMÉLA.
C'est pour me garantir du soleil.
BONFIL.
Et quand part-on ?
PAMÉLA.
Demain de grand matin.
BONFIL.
Vous devriez plutôt partir ce soir.
PAMÉLA (*à Jeffre.*)
Il ne peut plus me voir.
Mme JEFFRE (*à Paméla.*)
Je ne comprends rien à ce changement.
BONFIL.
Jeffre, faites préparer un appartement pour mon épouse.
Mme JEFFRE.
Pour quand, Monsieur ?
BONFIL.
Pour ce soir.
PAMÉLA (*à Jeffre.*)
Je vois bien maintenant pourquoi il lui tarde que je sois partie.
Mme JEFFRE.
Voilà un mariage fait bien promptement !
BONFIL.
Oui ; faites en sorte que l'appartement soit magnifiquement meublé : unissez tout ce qu'il y a de précieux dans la maison ; et faites venir demain marchands et tapissiers, pour leur donner les commissions nécessaires.
PAMÉLA (*à part.*)
Je n'y survivrai pas.
Mme JEFFRE.
Monsieur, excusez mon audace ; mais ne serait-il pas possible de savoir le nom de cette épouse ?

BONFIL.

Sì, ve lo dirò. E' la contessa d'Auspingh, figlia di un cavaliere Scozzese.

PAMELA (*da se.*)

Fortunatissima Dama!

BONFIL.

Che avete, Pamela, che piangete?

PAMELA.

Piango per l'allegrezza di vedervi contento.

BONFIL.

Ah Jeure, quant'è mai bella la mia Contessa!

M.^{ma} JEURE.

Prego il cielo, che sia altrettanto buona.

BONFIL.

Ella è la stessa bontà.

M.^{ma} JEURE (*da se.*)

Povera Pamela! Or ora mi muore qui.

BONFIL.

Sapete voi com'ella ha nome?

M.^{ma} JEURE.

Certamente io non lo so.

BONFIL.

Non è ancor tempo, che lo sappiate. Partite.

M.^{ma} JEURE.

Signore.....

BONFIL.

Partite, vi dico.

PAMELA.

Madama aspettatemi.

BONFIL.

Ella parta, e voi restate.

BONFIL

BONFIL.

Oh! volontiers; je vais vous le dire : c'est la comtesse Auspingh, fille d'un gentilhomme Écossais.

PAMÉLA (à part.)

Qu'elle est heureuse!

BONFIL.

Comment? vous pleurez, Paméla! qu'avez-vous?

PAMÉLA.

Je pleure de plaisir, en vous voyant heureux.

BONFIL.

Ah! Jeffre, si vous saviez que ma Comtesse est belle!

Mme JEFFRE.

Je prie le ciel qu'elle ait autant de bonté que d'attraits.

BONFIL.

C'est la bonté même.

Mme JEFFRE (à part.)

Pauvre Paméla! je me meurs moi-même ici.

BONFIL.

Savez-vous son nom?

Mme JEFFRE.

Certainement je ne le puis savoir.

BONFIL.

Il n'est pas temps encore que vous l'appreniez. Sortez.

Mme JEFFRE.

Monsieur.....

BONFIL.

Laissez-nous, vous dis-je.

PAMÉLA.

Madame, je vous suis.

BONFIL.

Qu'elle parte. Restez, vous.

PAMELA.
Perchè, Signore?....

BONFIL.
Non più, obbeditemi.

M.^{ma} JEURE (*da se.*)
Pamela mia, il cielo te la mandi buona. (*Parte.*)

SCENA X.

Milord BONFIL, PAMELA.

PAMELA (*da se.*)
Oh Dio!

BONFIL.
Volete voi sapere il nome della mia sposa?

PAMELA.
Per obbedirvi l'ascolterò.

BONFIL.
Ella ha nome.... Pamela.

PAMELA.
Signore, voi vi prendete spasso crudelmente di me.

BONFIL.
Porgetemi la vostra mano....

PAMELA.
Mi maraviglio di voi.

BONFIL.
Voi siete la mia cara sposa....

PAMELA.
V'ingannate, se vi lusingate di sedurmi.

COMÉDIE. 275

PAMÉLA.

Pourquoi, Mylord....?

BONFIL.

C'en est assez. Obéissez.

Mme JEFFRE (*à part.*)

Ma chère Paméla, que le ciel te soutienne et te protége. (*Elle sort.*)

SCÈNE X.

Mylord BONFIL, PAMÉLA.

PAMÉLA (*à part.*)

Oh Dieu !

BONFIL.

Eh bien ! voulez-vous savoir le nom de mon épouse ?

PAMÉLA.

Je l'entendrai, pour vous obéir.

BONFIL.

Elle se nomme..... Paméla.

PAMÉLA.

Monsieur, vous vous jouez bien cruellement de moi.

BONFIL.

Donnez-moi votre main.

PAMÉLA.

Vous me surprenez, Mylord.

BONFIL.

Vous êtes cette chère épouse....

PAMÉLA.

Vous vous trompez, Monsieur, en vous flattant de me séduire.

BONFIL.
Voi siete la contessa d' Auspingh.

PAMELA.
Ah troppo lungo è lo scherno. (*Va per uscir di camera.*)

SCENA XI.

DETTI, ANDREUVE.

ANDREUVE.
Figlia, dove ten vai?

PAMELA.
Ah padre, andiamo subito per carità.

ANDREUVE.
Dove?

PAMELA.
Lungi da questa casa.

ANDREUVE.
Per qual ragione?

PAMELA.
Il Padrone m'insidia.

ANDREUVE.
Milord?

PAMELA.
Sì, egli stesso.

ANDREUVE.
Sai tu chi è il Milord?

PAMELA.
Sì, lo so, è il mio Padrone. Ma ora mai....

ANDREUVE.
No, il Milord è il tuo sposo.

BONFIL.
Vous êtes la comtesse d'Auspingh.
PAMÉLA.
Ah ! c'est trop prolonger l'ironie insultante.....
(*Elle va pour sortir.*)

SCÈNE XI.

Les Mêmes, ANDREUSS.

ANDREUSS.
Où vas-tu, ma chère fille ?
PAMÉLA.
Ah ! mon père, fuyons, fuyons au nom du Ciel.
ANDREUSS.
Fuir ! où ?
PAMÉLA.
Loin de cette maison.
ANDREUSS.
Pourquoi, ma fille ?
PAMÉLA.
Monsieur y tend des piéges à ma crédulité.
ANDREUSS.
Mylord ?
PAMÉLA.
Oui, lui-même.
ANDREUSS.
Sais-tu bien ce qu'est Mylord ?
PAMÉLA.
Il est mon maître, je le sais ; mais désormais....
ANDREUSS.
Mylord est ton époux.

PAMELA.
Oh Dio! Padre; che dite mai?
ANDREUVE.
Sì, Figlia, ecco l'Arcano, che svelar ti dovea. Io sono il conte d'Auspingh, tu sei mia figlia. Le mie disavventure mi hanno confinato in un bosco, ma non hanno scambiato nelle mie vene quel sangue, che a te diede la vita.
PAMELA.
Oimè! Lo posso credere?
ANDREUVE.
Credilo all'età mia cadente, credilo a queste lagrime di tenerezza, che m'inondano il petto.
BONFIL.
Pamela, rivolgetevi una volta anche a me.
PAMELA.
Oh Dio! che è mai questo nuovo tremore, che mi assale le membra! Ahi, che vuol dir questo gelo, che mi circonda le vene! Oimè, come dal gelo si passa al fuoco! Io mi sento ardere, e mi sento morire.
BONFIL.
Via cara, accomodate l'animo vostro ad una fortuna, che per tanti titoli meritate.
PAMELA.
Signore, vi prego per carità. Lasciatemi ritirare per un momento. Non mi assalite tutt'ad un tratto con tante gioje, ognuna delle quali avrebbe forza di farmi morire.
BONFIL.
Sì, bell'Idolo mio, prendete fiato. Ritiratevi pure nel mio appartamento.
PAMELA.
Padre, non mi abbandonate. (*Parte.*)

PAMÉLA.
Oh, Dieu! mon père; que me dites-vous?
ANDREUSS.
Oui, ma fille; le voilà le secret que je te devais révéler. Je suis le comte Auspingh, et tu es ma fille. Mes malheurs m'ont confiné dans un bois, mais n'ont point changé le sang qui t'a donné la vie.
PAMÉLA.
Hélas! en croirai-je ce que je viens d'entendre?
ANDREUSS.
Ah! crois en ton vieux père, crois en les larmes de tendresse qui baignent mon sein.
BONFIL.
Paméla, daignerez-vous m'honorer d'un regard encore?
PAMÉLA.
Oh, Dieu! quel trouble nouveau s'empare de mon cœur! quel est ce froid qui glace le sang dans mes veines! comme je passe en un instant d'un froid mortel au feu le plus dévorant! Je me sens brûler.... Je me sens mourir.
BONFIL.
Allons, chère épouse, familiarisez votre ame avec un sort que vous méritez à tant de titres!
PAMÉLA.
De grâce, Mylord, souffrez que je me retire pour un moment. Mon cœur est assiégé à la fois de tant de sujets de joie.... Un seul des sentimens que j'éprouve suffirait pour me donner la mort.
BONFIL.
Oui, chère idole de mon cœur, recueillez-vous un instant. Passez dans mon appartement.
PAMÉLA.
Mon père, ne m'abandonnez pas. (*Elle sort.*)

280   PAMÉLA,

ANDREUVE.

Eccomi, cara Figlia, sono con te. Signore permettetemi.....

BONFIL.

Sì consolatela, disponetela a non mirarmi più con timore.

ANDREUVE.

Eh Milord, farete più voi con due parole, di quello possa far io con cento. (*Parte*.)

BONFIL.

Ah che la virtù di Pamela dovea farmi avvertito, che abbietto il di lei sangue non fosse!

SCENA XII.

Milord BONFIL, Milord ARTUR, ISACCO.

ISACCO.

Signore, Milord Artur.

BONFIL (*solo*.)

Venga. (*Isacco parte*.) Che belle massime! Che nobili sentimenti! Oh me felice! Oh fortunato amor mio! Deh caro amico, venite a parte delle mie contentezze.

ARTUR.

Fate, che io le sappia, per potermene, rallegrare.

BONFIL.

Fra poco voi mi vedrete sposar Pamela.

ANDREUSS.

Non, ma fille, non. Je te suis. Vous permettez, Mylord....?

BONFIL.

Oui, consolez cette fille chérie; et disposez-là à me revoir avec moins de frayeur.

ANDREUSS.

Ah! Mylord, deux mots de votre bouche seront plus puissans qu'un long discours de ma part. (*Il sort.*)

BONFIL.

Oui, la vertu de Paméla devait seule me convaincre que ce n'était point un sang vil qui coulait dans ses veines.

SCÈNE XII.

Mylords BONFIL, ARTUR, ISAC.

ISAC.

Monsieur, Mylord Artur.

BONFIL (*seul.*)

Qu'il entre. (*Isac sort.*) Quelles belles maximes! quelle noblesse de sentimens! que je suis heureux! quel succès pour mon amour! Ah, mon cher ami! venez partager mes transports.

ARTUR.

Faites-m'en d'abord connaître la cause, si vous voulez que je les partage.

BONFIL.

Dans peu, vous me verrez l'époux de Paméla.

ARTUR.

Vi riverisco. (*Vuol partire.*)

BONFIL.

Fermatevi.

ARTUR.

Voi vi prendete spasso di me.

BONFIL.

Ah caro amico, ascoltatemi. Io son l'uomo più felice di questa terra. Ho scoperto un arcano, che m'ha data la vita. Pamela è figlia d'un cavaliere di Scozia.

ARTUR.

Non vi lasciate adulare dalla passione.

BONFIL.

Non è possibile. Il padre suo a me si scoprì, ed eccone gli attestati autenticati da due lettere di vostro padre. (*Gli fa vedere le carte.*)

ARTUR.

Come! Il conte d'Auspingh?

BONFIL.

Sì, un amico del vostro buon genitore. Siete forse de i di lui casi informato?

ARTUR.

Tutto mi è noto. Mio padre faticò tre anni per ottenergli il perdono, e pochi giorni prima della sua morte uscì il favorevol rescritto.

BONFIL.

Oh cieli! il conte ha ottenuta la grazia?

---

(1) Ce dernier trait, qui achève de caractériser Artur, nous paraît admirable. Il a épuisé dans les scènes précédentes tout ce que l'amitié, la raison, l'intérêt le plus vif ont pu lui inspirer de plus solide et de plus pressant; il voit que tout a été inutile, qu'il est superflu désormais d'essayer de nouvelles tentatives; il ne lui reste donc plus de parti à prendre que celui de la retraite. Il la

ARTUR.

Je vous salue. (1). (*Il va pour sortir.*)

BONFIL.

Arrêtez.

ARTUR.

Vous vous moquez de moi.

BONFIL.

Mon cher ami, daignez m'entendre. Je suis l'homme du monde le plus heureux. J'ai découvert un secret qui m'a rendu la vie. Paméla est la fille d'un gentilhomme Écossais.

ARTUR.

Ne vous laissez point abuser par votre passion.

BONFIL.

Cela n'est pas possible. Son père s'est découvert à moi; et en voilà des preuves authentiques dans deux lettres de votre père. (*Il lui fait voir les papiers.*)

ARTUR.

Comment? le comte Auspingh!

BONFIL.

Oui, le comte Auspingh, un ami de votre père. Seriez-vous, par hasard, instruit de ses malheurs?

ARTUR.

Je sais tout. Mon père s'est donné, pendant trois ans, toutes les peines possibles pour obtenir son pardon; et peu de jours avant sa mort, sortit le rescrit favorable.

BONFIL.

Oh, ciel! le Comte a obtenu sa grace?

---

choisit, et se retire, sans se permettre la moindre plainte, sans se répandre en vaines déclamations sur l'amitié outragée, sur la sagesse de ses conseils si complètement méprisés, etc. Il se retire; et ces simples mots, *je vous salue*, expriment tout ce qu'il sent, et disent tout ce qu'il doit dire.

ARTUR.

Sì; non manca che farne spedire il decreto dal segretario di stato. Ciò rilevai da una lettera di mio padre, non terminata, e non potei avvisar il conte, essendomi ignoto il luogo di sua dimora.

BONFIL.

Ah! Questo solo mancava per rendermi pienamente felice.

ARTUR.

Or sì, che giustamente sono eccitato a rallegrarmi con voi.

BONFIL.

Ecco felicitato il mio cuore.

ARTUR.

Ecco premiata la vostra virtù.

BONFIL.

La virtù di Pamela, che ha saputo resistere alle mie tentazioni.

ARTUR.

La virtù vostra, che ha saputo superare le vostre interne passioni; ma ora che siete vicino ad essere contento, calmerete lo sdegno vostro contro il cavaliere Ernold, che vi ha offeso.

BONFIL.

Ernold deve morire.

ARTUR.

Egli è pentito d'avervi pazzamente irritato.

BONFIL.

Ha insultato me, ha insultato Pamela, sì, deve morire.

ARTUR.

Oui : il ne reste plus qu'à en faire expédier le décret par le secrétaire d'état. J'ai su tout cela par une lettre que mon père a laissé imparfaite, et je ne pus en prévenir le Comte, ignorant absolument le lieu de sa retraite.

BONFIL.

Ah ! il ne manquait que cela à mon bonheur.

ARTUR.

Je ne balance pas maintenant à me réjouir avec vous.

BONFIL.

Mon cœur est donc heureux !

ARTUR.

Et votre vertu récompensée.

BONFIL.

Dites plûtot la vertu de Paméla, qui a opposé une si noble résistance à mes sollicitations.

ARTUR.

Et la vôtre, Mylord, a su triompher de vos passions. Si proche à présent du bonheur que vous désiriez, vous calmerez votre ressentiment envers Ernold qui vous a offensé.

BONFIL.

Ernold mourra.

ARTUR.

Il s'est répenti de vous avoir follement irrité.

BONFIL.

Il m'a manqué, il a manqué à Paméla ; il mourra.

SCENA XIII.

DETTI, Miledi DAURE, poi ISACCO.

ISACCO.

SIGNORE, miledi Daure.

BONFIL.

Venga. (*Isacco parte.*)

ARTUR.

Ella verrà a parlarvi pel suo nipote.

BONFIL.

Viene, perchè io l'ho invitata a venire.

MILEDI.

Milord, so, che sarete acceso di collera contro di me, ma se voi mi mandaste a chiamare, non credo, che l'abbiate fatto per insultarmi.

BONFIL.

V'invitai per darvi un segno d'affetto.

MILEDI.

Mi adulate?

BONFIL.

No, dico davvero. Vi partecipo le mie Nozze vicine.

MILEDI.

Con chi?

BONFIL.

Con una dama di Scozia.

MILEDI.

Di qual famiglia?

SCÈNE XIII.

Les Mêmes, Myladi DAURE, ISAC.

ISAC.

Monsieur, myladi Daure.

BONFIL.

Qu'elle entre. (*Isac sort.*)

ARTUR.

Elle vient, sans doute, vous parler en faveur de son neveu.

BONFIL.

Non ; elle se rend à mon invitation.

MYLADI.

Je sais, mon frère, que vous êtes irrité contre moi ; mais si vous m'avez fait appeler, ce n'est point, je pense, pour m'insulter.

BONFIL.

C'est pour vous donner au contraire une preuve d'attachement.

MYLADI.

Vous me flattez !

BONFIL.

Non ; je dis vrai : c'est pour vous faire part de mon très-prochain mariage.

MYLADI.

Avec qui ?

BONFIL.

Avec une dame d'Ecosse.

MYLADI.

De quelle famille ?

BONFIL.
De' Conti d'Auspingh.

MILEDI.
Voi mi consolate. Quando avete concluso?

BONFIL.
Oggi.

MILEDI.
Quando verrà la Sposa?

BONFIL.
La sposa non è lontana.

MILEDI.
Desidero di vederla.

BONFIL.
Milord, date voi questo piacere a Miledi mia Sorella. Andate a prendere la contessa mia Sposa; indi datevi a conoscere al di lei padre, e colmatelo di contentezza.

ARTUR.
Vi servo con estraordinario piacere. (*Parte*.)

MILEDI.
Ma come! Ella è in Londra, ella è in casa, ella è vostra sposa, ed io non so nulla di questo?

BONFIL.
Vi basti saperlo prima, ch'io le abbia data la mano.

MILEDI.
Sì, son contentissima, purchè vi leviate d'attorno quella svenevole di Pamela.

BONFIL.
Di Pamela parlatene con rispetto.

MILEDI.
Ella è una vil serva.

BONFIL.
Voi non sapete chi ella sia.

BONFIL.

BONFIL.
Des comtes d'Auspingh.

MYLADI.
Vous me charmez. Quand donc avez vous arrangé tout cela ?

BONFIL.
Aujourd'hui.

MYLADI.
Quand viendra votre épouse ?

BONFIL.
Elle n'est pas bien loin d'ici.

MYLADI.
Je serais bien curieuse de la voir.

BONFIL.
Mylord, procurez ce plaisir à ma sœur. Allez offrir votre main à la Comtesse mon épouse ; faites-vous connaître ensuite à son père, et mettez le comble à son bonheur.

ARTUR.
Je me charge de tout cela avec le plus grand plaisir. (*Il sort.*)

MYLADI.
Mais comment? elle est à Londres ! elle est chez vous! elle est votre épouse ! et je ne sais rien de tout cela ?

BONFIL.
Il vous suffit de le savoir, avant qu'elle ait reçu ma main.

MYLADI.
A la bonne heure ; je suis très-contente, pourvu sur-tout que vous nous débarrassiez de cette petite maussade de Paméla.

BONFIL.
Parlez de Paméla avec plus de respect.

MYLADI.
C'est une vile servante, et rien de plus.

BONFIL.
Vous ne savez pas qui elle est.

Tome I.   T

SCENA XIV.

Detti, Milord ARTUR, PAMELA.

ARTUR.

Eccola; non vuole, che io la serva di braccio.

BONFIL.

Cara Pamela, ciò disconvenire non sembra ad una onestissima sposa.

PAMELA.

Tale ancora non sono.

MILEDI.

Come! che sento! la vostra sposa è Pamela?

BONFIL.

Sì, riverite in lei la contessa d'Auspingh.

MILEDI.

Chi l'ha fatta Contessa? voi?

BONFIL.

Tal è per ragione di sangue. Milord Artur ve ne faccia fede.

ARTUR.

Miledi, credetelo su l'onor mio. Il conte suo padre ha vissuto trent'anni incognito in uno stato povero, ma onorato.

MILEDI.

Contessa vi chiedo scusa delle ingiurie, che non conoscendovi ho contro di voi proferite. Siccome il mio sdegno era prodotto dal zelo d'onore, spero saprete ben compatirlo; voi, che dell' onore avete formato il maggior idolo del vostro cuore.

SCÈNE XIV.

Les Mêmes, Mylord ARTUR, PAMÉLA.

ARTUR.

La voilà. Elle n'a jamais voulu accepter mon bras.

BONFIL.

Chère Paméla, une honnête épouse ne se refuse point à cette marque de civilité.

PAMÉLA.

Je ne suis point votre épouse encore.

MYLADI.

Comment? qu'entends-je? Paméla votre épouse!

BONFIL.

Oui; respectez en elle la comtesse d'Auspingh.

MYLADI.

Qui l'a fait comtesse? vous?

BONFIL.

Non; sa naissance. Mylord Artur vous l'attestera.

ARTUR.

Myladi, vous pouvez m'en croire. Le Comte son père a vécu trente ans enseveli dans l'obscurité d'un état pauvre, mais honnête.

MYLADI.

Comtesse, je vous demande pardon des outrages que j'ai pu vous prodiguer sans vous connaître. Mais comme le sentiment seul de l'honneur éveillait mon couroux, vous saurez, je l'espère, m'excuser en faveur du motif, vous qui avez fait de l'honneur la première idole de votre cœur.

PAMELA.

Sì, Miledi, compatisco, approvo, e do lode alla vostra delicatezza. Pamela rustica poteva formare un ostacolo alla venerazione del nobilissimo vostro sangue. Pamela, chez ha migliorata condizione può lusingarsi di vostra bontà.

MILEDI.

Vi chiamo col vero nome d'amica, stringo al seno col dolce titolo di cognata.

PAMELA.

Questo generoso titolo, che voi mi accordate, a me non ancora si aspetta.

MILEDI.

E che vi resta per istabilirlo?

PAMELA.

Oh dio! che il vostro caro fratello me ne assicuri.

BONFIL.

Adorata Pamela eccovi la mia mano.

PAMELA.

Ah non mi basta.

BONFIL.

Che volete di più?

PAMELA.

Il vostro cuore.

BONFIL.

Quest'è da gran tempo, che a voi io diedi.

PAMELA.

Voi mi avete donato un cuore, che non è il vostro,

---

(1) Tout cela se retrouve mot pour mot dans la *Paméla* de *La Chaussée*, et c'est à-peu-près tout ce qu'il est possible d'en citer.

MYLORD.

Que faut-il davantage !

Parlez ; exigez,....

COMÉDIE.

PAMÉLA.

Oui, Madame; j'excuse, j'approuve, je loue même votre délicatesse. Paméla paysanne pouvait contrarier le respect dont vous êtes si justement jalouse pour votre sang; Paméla qui a vu son sort si heureusement changer, pourra se flatter, du moins, de votre bienveillance.

MYLADI.

Je vous donne le titre d'amie, et vous presse contre mon sein, avec le nom chéri de sœur.

PAMÉLA.

Ce titre généreux que vous daignez me donner, ne m'appartient point encore.

MYLADI.

Et que reste-t-il donc à faire pour l'établir?

PAMÉLA.

Ah! que votre frère m'en assure.

BONFIL.

Chère Paméla, voilà ma main.

PAMÉLA.

Cela ne suffit pas.

BONFIL.

Qu'exigez-vous de plus?

PAMÉLA.

Votre cœur.

BONFIL.

Mon cœur! il est à vous depuis long-temps.

PAMÉLA (1).

Vous m'avez donné un cœur qui n'est pas le vôtre,

PAMÉLA.
Votre cœur.
MYLORD.
Ce soupçon m'étonne et m'outrage:
Il est à vous depuis long-temps.
Vous me l'avez ravi: quel autre
Brûla jamais pour vous de feux plus violens!

nè io mi contento di quello. Sì, voi mi avete donato un cuore, che pensava di rovinarmi, se il cielo non mi assisteva. Datemi il cuore di sposo fedele, di amante onesto; bellissimo cuore, adorabile cuore! Dono singolare, e prezioso, dovuto da un cavaliere generoso ad una povera sventurata, ma che in dote porta il ricco tesoro d'una esperimentata onestà.

BONFIL.

Sì, adorata mia cara sposa, quest' è il cuore, ch' io vi dono. L'altro me l' ho strappato dal seno dopo che l'eroiche vostre ripulse mi hanno fatto arrossire di avervelo una fiata offerto. Miledi, udite i sentimenti di quest' anima singolare. Ecco la virtuosa femmina sconosciuta, che avete ardito insultare. Ecco l'onesta giovine, a cui il temerario vostro Nipote ha proferite esecrabili ingiurie. Voi da questo giorno non vi lascierete più vedere da me. Il cavaliere pagherà il suo ardire colla sua morte.

MILEDI.

Deh placate lo sdegno. Se mio nipote vi ha offeso, egli non è lontano disposto a chiedervi scusa.

ARTUR.

Caro amico, non funestate sì lieto giorno con immagini di vendetta. Ricevete le scuse del cavaliere.

BONFIL.

Le riceverò colla spada alla mano.

PAMÉLA.

Non, celui que j'avais ce n'était pas le vôtre.
Un cœur qui se cachait sous un dehors trompeur,
 Et qui, comptant sur ma faiblesse,
 Ne conspirait dans son ivresse,
Que ma perte et mon déshonneur.

MYLORD.

Ah ! vous avez raison ; ce cœur que je déteste,
Etait pour vos appas un présent trop funeste.

et dont je ne me puis contenter. Oui ; vous m'avez donné un cœur qui méditait et eût effectué ma ruine, si le Ciel ne m'eût prêté son secours bienfaisant. Donnez-moi aujourd'hui le cœur d'un époux fidelle, d'un amant honnête : voilà le plus précieux, le plus cher que vous puissiez m'offrir. Présent rare et précieux que doit un chevalier aussi généreux que vous à une fille malheureuse, mais qui apporte, du moins, en dot une honnêteté à toute épreuve.

BONFIL.

Et tel est aussi, chère épouse, tel est le cœur que je vous offre. Pour l'autre, je l'ai arraché de mon sein dès l'instant que vos refus héroïques m'ont fait rougir de vous l'avoir présenté une fois. Myladi, écoutez, écoutez les sentimens de cette ame si élevée au-dessus du commun. La voilà cette femme vertueuse que vous avez méconnue, que vous avez osé insulter ! La voilà cette estimable fille à qui votre téméraire neveu a prodigué d'exécrables injures !... A compter de ce jour, je vous défends de vous présenter devant moi ; et quant à votre neveu, il payera son audace de sa vie.

MYLADI.

Appaisez ce courroux, mon frère ; si mon neveu vous a offensé, il est tout disposé à vous en faire ses excuses.

ARTUR.

Allons, mon cher ami, que des idées de vengeance n'attristent point un si beau jour. Recevez les excuses du chevalier.

BONFIL.

Je les recevrai l'épée à la main.

Dans des détours obscurs il s'était égaré.
Celui que je vous offre est sincère et fidèle :
    Le vôtre lui sert de modèle,
  Et vos vertus l'ont épuré.

(*Paméla*, acte *V*, Scène dernière.)

PAMELA.

Milord....

BONFIL.

Questo non è il titolo con cui mi dovete chiamare.

PAMELA.

Caro sposo, permettetemi, che in questo giorno, in cui a pro di una femmina fortunata profundete le grazie, una ve ne chieda di più.

BONFIL.

Ah voi mi volete chiedere, ch' io perdoni al cavaliere.

PAMELA.

Sì; vi chiedo forse una cosa, che vi avvilisca? Il perdonare è atto magnanimo, e generoso, che rende gli uomini superiori alla umanità.

BONFIL.

Il cavaliere ha offesa voi, che mi siete più cara di me medesimo.

PAMELA.

Se riguardate l' offesa mia, con più coraggio vi pregherò di scordarvene.

BONFIL.

Generosa Pamela, in grazia vostra perdono al cavaliere le offese.

PAMELA.

Non basta; rimettete nel vostro amore anche la vostra cara sorella.

BONFIL.

Sì, lo farò per far conoscere quanto vi stimo, e quanto vi amo. Miledi, tutto pongo in obblio per cagione di Pamela. Ammiratela, imitatela, se potete.

---

(1) Oui, je veux par ce trait qu'elle juge elle-même, combien je vous estime et combien je vous aime.

COMÉDIE.

PAMÉLA.
Mylord.....

BONFIL.
Ce n'est plus là le titre qu'il vous convient de me donner.

PAMÉLA.
Cher époux, souffrez que dans un jour où vous me comblez de tant de bontés, j'ose implorer encore une grace de plus.

BONFIL.
Vous allez me demander le pardon d'Ernold ?

PAMÉLA.
Oui, cher époux ; ce n'est rien demander qui vous puisse avilir ! pardonner est une action généreuse, magnanime, et qui élève l'homme au-dessus de l'humanité.

BONFIL.
C'est vous que le téméraire a offensé ; vous qui m'êtes plus chère cent fois que moi-même.

PAMÉLA.
Si vous ne considérez que ses torts à mon égard, c'est un motif de plus pour moi de vous conjurer de les oublier.

BONFIL.
Généreuse Paméla ! eh bien ! je lui pardonne tout à votre considération.

PAMÉLA.
Ce n'est point assez : que votre sœur reprenne sa place dans votre cœur.

BONFIL (1).
Oui ; je lui rends mon amitié, pour faire connaître à quel point je vous estime et vous aime. Myladi, j'oublie tout, en faveur de Paméla : admirez-la, imitez-la sur-tout, si vous pouvez.

(*A sa sœur.*)
Que le passé s'oublie. Admirez Paméla,
Et s'il se peut encor, ma sœur, imitez-la.
(*Acte V, Sc. X.*)

MILEDI.

Caro fratello, potrei imitarla in tutto, fuorchè nel tollerare con tanta bontà gl'impeti della vostra collera.

BONFIL.

Perchè i vostri sono peggiori de' miei.

SCENA XV.

DETTI, M. LONGMAN, ISACCO.

ISACCO.

Signore; il cavaliere Ernold desidera di passare.

BONFIL.

Venga. Non sarebbe venuto mezz'ora prima.

LONGMAN.

Gran cose ho intese, Signore!

BONFIL.

Pamela è la vostra padrona.

LONGMAN.

Il cielo mi dia vita, per farle conoscere il mio rispetto, e la mia obbedienza.

BONFIL (*da se.*)

Longman è un uomo da bene.

MYLADI.

Ah! mon frère, je pourrais tout imiter en elle peut-être; mais sa patience à supporter les transports de votre colère, serait au-dessus de tous mes efforts.

BONFIL.

C'est que la vôtre est apparemment plus dangereuse que la mienne.

SCÈNE XV.

Les Mêmes, M. LONGMAN, ISAC.

ISAC.

Monsieur, le chevalier Ernold désire vous parler.

BONFIL.

Qu'il entre. Il ne serait pas venu une demi-heure plutôt.

LONGMAN.

J'ai appris de grands événemens, Monsieur!

BONFIL.

Paméla est votre maîtresse.

LONGMAN.

Puisse le ciel prolonger mes jours, afin de donner plus long-temps à Madame des preuves de mon respect et de mon dévouement!

BONFIL (*à part.*)

Ce Longman est un bien brave homme.

SCENA XVI.

Detti, M.ma JEURE.

M.ma JEURE.

E' permesso, che una serva antica di casa sia a parte anch'essa di tanto giubbilo?

BONFIL.

Ah Jeure! ecco la vostra cara Pamela.

M.ma JEURE.

Oh Dio! che consolazione! che siate benettata! lasciate, che io vi baci la mano.

PAMELA.

No, cara; tenete un bacio.

M.ma JEURE.

Siete la mia padrona.

PAMELA.

Vi amerò sempre come mia madre.

M.ma JEURE.

L'allegrezza mi toglie il respiro.

SCENA XVII ed ultima.

Detti, il cavaliere ERNOLD.

ERNOLD.

Milord io ho sentito nell' Anticamera delle cose straordinarie; delle cose, che m'hanno inondato il cuore di giubbilo. E viva la vostra Sposa, viva la

SCÈNE XVI.

Les Mêmes, Mme JEFFRE.

Mme JEFFRE.

Est-il permis à une ancienne domestique de la maison, de venir prendre sa part de tant de joie et de bonheur ?

BONFIL.

Ah ! Jeffre ; la voilà votre chère Paméla.

Mme JEFFRE.

Oh Dieu ! quelle consolation pour moi ! Soyez, soyez donc heureuse ! permettez moi de baiser votre main.

PAMÉLA.

Non, Jeffre. Venez, que je vous embrasse.

Mme JEFFRE.

Vous voilà donc ma maîtresse !

PAMÉLA.

Je vous aimerai toujours comme ma mère.

Mme JEFFRE.

L'excès du plaisir m'ôte la respiration.

SCÈNE XVII et dernière.

Les Mêmes, le chevalier ERNOLD.

ERNOLD.

Mylord, je viens d'apprendre dans l'antichambre, des choses tout-à-fait surprenantes ; des choses qui ont enivré mon cœur de joie. Vive la charmante comtessa d'Auspingh. Deh permettetemi, Madama, che in attestato del mio rispetto vi baci umilmente la mano.

PAMELA.

Signore, questo complimento secondo me non si usa.

ERNOLD.

Oh perdonatemi, io, che ho viaggiato, non ho ritrovato sì facilmente chi abbia negata a miei labri la mano.

PAMELA.

Tutto quello, che dalla gente si fa, non è sempre ben fatto.

ERNOLD.

Baciar la mano è un atto di rispetto.

PAMELA.

E' vero, lo fanno i figli coi Genitori; e i servi coi loro padroni.

ERNOLD.

Voi siete la mia sovrana.

BONFIL.

Cavaliere, basta così.

ERNOLD.

Eh Milord, tanto è lontano, ch'io voglia spiacervi, che anzi de i dispiaceri dativi senza pensare, vi chieggo scusa.

BONFIL.

Prima di operare pensate, se non volete aver il rossore di chieder scusa.

ERNOLD.

Procurerò di ritornar Inglese.

BONFIL.

Cara sposa, andiamo a consolare del tutto il vostro

épouse! vive l'aimable comtesse d'Auspingh! souffrez, Madame, que je vous baise humblement la main, en signe du profond respect......

PAMÉLA.

Monsieur, je vous dispense de ce compliment.

ERNOLD.

Point du tout, point du tout. Moi qui ai voyagé, j'ai difficilement trouvé une belle main qui se refusât à un baiser de ma part.

PAMÉLA.

Ce qui se fait par-tout n'en est pas toujours mieux pour cela.

ERNOLD.

Baiser la main, est un témoignage de respect.

PAMÉLA.

Oui, de la part d'un fils envers son père, ou d'un domestique à l'égard de son maître.

ERNOLD.

Vous êtes ma souveraine.

BONFIL.

Ernold, c'en est assez.

ERNOLD.

Ah! Mylord, bien loin de vouloir rien faire ici qui vous déplaise, je vous demande au contraire mille pardons des désagrémens que j'ai pu vous causer sans y penser.

BONFIL.

Réfléchissez avant d'agir, et vous vous épargnerez la honte de demander des excuses.

ERNOLD.

Je ferai tous mes efforts pour redevenir Anglais.

BONFIL.

Chère épouse! allons consoler votre bon père,

buon genitore. Venite a prendere il possesso, come padrona, in quella casa, in cui soffriste di vivere come serva.

PAMELA.

Nel passare, che io fo dal grado di serva a quel di padrona, credetemi, che non mi sento a' fianchi, nè la superbia, nè l'ambizione. Ah Signore, osservate, che voi solo siete quello, che mi rende felice, e apprezzo l'origine de' miei natali quanto ella vale a farmi conseguire la vostra mano, senza il rossore di vedervi per me avvilito. Apprenda il mondo, che la virtù mai perisce: ch'ella combatte, e si affanna; ma finalmente abbatte, e vince, e gloriosamente trionfa.

Fine della commedia.

et venez prendre, en qualité de maîtresse, possession d'une maison où vous avez pu vivre comme simple servante.

PAMÉLA.

Ce passage subit de l'état de servante au rang de maîtresse, n'excite point, croyez-moi, l'orgueil ou l'ambition dans mon cœur. C'est vous, Mylord; c'est vous seul qui faites aujourd'hui mon bonheur, et je n'attache du prix à l'éclat imprévu de ma naissance, qu'autant qu'il me donne votre main sans m'exposer à la honte de vous voir avili pour moi. Que le monde apprenne donc que la vertu ne périt jamais; qu'elle a des dangers à combattre, des ennuis à dévorer; mais qu'elle finit toujours par terrasser ses ennemis, les vaincre, et triompher glorieusement.

Fin du troisième et dernier Acte.

EXAMEN
DE LA COMÉDIE DE PAMÉLA.

Le lecteur a pu voir, par les notes partielles répandues dans le cours de cet ouvrage, qu'il y avait très-peu de chose à changer ou à rectifier dans la disposition générale et dans les détails de cette comédie, pour en faire une pièce régulière, et assujétie aux convenances de la scène française. Les caractères en sont parfaitement dessinés. Rien de plus aimable que Paméla ; c'est la Vertu personnifiée ; mais la vertu douce, indulgente, sévère seulement pour elle-même : opposant une patience angélique aux injures qu'on lui prodigue, aux mauvais traitemens dont elle est l'objet ; mais déployant une énergie noble et une éloquence courageuse, lorsque son honneur outragé la force de prendre sa défense. Quelle douce ingénuité dans son amour pour Bonfil ! comme elle semble craindre de se l'avouer à elle-même, et avec quelles armes elle en combat jusques à la pensée ! La position de Bonfil n'est point ordinaire ; un fond naturel de vertu et d'honnêteté ne lui permet pas de s'arrêter un moment à l'idée d'outrager Paméla, par une conduite ou des propositions indignes d'elle : mais la passion qui l'aveugle est à tout moment prête à l'emporter sur ses résolutions, et déconcertée à tout moment par la conduite ou les discours de Paméla. Il ne lui reste donc que le parti du mariage : mais une telle alliance est absolument incompatible avec la noblesse de son rang : jamais sa famille n'y pourra consentir ; et cependant il aime Paméla avec fureur ; il lui est impossible de vivre sans elle.... Quelle situation ! combien elle est dramatique, et quel effet elle eût produit, si *Goldoni* et son imitateur en eussent tiré tout le parti qu'elle offrait naturellement! De là, les combats éternels qui se livrent dans le cœur de Bonfil, l'amour qui l'entraîne, et l'orgueil qui l'arrête malgré lui : de là, tous ces projets formés et rejetés tour-à-tour dans la même minute : de là enfin, cette mobilité de sentimens qui cherche et craint de trouver un avis salutaire.

C'est à cet homme fougueux et agité de tant de passions différentes, que le génie de *Goldoni* oppose les réflexions sages et tranquilles d'un homme froid et sans passions ; d'un homme qui connaît le cœur humain, qui aime Bonfil, et trouve les moyens de s'en faire écouter, dans les momens mêmes où il combat le plus victorieusement son idée dominante. Ce caractère d'*Artur* nous paraît plus parfait encore que ceux de Bonfil et de Paméla. Nous ne répéterons point ici ce que nous avons dit ailleurs des caractères d'*Ernold* et de myladi *Daure*, mais nous ne pouvons nous empêcher d'admirer celui de madame Jeffre. C'est une peinture vraie de ce qui se passe dans l'intérieur des maisons ; c'est une vraie gouvernante qui croit toujours avoir sur Bonfil homme, grand Seigneur et son maître, l'ascendant qu'elle avait sur Bonfil enfant et confié à ses soins. Et ce bon vieux *Longman*! qui aime Paméla de si bonne foi, qui l'avoue si ingénuement à Mylord, dans un moment sur-tout où cette simple déclaration produit un effet terrible ; ce bon Longman, qui regrette tant de n'avoir seulement *que 25 ans de moins*, et qui devient par là, si plaisant sans le savoir !

Il serait à désirer qu'il résultât plus d'intérêt et plus de mouvement dans la pièce de l'opposition de ces différens caractères. Mais c'est le vice dominant du sujet ; et il a fallu toutes les ressources de l'art et le génie de Goldoni pour tirer du roman Anglais un parti aussi avantageux. Les auteurs qui, en traitant le sujet de *Paméla*, se sont astreints à la marche de Richardson, n'ont produit que des ouvrages froids et dénués de toute espèce d'intérêt, dont le public a fait une prompte justice, et qui sont aujourd'hui totalement oubliés.

On ne conçoit pas, après avoir lu la *Paméla* de *La Chaussée*, comment un ouvrage aussi médiocre a pu sortir de la même tête qui avait produit le *Préjugé à la mode*, *Mélanide*, *la Gouvernante*, etc. L'étonnement redouble encore, quand on considère que ce sujet appartenait naturellement au genre que La Chaussée avait choisi, et qu'il a justifié par des raisons qui dispensent d'en donner d'autres, des succès éclatans et nombreux. Trompé par le nom imposant de *Richardson*, et par la vogue étonnante du roman de Paméla qui a, à la lecture, l'intérêt des détails, La Chaussée crut y voir ce qui ne s'y trouvait surement pas, l'intérêt de la scène. Il traça son plan en conséquence, et son plan fut très-mauvais. La scène se passe au comté *de Lincoln*, dans un château où Mylord a confiné Paméla sous la garde sévère de *la Jewks*, qui joue dans la pièce un rôle infâme. Toute l'intrigue roule donc sur les tentatives de Paméla pour échapper à sa prison, et sur les secours que lui a promis un certain M. *Williams*, jeune Ministre qui est amoureux d'elle, sans qu'elle le sache comme de raison. Mylord arrive; il veut donner une seconde surveillante à Paméla, dont il a appris les projets d'évasion. Cette femme se présente; c'est madame Andreuss, la mère de *Paméla*. Il y avait, dans cette idée, une intention dramatique, qui pouvait produire de l'effet; mais elle n'en produit malheureusement aucun : il n'en résulte que quelques froides conversations entre Paméla et sa mère; elle se nomme à Mylord, et il n'en est que cela. Enfin, de concert avec sa mère, Paméla fait un nouvel effort pour sortir du parc, mais il est inutile comme les précédens. Alors, elle prend le courageux parti de se noyer : mais, arrivée au bord de l'eau, (et c'est elle-même qui le dit en mauvais vers) elle éprouve des remords et de l'effroi ; elle renonce à son projet. Mais pour n'en pas avoir le démenti tout à fait, elle jette quelques-uns de ses habits dans le vivier. Mylord la croit morte et se désespère. Cependant elle reparaît, et obtient de lui la permission de se retirer auprès de ses parens. Mylord, furieux de son départ, ne se connaît plus, et ne veut rien moins que se percer de son épée. Myladi *Davers* sa sœur, qui s'est opposée au mariage, dans le cours de la pièce, prend pitié du sort déplorable de son frère, et court après Paméla, qui heureusement n'était pas loin ; elle la ramène, Bonfil l'épouse, et la pièce est finie.

On conçoit difficilement comment un homme du mérite de La Chaussée a pu imaginer un tel plan, et comment sur-tout il a eu le courage de le traiter, sans s'arrêter vingt fois en chemin. Ce qui ajoute à l'étonnement encore, c'est que ce même homme, dont le style est, en général, pur et correct, quoique froid et sans couleurs, est ici faible, lâche, prosaïque, et au rang, pour ainsi dire, des derniers écrivains. Tant il est vrai que la diction tombe nécessairement, quand elle n'est pas soutenue par un fond intéressant.

L'OSTERIA
DELLA POSTA,
COMEDIA D'UN ATTO SOLO ED IN PROSA.

L'AUBERGE
DE LA POSTE,
COMÉDIE EN UN ACTE ET EN PROSE.

AVIS
DU TRADUCTEUR.

Nous sommes bien éloignés de mettre au rang des *Chef-d'œuvres* d'un grand homme, une de ces bagatelles échappées au Génie, et dont il ne fait pas toujours lui-même le cas qu'elles méritent. Nous plaçons seulement cette pièce ici, pour montrer d'avance à nos lecteurs avec quelle prodigieuse facilité *Goldoni* savait passer d'un ton à un autre, traiter tous les sujets, et peindre tous les caractères. Il y a d'ailleurs un mérite réel dans ce petit ouvrage; il y a, dans le rôle de la Comtesse, une dignité soutenue; ses sentimens sont aussi louables, que sa manière de les exprimer est franche et noble. Le rôle du lieutenant est d'une gaieté décente : l'intrigue est simple, les incidens naturels, et le dénouement très-heureux. C'est, en un mot, une jolie *Bluette*, dans laquelle on aimera à retrouver plus d'une fois le pinceau qui a tracé les portraits de *Paméla* et de mylord *Bonfil*.

PERSONAGGI.

Il Conte ROBERTO di RIPA-LUNGA, Cavalier Milanese.

La Contessa BEATRICE, sua figliuola.

Il Marchese LEONARDO dei FIOZELLINI, Cavaliere Piemontese.

Il Tenente MALPRESTI, amico del Marchese.

Il Baron TALISMANI, Cavaliere Milanese.

Cameriere dell'osteria.

Servitore del Conte Roberto.

La Scena si rappresenta in Vercelli, all'osteria della Posta, in una sala comune.

PERSONNAGES.

Le Comte ROBERT de RIPA-LONGA, Gentilhomme Milanais.

La Comtesse BÉATRICE, sa fille.

Le Marquis LÉONARDO des FRIOZELLINI, Seigneur Piémontais.

Le Lieutenant MALPRESTI, ami du Marquis.

Le Baron TALISMANI, Gentilhomme Milanais.

Un Garçon d'auberge.

Le Valet du Comte Robert.

La Scène est à Verseil, à l'auberge de la Poste; dans une salle commune.

L'OSTERIA DELLA POSTA,
COMEDIA.

SCENA PRIMA.

IL MARCHESE, IL TENENTE, ed il CAMERIERE dell' osteria.

IL TENENTE.

Ehi! Oste, camerieri, diavoli, dove siete!

IL CAMERIERE.

Eccomi a servirla. Comandi.

IL TENENTE.

Una camera.

IL CAMERIERE.

Eccone quì una. Restino pur serviti.

IL TENENTE.

Che camera è? Vediamo. (*Entra nella camera.*)

IL CAMERIERE.

Restano qui lor Signor, o vogliono partir presto?

IL MARCHESE.

Dateci qualche cosa; una zuppa, un poco di bollito, se c'è, e fatte preparare i cavalli.

L'AUBERGE DE LA POSTE,
COMÉDIE.

SCÈNE PREMIÈRE.

LE MARQUIS, LE LIEUTENANT, et le GARÇON de l'auberge.

LE LIEUTENANT.

Hola! hé! monsieur l'hôte! garçons! où diable êtes-vous donc tous?

LE GARÇON.

Me voilà, Monsieur, me voilà. Qu'y a-t-il pour votre service?

LE LIEUTENANT.

Une chambre.

LE GARÇON.

En voici une ici à côté : ces Messieurs seront servis sur le champ.

LE LIEUTENANT.

Quelle chambre est-ce encore? Voyons. (*Il entre dans la chambre.*)

LE GARÇON.

Ces Messieurs s'arrêtent-ils, ou se proposent-ils de partir à l'instant?

LE MARQUIS.

Donnez-nous quelque chose ; une soupe, par exemple, du bouilli, s'il y en a, et faites préparer les chevaux.

IL TENENTE (*nell' uscire.*)

Non avete camere migliori di questa?

IL CAMERIERE.

Non, Signore; non c'è di meglio.

IL TENENTE.

Qui ci sono stato delle altre volte; so che avete una buona stanza sopra la strada.

IL CAMERIERE.

E' occupata, Signore.

IL TENENTE.

E' occupata? Chi c'è dentro?

IL CAMERIERE.

Un cavaliere Milanese con una Dama, che dicono sia sua figliuola.

IL TENENTE.

E' bella?

IL CAMERIERE.

Non c'è male.

IL TENENTE.

Da dove vengono?

IL CAMERIERE.

Da Milano.

IL TENENTE.

Dove vanno?

IL CAMERIERE.

Non glielo so dire.

IL TENENTE.

Ed a far che si trattengono qui in Vercelli?

IL CAMERIERE.

Sono arrivati qui per la posta. Riposano; hanno ordinato il pranzo, e passate, che saranno le ore più calde, proseguiranno il viaggio.

LE LIEUTENANT (*en sortant.*)
Vous n'avez rien de mieux que cette chambre ?
LE GARÇON.
Non, Monsieur, nous n'avons rien de mieux.
LE LIEUTENANT.
J'ai logé cependant d'autres fois ici ; et je sais bien que vous avez une très-bonne chambre sur la rue.
LE GARÇON.
Oui, Monsieur ; mais elle est occupée.
LE LIEUTENANT.
Occupée ? et par qui donc ?
LE GARÇON.
Par un Seigneur milanais, et une jeune dame, qui, dit-on, est sa fille.
LE LIEUTENANT.
Et elle est jolie ?
LE GARÇON.
Mais, Monsieur, elle n'est pas mal.
LE LIEUTENANT.
D'où viennent-ils ?
LE GARÇON.
De Milan.
LE LIEUTENANT.
Et ils vont....?
LE GARÇON.
C'est ce que je ne saurais vous dire.
LE LIEUTENANT.
Et comment s'arrêtent-ils ici à Verceil ?
LE GARÇON.
Ils sont arrivés en poste, et prennent un moment de repos. Ils ont commandé un dîner ; et, la grande chaleur une fois passée, ils se remettront en route.

IL TENENTE.

Bene; se si contentano, noi pranzeremo insieme.

IL MARCHESE.

No, caro amico, spicciamoci. Prendiamo un po di rinfresco, e seguitiamo la nostra strada.

IL TENENTE.

Caro Marchese, io sono partito con voi da Turino per compiacervi; vi faccio compagnia assai volontieri; ma viaggiare a quest'ora, con questo sole, e con questa polvere non mi comoda molto.

IL MARCHESE.

Un militare si lascia far paura dalla polvere, e dal calore del sole?

IL TENENTE.

Se io fossi obbligato a farlo per i doveri del mio mestiere, lo farei francamente, ma quando si può, la natura insegna ad isfuggire gl'incomodi. Vi compatisco, se vi sollecita il desiderio di vedere la vostra sposa, ma abbiate ancora un poco di carità per l'amico.

IL MARCHESE.

Sì, sì ho capito. L'occasione di pransare con una giovane vi fa temere il caldo, e la polvere.

IL TENENTE.

Eh corbellerie! quattr'ore prima, quattr'ore dopo, domani noi saremo a Milano. Cameriere preparateci da mangiare.

IL CAMERIERE.

Sarà servita.

COMÉDIE.

LE LIEUTENANT.
Fort bien. Si cela ne les gêne pas, nous pourrions dîner ensemble.

LE MARQUIS.
Non, non, mon cher ami, point de retard, s'il vous plaît ; prenons quelque rafraîchissement, et hâtons-nous de poursuivre notre voyage.

LE LIEUTENANT.
Avec votre permission, mon cher Marquis, je suis parti de Turin avec vous par pure complaisance. Je me fais un plaisir de vous accompagner ; mais voyager à l'heure qu'il est, par ce soleil ardent, avec cette affreuse poussière...! Je vous avoue que cela ne m'arrange pas plus qu'il ne faut.

LE MARQUIS.
Comment donc ! un militaire n'ose braver ni la poussière, ni l'ardeur du soleil ?

LE LIEUTENANT.
Si les devoirs de mon état m'y obligeaient, je le ferais volontiers : mais la nature nous apprend à fuir, quand on le peut, tout ce qui incommode. Je me mets à votre place, mon cher ; je sens bien que le désir de voir votre épouse vous aiguillonne un peu : il faut cependant aussi avoir pitié de votre ami.

LE MARQUIS.
Oui, oui, je vous entends. C'est l'occasion de dîner avec une jolie femme qui vous rend la chaleur et la poussière si redoutables aujourd'hui.

LE LIEUTENANT.
Eh ! ventrebleu ! quatre heures plutôt, quatre heures plus tard, nous serons demain à Milan. Garçon, préparez-nous à dîner.

LE GARÇON.
Vous allez être servi.

Tome I.

Il Tenente.

Vedete, se questi Signori, vogliono mangiar con noi.

Il Cameriere.

Il cavaliere è sul letto, che dorme. Quando sarà all'ordine il pranzo, glie lo dirò.

Il Marchese.

Sollecitatevi.

Il Cameriere.

Subito. (*In atto di partire.*)

Il Tenente.

Avete buon vino?

Il Cameriere.

Se vuole del Monferrato, ne ho di prezioso.

Il Tenente.

Sì, sì, beveremo del Monferrato.

Il Cameriere.

Sarà servita. (*Parte.*)

SCENA II.

IL MARCHESE, e il TENENTE.

Il Tenente.

Allegri, Marchese. Voi, che andate incontro alle nozze, dovreste essere più gioviale.

Il Marchese.

Dovrei esserlo veramente, ella mi tiene un poco in pensiere il non avere ancor veduta la sposa. Mi dicono, che sia bella passabilmente, che sia gentile, ed amabile, pure ho un'estrema curiosità di vederla.

COMÉDIE.

LE LIEUTENANT.
Sachez si cette compagnie veut nous faire l'honneur de manger avec nous.

LE GARÇON.
Le Monsieur s'est mis sur un lit, et dort pour l'instant. Quand le dîner sera prêt, je le lui dirai.

LE MARQUIS.
Allons, dépêchez-vous.

LE GARÇON.
Oui, Monsieur. (*Il va pour sortir.*)

LE LIEUTENANT.
Avez-vous de bon vin ?

LE GARÇON.
Si Monsieur veut de Montferrat, j'en ai d'excellent.

LE LIEUTENANT.
Eh bien, oui : nous boirons du Montferrat.

LE GARÇON.
Monsieur sera obéi. (*Il sort.*)

SCÈNE II.

LE MARQUIS et le LIEUTENANT.

LE LIEUTENANT.
Allons, mon cher Marquis, de la joie ; vous qui volez au-devant de l'hymen, vous devriez, ce me semble, être un peu plus gai que cela.

LE MARQUIS.
Je le devrais, j'en conviens. Mais je n'ai point encore vu l'épouse que l'on me destine, et cela me donne à penser. Elle est, m'a-t-on dit, passablement belle, douce et aimable. Je meurs d'envie cependant d'en juger par moi-même.

IL TENENTE.

Come vi siete indotto ad obbligarvi di sposare una giovane senza prima vederla?

IL MARCHESE.

Il conte Roberto di lei padre, è un cavaliere di antica nobiltà, molto comodo, e non ha altri, che quest'unica figlia. Egli ha molte parentele in Turino. Ha una sorella alla corte, ha degli effetti in Piemonte, i miei amici hanno pensato di farmi un bene, trattando per me quest'accasamento, ed io vi ho aderito, trovandovi le mie convenienze.

IL TENENTE.

E se non vi piacesse.

IL MARCHESE.

Pazienza. Sono in impegno, tant'e tanto la sposerei.

IL TENENTE.

Và benissimo. Il matrimonio non è, che un contratto. Se c'entra l'amore è una cosa di più.

IL MARCHESE.

Ma vorrei, che c'entrasse.

IL TENENTE.

Sì; ma per il vostro meglio, non vorrei, che l'amaste tanto. Conosco il vostro temperamento. Ne' vostri amori solete essere un poco geloso. Se l'amaste troppo, se vi piacesse moltissimo, voi avreste delle maggiori inquietudini.

IL MARCHESE.

Veramente non saprei dir io medesimo, se meglio fosse una sposa amabile con un pochino di gelosia, o una brutterella senza timori.

COMÉDIE.

LE LIEUTENANT.

Mais comment diable vous êtes-vous engagé à épouser une jeune personne avant de la voir.

LE MARQUIS.

Le comte Robert son père est un homme de la première distinction, très-riche, et n'a que cette fille pour héritière. Il a beaucoup de parens à Turin, une sœur à la cour, des biens en Piémont; et mes amis ont cru faire pour le mieux en arrangeant ce mariage. J'y ai consenti, parce que j'ai cru y voir toutes les convenances requises.

LE LIEUTENANT.

Mais si par hasard elle ne vous plaisait pas?

LE MARQUIS.

Que faire? J'ai donné ma parole; je ne l'épouserais pas moins.

LE LIEUTENANT.

Rien de mieux. Le mariage par lui-même n'est qu'un contrat; mais quand l'amour s'en mêle, c'est quelque chose de plus.

LE MARQUIS.

Je ne serais pas fâché que l'amour s'en mêlât un peu.

LE LIEUTENANT.

Sans doute: pour votre propre intérêt cependant, je ne voudrais pas qu'il s'en mêlât trop. Je vous connais: vous êtes naturellement jaloux, quand vous aimez. Si vous aimez trop votre épouse, si elle vous plaît avec excès, vous serez dévoré d'inquiétudes.

LE MARQUIS.

A parler franchement, je ne sais si je préférerais une épouse aimable qui me donnerait un peu de jalousie, à une petite sotte qui me laisserait parfaitement tranquille.

IL TENENTE.

Volete, ch'io vi dica, che cosa sarebbe meglio?

IL MARCHESE.

Quale sarebbe l'opinione vostra?

IL TENENTE.

Il non avere sposa di sorte alcuna. Poichè se è bella, piacerà a molti, se è brutta, non piacerà nè agli altri, nè a voi. Se è brutta avrete un diavolo in casa; se è bella avrete dei diavoli in casa, e fuori di casa.

IL MARCHESE.

In somma voi vorreste, che tutti vivessero alla militare.

IL TENENTE.

Sì e credo non ci sia niente di meglio al mondo. Oggi qua, domani là; oggi un'amoretto, domani un'altro; amare, far la corte, servire; e a un tocco di tamburro, salute a chi resta, e buona ventura, a chi parte.

IL MARCHESE.

E appena giunto ad un quartiere novello, innamorarsi subito a prima veduta.

IL TENENTE.

Sì, in un batter d'occhio. Se questa giovane che è qui alloggiata è niente niente di buono, m'impegno farvi vedere, come si fa ad innamorarla con due parole.

IL MARCHESE.

Tutto stà, che vogliano compagnia.

IL TENENTE.

E perchè avrebbono da ricusarla?

LE LIEUTENANT.

Voulez-vous que je vous dise ce qui vaudrait le mieux ?

LE MARQUIS.

Oui : quelle serait votre opinion à cet égard ?

LE LIEUTENANT.

Mais de ne point se marier du tout. Si votre épouse est belle, elle plaira à trop de monde : si elle est laide au contraire, elle ne plaira ni aux autres ni à vous. Avec une laide, vous aurez le diable dans la maison : avec une belle, ce sera des légions de diables au dedans et au dehors de la maison.

LE MARQUIS.

Conclusion ; vous voudriez que tout le monde vécût à la militaire.

LE LIEUTENANT.

C'est que, ma foi, je ne connais rien de mieux au monde. Aujourd'hui ici, demain là : aujourd'hui une amourette, demain une autre. On aime, on fait sa cour, on est l'esclave de sa belle, et, au premier coup de baguettes, salut à qui reste, bien du plaisir à qui s'en va.

LE MARQUIS.

Et à peine arrivé au nouveau Quartier, on s'enflamme à la première vue.

LE LIEUTENANT.

C'est l'affaire d'un clin d'œil ; et tenez, si la jeune personne qui loge ici en vaut tant soit peu la peine, je m'engage à vous faire voir comment, avec deux mots, on se fait aimer.

LE MARQUIS.

L'essentiel d'abord, c'est qu'ils veuillent bien de notre compagnie.

LE LIEUTENANT.

Et pourquoi la refuseraient-ils, s'il vous plaît ?

IL MARCHESE.

Bisogna vedere di che umore è suo Padre.

IL TENENTE.

Gli parlerò io, m'introdurrò francamente. Faremo amicizia in un subito alla militare.

IL MARCHESE.

Ma, caro amico, non ci fermiamo qui troppe ore.

IL TENENTE.

Gran premura è la vostra! eppure secondo ciò, che mi avete detto, non vi aspettano a Milano, che da qui un mese. Partiremo nella serata; viaggieremo di notte, e domani senz'altro sarete in tempo di sorprendere gentilmente la vostra sposa. In tanto, se volete riposare, andate lì nella nostra camera. Io voglio andare in cucina a vedere, che cosa ci daranno da desinare, ed a sentire questo vino di Monferrato, che non vorrei ci corbellassero sulla fede. Nasca, quel che sa nascere, se avessimo anche da mangiar soli, quando vi è un buon bicchiere di vino, non passeremo mal la giornata. (*Parte.*)

SCENA III.

IL MARCHESE (*solo.*)

Bravo il signor Tenente. Egli e sempre di buon' umore. Non so, se ciò sia per grazia del temperamento, o per privilegio del suo mestiere. Quanto volontieri avrei calcata anch'io la strada del Militare! Ma son solo di mia famiglia, è necessario, ch'io mi mariti. Hanno a sdegno i parenti miei, ch'io goda la mia dolcissima libertà, e mi conviene sagrificarla. Sia almeno il mio sigrifizio men' aspro, e

LE MARQUIS.

Il faut connaître à peu près l'humeur du père.

LE LIEUTENANT.

Je lui parlerai : je m'introduirai sans façons, et nous ferons bientôt connaissance à la militaire.

LE MARQUIS.

Mais, de grace, mon ami, ne nous arrêtons point trop long-temps ici.

LE LIEUTENANT.

Quel empressement est le vôtre ! d'après ce que vous m'avez dit pourtant, on ne vous attend à Milan que dans un mois. Nous partirons dans la soirée ; nous voyagerons la nuit, et demain vous serez à temps encore de surprendre agréablement vote future. Si vous voulez, en attendant, vous reposer un moment, entrez dans notre chambre. Je vais faire un tour à la cuisine, voir un peu ce qu'on nous donne à dîner, et goûter ce fameux vin de Montferrat. Je ne voudrais pas que ces drôles-là se jouassent de notre bonne foi. Arrive qui pourra : dussions-nous manger seuls, si le vin est bon, nous ne passerons pas mal la journée. (*Il sort.*)

SCÈNE III.

LE MARQUIS (*seul.*)

BRAVO, mon cher Lieutenant ! toujours de bonne humeur ; je ne sais si c'est, en lui, l'heureux effet du naturel, ou le privilége de son état. Avec quel plaisir j'aurais suivi, comme lui, la carrière des armes ! Mais je suis seul de mon nom ; il faut nécessairement que je me marie. Mes parens me voyent de mauvais œil jouir de ma douce liberté : j'en dois faire le sacrifice. Puisse du moins le sacrifice

meno pericoloso. Voglia il cielo, che una Sposa amabile, e di mio genio, mi faccia sembrar leggiera la mia catena; Ah sì, quantunque d'oro, quantunque arricchita di gemme, o adornata di fiori, è però sempre catena. La libertà è superiore ad ogni ricchezza, ma vuole il destino, che l'uomo si asseggetti alle leggi della natura, e contribuisca colle proprie sue perdite al bene della società, alla sussistenza del mondo. (*Entra nella sua stanza.*)

SCENA IV.

LA CONTESSA, poi IL CAMERIERE.

LA CONTESSA (*stando sulla porta della sua Camera.*)

Ehi, cecchino, cecchino. (*Chiamando più forte.*) Costui manca sempre al servizio; non può stare alla soggezione. Mio Padre stravagante in tutto, è stravagante anche in questo; soffre un servitore il più trascurato del mondo. Converrà, ch'io esca, se voglio... Ehi! chi è di là, c'è nessuno?

IL CAMERIERE.

Comandi.

LA CONTESSA.

Dov'è il nostro servitore?

IL CAMERIERE.

E' giù, che dorme, disteso sopra una panca, che non lo desterebbono lo cannonate.

LA CONTESSA.

Portatemi un bicchier d'acqua.

IL CAMERIERE.

Subito. Dorme il Signor Conte?

être moins dur et moins dangereux ! puisse une épouse aimable et de mon caractère, me faire trouver ma chaîne légère ! Ah ! elle a beau être d'or, beau être enrichie de diamans et ornée de fleurs, c'est toujours une chaîne. La liberté est préférable à toutes les richesses du monde : mais le sort a voulu que l'homme se soumît aux lois de la nature, et contribuât, à ses dépens, au bien de la société, et à la conservation de l'univers. (*Il entre dans sa chambre.*)

SCÈNE IV.

LA COMTESSE, ensuite le GARÇON de l'auberge.

LA COMTESSE (*sur la porte de sa chambre.*)

Lafleur ! (*Elle appelle plus fort.*) Lafleur ! Ce coquin-là manque toujours à son devoir ; il ne peut s'assujettir à être à nos ordres. Un peu étrange en tout, mon père l'est sur-tout à cet égard ; il tolère à son service le valet du monde le plus paresseux. Vous verrez qu'il faudra que je sorte, si je veux...... Hola ! n'y a-t-il personne ici ?

LE GARÇON.

Qu'y a-t-il pour votre service, Madame ?

LA COMTESSE.

Où est notre valet ?

LE GARÇON.

Il est là bas qui dort étendu sur un banc, et je crois qu'une batterie de canons ne le réveillerait pas.

LA COMTESSE.

Apportez-moi un verre d'eau.

LE GARÇON.

Dans l'instant. Monsieur le comte dort toujours ?

LA CONTESSA.

Si dorme ancora.

IL CAMERIERE.

Avrebbero difficoltà di pranzare in compagnia con altri due cavalieri?

LA CONTESSA.

Quando si desterà mio padre, ne parlerete con lui.

IL CAMERIERE.

Benissimo. (*Parte.*)

SCENA V.

LA CONTESSA, poi il MARCHESE.

LA CONTESSA.

In altro tempo gradito avrei moltissimo il trattenermi in piacevole compagnia, ma ora sono così angustiata, che non ho cuore di vedere persona, nè di trattare con chi che sia.

IL MARCHESE (*nell' intrare.*)

Signora, la riverisco umilmente.

LA CONTESSA.

Serva divota.

IL MARCHESE.

E' ella pure di viaggio?

LA CONTESSA.

Per obbedirla.

IL MARCHESE.

Per dove, se è lecito.

LA COMTESSE.

Oui, il dort toujours.

LE GARÇON.

Cela ne ferait-il point de peine à Monsieur et à Madame de dîner avec deux autres Messieurs qui viennent d'arriver ?

LA COMTESSE.

Quand mon père sera réveillé, vous lui en parlerez.

LE GARÇON.

Fort bien, Madame. (*Il sort.*)

SCÈNE V.

LA COMTESSE, ensuite le MARQUIS.

LA COMTESSE.

Dans toute autre circonstance, je me ferais un vrai plaisir de me trouver dans une compagnie aimable ; mais je suis si tourmentée aujourd'hui, que je ne veux voir personne, ni parler à qui que ce soit.

LE MARQUIS (*en entrant.*)

Madame, j'ai l'honneur de vous saluer humblement.

LA COMTESSE.

Je vous salue, Monsieur.

LE MARQUIS.

Madame voyage à ce qu'il paraît ?

LA COMTESSE.

Oui, Monsieur.

LE MARQUIS.

Et sans être trop curieux, Madame va....

LA CONTESSA.

Per Turino.

IL MARCHESE.

Ed io col mio compagno son diretto a Milano.

LA CONTESSA.

Ella va alla mia patria.

IL MARCHESE.

E' Milanese adunque.

LA CONTESSA.

Sì Signore. Con sua licenza. (*Vuol partire.*)

IL MARCHESE.

Perdoni. Volea domandarle una cosa, se mi permette.

LA CONTESSA.

Scusi, non vorrei, che si destasse mio padre, ed avesse occasion di riprendermi, s'io mi trattengo.

IL MARCHESE.

E chi è egli il suo signor Padre?

LA CONTESSA.

Il conte Roberto di Ripa lunga.

IL MARCHESE (*da se.*)

Oimè, che sento? qui la mia Sposa? Perchè in viaggio? Perchè partir da Milano?

LA CONTESSA.

Che vuol dir, Signore, questa sua sospensione? Conosce ella mio Padre?

IL MARCHESE.

Lo conosco per fama. Sarete voi, Signora, per avventura la contessina Beatrice?

LA CONTESSA.

Per l'appunto; come avete voi cognizione di mia persona?

LA COMTESSE.

A Turin.

LE MARQUIS.

Et moi et mon compagnon de voyage, nous allons à Milan.

LA COMTESSE.

Monsieur va dans ma patrie.

LE MARQUIS.

Madame est de Milan ?

LA COMTESSE.

Oui, Monsieur. Avec votre permission.... (*Elle va pour sortir.*)

LE MARQUIS.

Mille pardons, Madame; mais je voudrais vous faire une question, si vous voulez bien permettre.

LA COMTESSE.

Je vous prie de m'excuser ; mais mon père peut se réveiller ; et je ne voudrais pas qu'il eût lieu de me gronder de m'être arrêtée ici.

LE MARQUIS.

Et quel est-il Monsieur votre père ?

LA COMTESSE.

Le comte Robert de Ripa-Longa.

LE MARQUIS (*à part.*)

Qu'entends-je ! ô ciel, c'est là ma future ! pourquoi ce voyage ? pourquoi partir de Milan ?

LA COMTESSE.

Que signifie ce mouvement de surprise ? Monsieur connaîtrait-il mon père ?

LE MARQUIS.

Je le connais de réputation. Seriez-vous par hasard Madame la comtesse Béatrice ?

LA COMTESSE.

Précisément. Comment suis-je connue de vous ?

IL MARCHESE.

Non siete voi destinata in isposa al Marchese Leonardo de' Fiorellini?

LA CONTESSA.

Siete anche di ciò informato?

IL MARCHESE.

Sì certamente. Il Marchese è mio amico, e so, che dovea portarsi a Milano per concludere queste nozze. (*da se.*) Vo tenermi celato sin che arrivo a scoprire qual novità l'abbia fatta movere dal suo Paese.

LA CONTESSA.

Signore.... Chi siete voi per grazia?

IL MARCHESE.

Il conte Aruspici, Capitano delle guardie del Re.

LA CONTESSA.

Siete amico del Marchese Leonardo?

IL MARCHESE.

Sì certo, siamo amicissimi.

LA CONTESSA.

Potrei lusingarmi di ottenere da voi una grazia?

IL MARCHESE.

Comandate, Signora. Mi darò l'onor di obbedirvi. (*Il Cam. viene con l'acqua, e la presenta alla Contessa.*)

LA CONTESSA (*al Marchese.*)

Con permissione.

IL MARCHESE.

Vi supplico d'accomodarvi. (*Le dà una sedia; la Contessa siede, e poi beve l'acqua.*)

IL MARCHESE (*da se.*)

Il suo volto mi persuade; son contentissimo della

LE

LE MARQUIS.

N'êtes vous pas promise en mariage au marquis Léonard de Fiorellini?

LA COMTESSE.

Vous êtes informé de tout cela?

LE MARQUIS.

Certainement. Le Marquis est mon ami, et je sais qu'il devait se rendre à Milan pour conclure ce mariage. (*A part.*) Je ne veux point me faire connaître avant d'avoir découvert le motif de ce départ imprévu.

LA COMTESSE.

Monsieur.... de grace, à qui ai-je l'honneur de parler?

LE MARQUIS.

Au comte Aruspici, capitaine des gardes du roi.

LA COMTESSE.

Et vous êtes lié avec le marquis Léonardo?

LE MARQUIS.

Nous sommes amis intimes.

LA COMTESSE.

Me pourrais-je flatter d'obtenir une grace de vous?

LE MARQUIS.

Ordonnez, Madame, et j'aurai l'honneur de vous satisfaire.

(*Le garçon entre avec le verre d'eau qu'il présente à la Comtesse.*)

LA COMTESSE (*au Marquis.*)

Avec votre permission, Monsieur.

LE MARQUIS.

Ne vous gênez pas, je vous en supplie. (*Il lui donne une chaise; elle s'assied et boit.*)

LE MARQUIS (*à part.*)

Sa physionomie me persuade, je suis en général

sua gentillezza. (*Siede.*) Il cuore vorrebbe ch' io mi svelassi, ma la curiosità mi trattiene. (*Il cameriere parte.*)

LA CONTESSA.

Vorrei, che con tutta sincerità, da cavaliere, da uomo d' onore qual siete, aveste la bontà di dirmi di qual carattere sia questo signor Marchese, che mi vien destinato in isposo.

IL MARCHESE.

Sì signora, m'impegno di farvene intieramente il ritratto. Lo conosco assai per poterlo fare, e lo farò esatissimo ve lo prometto. Permettete però, ch' io vi chieda primieramente per qual ragione qui vi trovate, e non piuttosto in Milano, dove secondo il concertato, dovea portarsi il marchese Leonardo per isposarvi.

LA CONTESSA.

Ve lo direi francamente, ma ho timore, che si risvegli mio padre, e se mi trova qui con un Forestiere...

IL MARCHESE.

Sarà per voi una scusa assai ragionevole, trattenendovi con un' amico del vostro Sposo.

LA CONTESSA.

Non dite male. La ragione è onestissima.

IL MARCHESE.

Favorite dunque....

LA CONTESSA.

Sì volontiere. Io sono troppo sincera per poter nascondere la verità. Mio padre mi ha destinata in isposa ad un cavaliere, ch' io non conosco. Non l' ho

très-content de son ton. (*Il s'assied.*) Si j'en croyais mon cœur, je me déclarerais; mais la curiosité m'arrête. (*Le garçon sort.*)

LA COMTESSE

Je voudrais qu'avec toute la sincérité qui caractérise un gentilhomme, un homme d'honneur tel que vous, vous eussiez la complaisance de me dire quel est à peu près le caractère du marquis Léonardo que l'on veut me donner pour époux.

LE MARQUIS.

Oui, Madame; je m'engage même à vous faire entièrement son portrait. Je le connais assez pour l'entreprendre, et je vous réponds d'avance de la plus grande exactitude. Permettez-moi cependant de vous demander d'abord pourquoi vous vous trouvez ici et non pas à Milan, où, d'après le plan arrêté, le marquis Léonardo se devait transporter pour vous épouser?

LA COMTESSE.

Je vous le dirais sans détours; mais je tremble que mon père ne se réveille, et s'il me trouvait ici avec un étranger........

LE MARQUIS.

Vous auriez, Madame, une excellente excuse à lui donner : vous vous entretenez avec un ami de votre futur époux.

LA COMTESSE.

Je suis de votre avis; c'est une raison infiniment honnête.

LE MARQUIS.

Faites-moi donc le plaisir.....

LA COMTESSE.

Volontiers. Je suis naturellement trop franche, pour pouvoir déguiser la vérité. Mon père m'a promise en mariage à un Seigneur que je ne connais pas.

veduto mai, e non so s' io possa lusingarmi di dover essere con lui felice. Non mi cale ch' egli sia bello, non desidero ch' ei sia vezzoso; il più vago, il più brillante giovane di questo mondo potrebbe avere agli occhi miei qualche cosa di ributtante, che mi spiacesse, e mi ponesse in necessita di fargli conoscere la mia avverssione. Più dell' aspetto suo, è interessante per me il suo carattere. Chi mi accerta ch' egli sia umano, virtuoso, trattabile? La ricchezza, la nobiltà non mi lusingherà mai di star bene, se non avrò la pace del cuore, e questa vogl' io difenderla ad ogni costo con quel dono di libertà, che mi e concesso dal cielo. Mio padre, a dispetto delle mie proteste, ad onta delle mie ripulse, ha sottoscritto un contratto, che mi potrebbe sagrificare. Ho de' parenti in Milano, che persuasi delle mie ragioni, mi compatiscono; ed egli per levarmi ogni adito, ogni soccorso, vuol condurmi a Turino, vuol pormi al fianco di sua Sorella, ch' è l' autrice di tal contratto, e piacciami, o mi dispiaccia lo sposo, vuole costringermi a legarmi seco. Non ho potuto resistere alla improvvisa risoluzione sua di partire. Mi lascio con lui condurre a Turino; ma risoluta risolutissima di protestare la mia avversione, quando mi trovassi disposta ad abborrire il consorte. Andrò io stessa a gettarmi a piedi di quel Sovrano, chiederò giustizia contro le violenze del Padre; pronta a chiudermi in un ritiro per sempre, anzichè porger la mano ad un'oggetto che mi paresse spiacevole, pericoloso, ed ingrato.

IL MARCHESE.

Signora, io non so condannare nè le vostre massime, nè i vostri timori, nè le vostre risoluzioni. Vi compatisco anzi, e vi lodo; e s'io fossi quel desso, a cui vi avessero destinata in isposa, vi lascierei in pienissima libertà, quando avessi la sfortuna di non piacervi.

Je ne l'ai jamais vu, et j'ignore si je puis me flatter d'être heureuse avec lui. Peu m'importe qu'il soit beau, je ne le désire pas charmant. Le plus beau, le plus brillant cavalier du monde pourrait avoir, à mes yeux, quelque chose de rebutant qui me déplairait, et me mettrait dans la nécessité de lui faire connaître mon aversion. Son caractère m'intéresse beaucoup plus que sa figure. Qui me le garantira humain, vertueux, traitable ? La richesse, l'éclat du rang ne me feront point illusion sur mon prétendu bonheur, si je n'ai pas la paix du cœur. Je veux, du moins, la défendre quoi qu'il en coûte, ainsi que ma liberté, présent chéri que j'ai reçu du ciel. Mon père, malgré mes nombreuses protestations, malgré une opposition formelle de ma part, a signé un contrat, dont le but est de me sacrifier. J'ai des parens à Milan, qui, convaincus par la force de mes raisons, me plaignent sincèrement : eh bien ! pour m'ôter l'espoir de toute espèce de secours, mon père veut me conduire à Turin, me placer auprès de sa sœur qui a fait ce malheureux contrat ; et que l'époux futur me plaise ou me déplaise, il prétend me contraindre à m'enchaîner avec lui d'un nœud éternel. Je n'ai pu m'opposer à ce départ aussi subit qu'imprévu. Je me laisse conduire à Turin, mais résolue et très-résolue à protester de mon aversion, si je me sens de l'éloignement pour l'époux qu'on me destine. J'irai me jeter aux pieds du souverain ; je réclamerai contre les violences d'un père, bien décidée à me renfermer pour toujours dans un cloître, plutôt que de former un nœud désagréable, dangereux, et plus affreux pour moi que la mort même.

LE MARQUIS.

Je ne puis, Madame, ni condamner vos principes, ni combattre vos frayeurs et vos résolutions. Je vous plains au contraire, je vous loue ; et si j'étais celui que l'on vous destine, je vous laisserais une pleine et entière liberté, dans le cas où j'aurais le malheur de vous déplaire.

LA CONTESSA.

Signore, io vi ho detto sinceramente di me tutto quello, che potea dirvi; ditemi ora voi qualche cosa intorno al carattere del vostro amico.

IL MARCHESE.

Dirovvi prima, rispetto al suo personale, non esser egli assai bello, ma nel nostro paese non è mai passato per brutto.

LA CONTESSA.

Benissimo; tanto basta per un marito.

IL MARCHESE.

L'età sua la saprete?

LA CONTESSA.

Sì, quest'è forse l'unica cosa, che di lui mi fu detta. So, ch'egli è ancora in una fresca virilità, e mi dicono, aver egli un'avvantaggio dalla natura, che lo fa parere ancor più giovane di quello, ch'egli è di fatto.

IL MARCHESE.

Egli è piuttosto grande della persona, ma non ha l'incomodo di soverchia grassezza.

LA CONTESSA.

Tutto ciò è indifferente, vorrei saper qualche cosa del suo carattere, delle sue inclinazioni, de' suoi costumi.

IL MARCHESE.

Vi dirò, è tanto mio amico il marchese Leonardo, che non ho cuore di dirne male, e non ho coraggio di dirne bene.

LA CONTESSA.

Mi hanno detto, ch'egli è qualche volta collerico.

IL MARCHESE.

Sì, è vero, ma con ragione.

LA COMTESSE.

Monsieur, je vous ai dit franchement tout ce que je pouvais vous dire : donnez-moi, à votre tour, quelques détails sur le caractère de votre ami.

LE MARQUIS.

Quant à sa personne, je vous dirai d'abord qu'il n'est point très-beau ; il n'a cependant jamais passé pour laid dans notre pays.

LA COMTESSE.

A merveille ; c'est tout ce qu'il en faut pour un mari.

LE MARQUIS.

Vous aurez sans doute appris son âge ?

LA COMTESSE.

Oui, et c'est peut-être tout ce qu'on m'en a dit. Je sais qu'il est encore dans l'âge de la force et de la fraîcheur, et l'on ajoute que la nature lui a donné l'avantage de paraître plus jeune encore qu'il ne l'est en effet.

LE MARQUIS.

Il est plutôt grand que petit ; mais il n'a point l'embarras d'un embonpoint superflu.

LA COMTESSE.

Tout cela m'est absolument indifférent : mais je voudrais savoir quelque chose de son caractère, de ses goûts, de ses mœurs enfin.

LE MARQUIS.

Je vous dirai que je suis si intimement lié avec le Marquis, que je ne me sens ni la force d'en dire du mal, ni le courage d'en dire du bien.

LA COMTESSE.

On m'a dit qu'il était par foi un peu colère.

LE MARQUIS.

Cela est vrai ; mais ce n'est jamais sans motif.

LA CONTESSA.

Sapete voi dirmi s'ei sia geloso?

IL MARCHESE.

Per dire la verità, piuttosto.

LA CONTESSA.

Se sapete, ch'egli è geloso, saprete dunque, ch'egli ha fatto all'amore.

IL MARCHESE.

E chi è quel giovane, giunto alla fresca virilità, che voi dite, che non abbia fatto all'amore?

LA CONTESSA.

Questa è una cosa, che mi dispiace infinitamente.

IL MARCHESE.

Non vi dolete di ciò. Egli ha amato sempre con onestà, con rispetto, e con fedeltà.

LA CONTESSA.

Ha amato sempre? dunque ha amato più volte.

IL MARCHESE (*da se.*)

Cospetto! ha un'argomentazion, che imbarazza. Vi accerto, che s'ei si marita, donerà tutto il cuore alla di lui sposa.

LA CONTESSA.

Voi vi potete di ciò compromettere?

IL MARCHESE.

Sì certamente. Lo conosco sì a fondo, e talmente noti mi sono i di lui pensieri, che potrei giurare per esso, non che promettere, ed assicurarvi.

LA CONTESSA.

E quali sono i suoi più cari trattenimenti?

IL MARCHESE.

Ve li dico immediatamente: I libri, la conversazione, il teatro.

LA COMTESSE.

Pourriez-vous me dire s'il est jaloux ?

LE MARQUIS.

Il ne faut pas vous tromper ; il l'est un peu.

LA COMTESSE.

Puisque vous connaissez son penchant à la jalousie, vous savez par conséquent qu'il a déjà aimé ?

LE MARQUIS.

Eh ! quel est, Madame, le jeune homme parvenu à l'âge dont vous parlez, qui n'ait pas fait sa cour aux belles ?

LA COMTESSE.

C'est un article qui me déplaît souverainement.

LE MARQUIS.

Rassurez-vous, Madame. Il a toujours aimé avec honneur, respect et fidélité.

LA COMTESSE.

Toujours aimé ! Il a donc aimé plus d'une fois ?

LE MARQUIS (*à part.*)

Diable ! elle m'embarrasse avec ses argumens. (*Haut.*) Je vous proteste que s'il se marie, il donnera son cœur sans réserve à son épouse.

LA COMTESSE.

Et vous pouvez en répondre pour lui ?

LE MARQUIS.

Oui, certainement. Je le connais si bien, sa façon de penser m'est si familière, que j'en pourrais jurer pour lui, ce qui est bien plus rassurant encore qu'une simple promesse.

LA COMTESSE.

Et quels sont, s'il vous plaît, ses amusemens favoris ?

LE MARQUIS.

Vous les allez connaître. Ce sont les livres, la société, le théâtre.

La Contessa.

Male, malissimo. Un marito, che studia, trascura assai facilmente la moglie. Chiama la conversazione, non prende affetto alla casa; e chi frequenta il teatro trova delle occasioni assai comode per concepire delle novelle passioni.

Il Marchese.

Perdonatemi, signora mia, a me sembra, che v'ingannate, e credomi in necessità di fare l'apologia al sistema del mio buon' amico. Lo studio delle lettere è un'occupazione dello spirito, che non toglie al cuore l'umanità. L'amore è una passione della natura, e questa si sa sentire in mezzo alle più serie, o alle più dilettevoli applicazioni. Chi non sa far altro, che amare, per necessità deve qualche volta annojarsi della sua medesima compiacenza, e quel, ch' è peggio, dee infastidire l' oggetto de' suoi amori. Lo studio all' incontro divide l'animo con proporzione; insegna ad amare con maggiore delicatezza, fa discernere il merito della persona amata, e sembrano più brillanti le fiamme, dopo i respiri del cuore, dopo la distrazion dello spirito. — Veniamo ora all' articolo delle conversazioni. Infelice quell' uomo, che non ama la società. Questa lo rende colto, e gentile, spogliandolo di quella selvatichezza, che lo renderebbe poco dissimile dalle bestie. Un misantropo, un solitario non può essere, che incomodo alla famiglia, e seccante per una sposa. Chi abborrisce per se medesimo la conversazione, molto meno l' accorderà alla consorte, e per quanto si amino due conjugati, non può a meno, stando insieme tutto il giorno, e la notte, che non trovino frequenti motivi di corrucciarsi, e va a pericolo la tenerezza di convertirsi in noja, in dispetto, in aborrimento. — Dirò per ultimo quel, ch' io penso intorno ai teatri, e assicuratevi, che com' io penso, pensa pure il Marchese Leonardo, come se noi fossimo la stessa cosa;

LA COMTESSE.

Tant pis, tant pis. Un mari qui se livre à l'étude néglige assez volontiers sa femme. Celui qui aime la société, ne s'attache point à sa maison, et la fréquentation du théâtre fournit mille occasions de former des liaisons nouvelles.

LE MARQUIS.

Pardon, Madame. Mais il me semble que vous vous abusez, et je me trouve forcé de justifier le système de mon ami. L'étude des lettres amuse l'esprit, sans enlever le cœur aux douces affections de l'humanité. L'amour est une passion naturelle, que l'on éprouve au sein même des occupations les plus agréables et les plus sérieuses. Celui qui ne sait qu'aimer, doit être nécessairement fatigué quelquefois de sa propre complaisance; et, ce qui est bien pire encore, en fatiguer l'objet de son amour. L'étude, au contraire, partage également le cœur, elle nous apprend à aimer avec plus de délicatesse, elle nous fait mieux sentir le mérite de la personne aimée; et les feux de l'amour sont plus vifs et plus brillans, quand le cœur a respiré, et que l'esprit s'est distrait un moment. Passons maintenant à l'article de la société. Ah! malheureux celui qui la fuit! c'est elle qui rend l'homme civil, aimable, et le dépouille de cette rudesse sauvage qui le rapproche, pour ainsi dire, des animaux. Un misanthrope, un solitaire, est un fardeau pour sa famille, un supplice pour son épouse. Celui qui n'aime pas la société pour lui, ne sera, comme de raison, guère disposé à en laisser jouir son épouse: or, quelque soit l'amour mutuel de deux époux, il n'est guère possible qu'ils se trouvent du matin au soir ensemble, sans avoir mille occasions de se fâcher, et la tendresse court le danger de dégénérer bientôt en ennui, en dépit, en aversion même.

Je vous dirai enfin ce que je pense relativement au théâtre, et soyez sûre, Madame, que le Marquis pense à cet égard, comme si nous ne faisions qu'un,

ed ei medesimo favelasse colle mie labbra. Il teatro è il migliore trattenimento di tutti gli altri, il più utile, ed il più necessario. Le buone commedie istruiscono, e dilettano in un tempo stesso. Le tragedie insegnano a far buon uso delle passioni. Il comodo di conversare in teatro, non è quello, che cercano le persone di mal talento, e gli occhi del pubblico esiggono anzi il contegno, il rispetto, la civiltà, il buon costume. Il somma, sig. mia, se vi cale d'avere un marito onesto, amoroso, e bastantemente discreto, io conosco il Marchese, tale ve lo assicuro, e ve lo prometto; ma se lo voleste, o zottico, o effemminato, disingannatevi in tempo, e siate certa, che penetrando egli il vostro pensiere, sarà il primo a mettervi in libertà, a disciorre il contratto, e a porvi in istato di non perdere il vostro cuore, e la vostra pace.

LA CONTESSA.

Confesso il vero, in virtù delle vostre parole, io vado a Turino assai volentieri.

IL MARCHESE.

Siete persuasa del carattere del Marchese Leonardo? Siete contenta, di quanto di lui sinceramente v'ho detto?

LA CONTESSA.

Io sono persuasa, io sono contenta di quello, che voi mi dite; cioè, che s'ei non mi piace, mi abbia da lasciare nella mia pienissima libertà.

IL MARCHESE.

Signora Contessa, scusate l'ardire, io dubito, che abbiate il cuor prevenuto.

LA CONTESSA.

Nò certo, se amassi un'altro lo direi francamente.

IL MARCHESE.

Possibile, che la vostra bellezza non abbia encora ferito il cuore di qualcheduno?

et que ce fût lui qui vous parlât par ma bouche. Le théâtre est le meilleur, le plus utile, et le plus nécessaire de tous les délassemens. Les bonnes comédies instruisent et amusent en même temps : les tragédies nous apprennent à bien diriger nos passions. La facilité de faire des connaissances au théâtre, n'est pas l'avantage qu'y recherchent les libertins : les regards du public commandent la retenue, le respect, la décence et le bon ton. Enfin, Madame, si vous voulez avoir un mari honnête, qui vous aime, et passablement discret, je connais le Marquis : je vous assure et vous garantis qu'il est ce que je dis-là : mais si vous en désirez un qui soit grossier ou efféminé, détrompez-vous, il en est temps encore ; et soyez bien sûre que, pénétrant lui-même votre pensée, il sera le premier à vous laisser la liberté de rompre le contrat, et à ne point exiger de vous le sacrifice de votre cœur et de la paix dont il jouit.

LA COMTESSE.

Je l'avoue : sur la foi de vos discours, j'irai volontiers à Turin.

LE MARQUIS.

Êtes vous convaincue à présent du caractère du Marquis ? êtes-vous satisfaite du rapport sincère que je vous ai fait ?

LA COMTESSE.

Je suis persuadée, je suis contente sur-tout de ce que vous me dites, qu'il est capable de me laisser une pleine et entière liberté.

LE MARQUIS.

Mille pardons, madame la Comtesse ; mais je crois votre cœur engagé.

LA COMTESSE.

Non ; si j'aimais quelqu'un, je l'avouerais franchement.

LE MARQUIS.

Est-il possible que tant d'attraits n'aient blessé encore le cœur de personne ?

LA CONTESSA.

Io non dico, che non vi sia qualcheduno, che mi ami; dico soltanto, ch' io non ho il cuore impegnato.

IL MARCHESE.

E chi è, se e lecito, che per voi sospira?

LA CONTESSA.

Volete sapere un po' troppo, signor Capitano.

IL MARCHESE.

Siete tanto sincera, ch' io mi lusingo non mi tenete celato neppur quest' arcano.

LA CONTESSA.

Non è arcano altrimenti. Lo sa mio padre, lo sanno tutti, e ve lo dirò francamente è il baron Talismani.

IL MARCHESE.

Non lo conosco. E' giovane?

LA CONTESSA.

Bastantemente.

IL MARCHESE.

E' bello?

LA CONTESSA.

Non è sprezzabile.

IL MARCHESE.

E voi non l' amate?

LA CONTESSA.

Non l' amo, ma non l' abborrisco.

IL MARCHESE.

Lo prendereste in isposo?

LA CONTESSA.

Piuttosto lui, che una persona, ch' io non conosco.

IL MARCHESE.

Scusatemi, io credo, che ne siate accesa.

LA COMTESSE.

Je ne prétends pas dire que personne ne m'aime ; je dis seulement que mon cœur est encore libre.

LE MARQUIS.

Et serait-il permis de savoir quel est le mortel qui soupire pour vous ?

LA COMTESSE.

Monsieur le Capitaine, c'est en demander un peu trop.

LE MARQUIS.

Vous êtes si sincère, que j'ose me flatter que ce secret n'en sera pas un pour moi.

LA COMTESSE.

Ce n'est point autrement un secret. Mon père en est instruit, tout le monde le sait, et je vous le dirai volontiers : c'est le baron Talismani.

LE MARQUIS.

Je ne le connais point. Est-il jeune ?

LA COMTESSE.

Assez encore.

LE MARQUIS.

Bel homme ?

LA COMTESSE.

Mais il n'est point à dédaigner.

LE MARQUIS.

Et vous ne l'aimez pas ?

LA COMTESSE.

Je ne l'aime, ni ne le hais.

LE MARQUIS.

Vous l'épouseriez ?

LA COMTESSE.

Plus volontiers qu'un inconnu.

LE MARQUIS.

Pardon : mais je vous crois de l'inclination pour lui.

LA CONTESSA.

Mi conoscete poco, Signore; io non sono avvezza a mentire.

IL MARCHESE.

L'essere voi sì mal prevenuta per il Marchese Leonardo pare un'indizio di radicata passione.

LA CONTESSA.

Perdonate, io non ho detto di esserne mal prevenuta, temo, dubito, e me ne vò assicurare. Potete voi condar armi?

IL MARCHESE.

No, adorabile contessina. Voi meritate di esser contenta, e desidero, che lo siate; felice colui, che avrà la sorte di possedere una sposa sì amabile, e così sincera, ammirabile è la vostra virtù, rara è la vostra bellezza, soavi sono, e vivacissimi i vostri begli occhi....

LA CONTESSA (*si alza.*)

Signor Capitano, mi sembra, che vi avvanziate un po troppo.

IL MARCHESE.

Mi anima l'interesse, ch'io prendo pe 'l caro amico.

LA CONTESSA.

Fatelo con un poco più di contegno.

IL MARCHESE.

Oh cieli! vorrei pur chiedere.... Ma non ardisco.

LA CONTESSA.

Con permissione. E' tempo ch'io vada a risvegliare il mio Genitore. (*In atto di partire.*)

IL MARCHESE.

Permettetemi.

La Comtesse.

Vous ne me connaissez pas, Monsieur; mon usage n'est point de mentir.

Le Marquis.

Vos préventions contre le marquis Léonardo sembleraient indiquer une passion fortement enracinée.

La Comtesse.

Je n'ai point annoncé de préventions contre lui; mais je crains, je doute, et je veux m'éclaircir. Pourriez-vous condamner ma conduite ?

Le Marquis.

Non, Comtesse adorable; vous méritez d'être satisfaite, et je désire que vous le soyez. Trop heureux celui qui aura le bonheur de posséder une épouse aussi aimable, aussi sincère ! votre vertu est admirable, votre beauté rare, votre regard enchanteur, et vos beaux yeux d'une vivacité.....

La Comtesse.

Il me semble, Monsieur, que vous allez un peu trop loin. (*Elle se lève.*)

Le Marquis.

C'est le vif intérêt que je prends à mon ami, qui m'anime.....

La Comtesse.

Témoignez-le avec un peu plus de modération.

Le Marquis.

Oh ! ciel ! je voudrais cependant vous demander.... mais je n'ose pas........

La Comtesse.

Vous voudrez bien permettre, Monsieur, que j'aille réveiller mon père; il en est temps. (*Elle va pour sortir.*)

Le Marquis.

De grace, Madame, encore un mot.

LA CONTESSA.

E che cosa vorreste?

IL MARCHESE.

Ditemi coll'usata vostra sincerità, s'io fossi colui, che vi è destinato in isposo, potrei lusingarmi di essere da voi gradito?

LA CONTESSA.

Se amate la sincerità, soffrite ch'io vi dica di no.

IL MARCHESE.

Sono orribile agli occhi vostri.

LA CONTESSA.

Non vi dirò, se piacciami, o mi dispiaccia l'aspetto vostro. Dicovi solamente, che gli ultimi accenti vostri dimostrano in voi un poco troppo di militare licenza. Io non bramo uno sposo, nè zottico, nè selvaggio; ma la desidero onesto, morigerato, e prudente. (*Parte.*)

SCENA VI.

IL MARCHESE (*solo.*)

OH cieli! in qual orribile confusione mi trovo! Bello è il carattere della contessa, poichè è fondato sulla base della più pura sincerità. Ma io mi veggio sul punto di essere da lei ricusato, e dopo averla veduta, e dopo la scoperta fatta del di lei talento, e del di lei cuore, la perdita mi sarebbe più dolorosa. Ha detto liberamente, che s'io fossi quel tale non ne sarebbe contenta. Vero è, che mostrò di dirlo, per causa di un mio innocente trasporto; ma potrebbe con ciò aver colorita una maggiore avversione. Che

LA COMTESSE.

Que désireriez-vous, Monsieur ?

LE MARQUIS.

Parlez-moi avec votre franchise ordinaire ; si j'étais par hasard l'époux qu'on vous destine, me pourrais-je flatter du bonheur de vous plaire ?

LA COMTESSE.

Si vous aimez la sincérité, permettez que je vous dise que non.

LE MARQUIS.

Je suis donc horrible à vos yeux ?

LA COMTESSE.

Je ne vous dirai pas si votre extérieur me plaît ou me déplaît ; je me borne à vous témoigner que vos derniers mots annoncent en vous un peu trop de licence militaire. Je ne veux dans mon époux ni trop de grossièreté, ni trop de rudesse ; mais je désire trouver en lui de l'honnêteté, des mœurs et de la prudence. (*Elle sort.*)

SCÈNE VI.

LE MARQUIS (*seul.*)

Dans quelle horrible confusion elle me laisse ! grand Dieu ! J'aime dans la Comtesse ce caractère qui a pour base la plus pure sincérité : mais je me vois à l'instant d'en être refusé, et combien cette perte me serait plus douloureuse, après avoir découvert tout ce qu'elle possède d'amabilité et de vertus ! Elle m'a dit sans détour que si j'étais celui dont j'ai tracé le portrait, elle ne s'en contenterait point... ! Il est vrai que mon transport, bien innocent cependant, l'a forcée de me parler ainsi : mais elle pourrait,

fo io dunque? Mi scopro ad essa qual sono, o torno a Turino senza più rivederla? Ah non so che risolvere. Ecco l'amico, chiederei ad esso consiglio, ma non mi fido intieramente della sua prudenza.

SCENA VII.

IL TENENTE, ed il suddetto.

IL TENENTE.

Amico, noi avremo un sontuoso pranzo. Vi è di grasso, e di magro, e il vino di Monferrato è eccellente. Di più avremo un' altro compagno a Tavola; un cavaliere mio amico arrivato qui per la posta in questo momento. Parla con l'oste non so di che, e or' ora sarà qui con noi.

IL MARCHESE.

E chi è questo Forestiere?

IL TENENTE.

Il baron Talismani.

IL MARCHESE (*con ammirazione.*)

Come! il baron Talismani?

IL TENENTE.

Lo conoscete anche voi!

IL MARCHESE.

Non l'ho mai veduto, ma so chi egli è.

IL TENENTE.

Io vi assicuro ch' è un galant' uomo.

par-là, avoir coloré une aversion plus forte... Que faire donc? me ferai-je connaître pour ce que je suis, ou repartirai-je pour Turin sans la revoir? Je ne sais, en vérité, quel parti prendre. Je vois mon ami: je lui demanderais volontiers un conseil, mais je n'ai pas dans sa prudence plus de confiance qu'il ne faut.

SCÈNE VII.

LE LIEUTENANT et le précédent.

LE LIEUTENANT.

Mon ami, le dîner sera brillant. Il y a du gras et du maigre, et le Montferrat est excellent. Nous aurons de plus un autre convive; un seigneur de mes amis, qui arrive en poste dans le moment. Il parle de je ne sais quoi avec l'hôte, et va nous rejoindre dans la minute.

LE MARQUIS.

Et quel est cet étranger?

LE LIEUTENANT.

C'est le baron Talismani.

LE MARQUIS (*étonné.*)

Comment! le baron Talismani!

LE LIEUTENANT.

Oui, le connaîtriez-vous?

LE MARQUIS.

Je ne l'ai jamais vu, je sais cependant qui il est.

LE LIEUTENANT.

Je vous proteste que c'est un galant homme.

Il Marchese.

Sì, ne son persuaso. Gli avete voi detto che siete meco? Mi avete a lui nominato?

Il Tenente.

Non ho avuto tempo di farlo.

Il Marchese.

Avvertite a non dire ad esso chi sono.

Il Tenente.

Che imbroglio è questo? Evvi fra voi due qualche inimicizia?

Il Marchese.

Entriamo nella nostra Camera. Vi narrerò una stravagante avventura.

Il Tenente.

Si sa ancora, se avremo la fortuna di aver con noi questa giovane passeggiera?

Il Marchese.

Andiamo. Sentirete intorno ad essa qualche cosa di particolare.

Il Tenente.

L'avete veduta?

Il Marchese.

Ritiriamoci; che se viene il barone, temo non abbia a nascere qualche trista scena. Non è senza mistero la sua venuta. Venite, ascoltatemi, e se mi siete amico assistetemi. (*Da se.*) Ah temo che si amino, dubito che e la contessa affetti una mentita sincerità. Ardo di sdegno, fremo di gelosia. (*Entra nella sua camera.*)

Il Tenente.

Che imbroglio è questo? Non lo capisco. Spiacemi di vedere agitato l'amico, ma non vorrei perdere l'occasione di divertirmi con una buona tavola, e con una bella ragazza. (*Entra nella sua camera.*)

COMÉDIE.

LE MARQUIS.

J'en suis persuadé. Lui avez-vous dit que vous étiez avec moi ; m'avez-vous nommé devant lui ?

LE LIEUTENANT.

Je n'en ai pas eu le temps.

LE MARQUIS.

Gardez-vous bien de lui dire qui je suis.

LE LIEUTENANT.

Que signifie tout cela ? règne-t-il entre vous quelque inimitié ?

LE MARQUIS.

Entrons dans notre chambre ; et je vous ferai part d'une aventure bien étrange.

LE LIEUTENANT.

Eh bien ! savez-vous si cette jeune voyageuse nous accordera l'honneur de sa compagnie ?

LE MARQUIS.

Entrons. Vous apprendrez à son égard des choses tout-à-fait singulières.

LE LIEUTENANT.

Vous l'avez vue ?

LE MARQUIS.

Retirons-nous ; je tremble, si le Baron vient, qu'il n'en résulte quelque scène fâcheuse. Son arrivée ici n'est point sans mystères. Venez, écoutez-moi, et si vous êtes mon ami, ne m'abandonnez pas. (*A part.*) Ah ! je crains qu'ils ne s'aiment, et que la Comtesse n'ait joué la sincérité avec moi. Je brûle de courroux, je frémis de jalousie. (*Il entre dans sa chambre.*)

LE LIEUTENANT.

Quelle intrigue y a-t-il donc là-dessous ? je ne sais ce qu'il veut me dire. Je suis fâché de voir mon ami si agité ; je ne voudrais pas cependant que cela me fît perdre un bon dîner, et la compagnie d'une jolie femme. (*Il entre dans sa chambre.*)

SCENA VIII.

IL BARONE, ed IL CAMERIERE.

Il Cameriere.

Qui, Signore; non abbiamo altre camere in libertà. Se vuol restar servita di sopra?

Il Barone.

Dov' e'il Tenente?

Il Cameriere.

Perdoni io non so di questi Signori, che sono qui, qual sia il signor Tenente.

Il Barone.

Quegli che ha parlato meco giù nel Cortile.

Il Cameriere.

Sarà in quella Camera col suo compagno.

Il Barone.

E chi è il suo compagno?

Il Cameriere.

Non lo conosco.

Il Barone.

Qual è la camera, in cui mi disse il padrone esservi un cavaliere attempato con sua figliuola?

Il Cameriere.

Eccola lì, Signore; è quella.

Il Barone.

Benissimo; non occorr' altro.

Il Cameriere.

Vuol ella uno stanzino nell' appartamento di sopra?

SCÈNE VIII.

LE BARON, LE GARÇON de l'auberge.

LE GARÇON.

Ici, Monsieur, s'il vous plaît ; nous n'avons pas d'autres chambres libres pour le moment. Monsieur désire-t-il être servi en haut ?

LE BARON.
Où est le Lieutenant ?

LE GARÇON.
Pardon ; mais je ne sais lequel de ces deux Messieurs qui sont ici, est le Lieutenant.

LE BARON.
Celui qui m'a parlé dans la cour.

LE GARÇON.
Il sera sans doute dans cette chambre avec son compagnon de voyage.

LE BARON.
Et quel est-il son compagnon ?

LE GARÇON.
Je ne le connais pas.

LE BARON.
Quel est la chambre qu'occupe, m'a dit votre maître, un voyageur accompagné de sa fille ?

LE GARÇON.
La voilà, Monsieur ; c'est celle-ci.

LE BARON.
C'est bon ; voilà tout ce que je voulais savoir.

LE GARÇON
Monsieur voudrait-il une petite chambre dans l'appartement au-dessus ?

IL BARONE.

Dove si pranza?

IL CAMERIERE.

In questa sala.

IL BARONE.

Bene; resterò qui; io non ho bisogno di camera.

IL CAMERIERE.

Si serva, come comanda. (*Parte.*)

SCENA IX.

IL BARONE (*solo.*)

Nasca quel, che sa nascere, vò prendermi almeno questa soddisfazione. Vò sapere se la mal' azione, che mi vien fatta proviene dal conte, o da sua figliuola. Partir senza dirmi nulla? Permettere, ch'io vada al solito per visitar la contessa, e farmi dire da un servitore: sono partiti? La sera innanzi si sta insieme in conversazione, e non mi si dice: domattina partiamo? è un'insulto, è un'inciviltà insopportabile.

SCENA X.

IL CONTE, (*senza spada*) ed il suddetto.

IL CONTE (*da se.*)

Che vedo? qui il baron Talismani?

IL BARONE (*da se.*)

Non so, se più m'interessi l'amore, o il disprezzo, o la derisione.

COMÉDIE.

LE BARON.

Où dîne-t-on ?

LE GARÇON.

Dans cette salle.

LE BARON.

Fort bien : je resterai ici. Il ne me faut pas de chambre.

LE GARÇON.

Monsieur sera servi comme il le désire. (*Il sort.*)

SCÈNE IX.

LE BARON (*seul.*)

Qu'il en résulte ce qu'il pourra : je veux avoir, du moins, cette satisfaction. Je veux savoir si ce procédé indigne vient du père ou de la fille. Comment ! partir sans m'en dire un mot ! Souffrir que j'aille, suivant ma coutume, rendre visite à la Comtesse, et me faire dire par un valet : ils sont partis ! La veille, nous passons la soirée ensemble, et l'on ne me dit pas : nous partons demain ! C'est une insulte, c'est une incivilité impardonnable.

SCÈNE X.

LE COMTE (*sans épée*) et le précédent.

LE COMTE (*à part.*)

Que vois-je ? Le baron Talismani en ces lieux ?

LE BARON (*à part.*)

Je ne sais si c'est l'amour, le mépris ou l'insulte que l'on m'a faite, qui m'aigrit le plus.

IL CONTE.
Signor Barone, la riverisco divotamente.
IL BARONE.
Servo, suo signor Conte.
IL CONTE.
Che fa ella quì, Signore?
IL BARONE.
Il mio dovere. Venni per augurarle il buon viaggio, e per usare seco lei quella urbanità, che non si è degnata di praticare con me.
IL CONTE.
Vossignoria potea risparmiarsi l'incomodo. So, che per me non si sarà data tal pena.
IL BARONE.
Sì Signore, sono quì venuto per voi.
IL CONTE.
Ed in che vi posso servire?
IL BARONE.
Desidero, che mi diciate per qual ragione vi siete partito da Milano, senza ch'io abbia avuto l'onor di saperlo?
IL CONTE.
Siccome non abbiamo insieme verun'interesse, io non mi sono creduto in debito di parteciparvi la mia partenza.
IL BARONE.
Parmi, che a ciò vi dovesse obbligare il buon costume, l'amicizia, la convenienza.
IL CONTE.
Circa al buon costume, io credo di non averlo da imparare da voi. Se mi parlate dell'amicizia, vi

COMÉDIE.

LE COMTE.

Monsieur le Baron, votre très-humble serviteur.

LE BARON.

Je vous salue monsieur le Comte.

LE COMTE.

Que fait ici Monsieur ?

LE BARON.

Mon devoir. Je suis venu pour vous souhaiter un bon voyage ; et pour m'acquitter envers vous de cette politesse dont Monsieur n'a pas daigné user à mon égard.

LE COMTE.

Monsieur pouvait s'épargner cette peine : je sais très-bien qu'il ne se la fût pas donnée pour moi.

LE BARON.

Je vous demande pardon ; c'est pour vous précisément que je suis venu.

LE COMTE.

Et en quoi vous puis-je être utile ?

LE BARON.

Je désire que vous m'appreniez pour quel motif vous avez quitté Milan, sans me faire l'honneur de m'en parler.

LE COMTE.

Comme il n'existe entre nous aucun intérêt particulier, je ne me suis pas cru obligé de vous faire part de mon voyage.

LE BARON.

Il me semble que le bon ton, l'amitié et la simple bienséance vous en faisaient une loi.

LE COMTE.

A l'égard du bon ton, je ne crois pas avoir besoin d'en prendre des leçons de vous. Quant

dirò, ch'io soglio usarla, e misurata secondo le circostanze, e rispetto alla convenienza, avrei largo campo da giustificarmi, se il rispetto, ch'io porto alla vostra casa non mi costringesse a tacere.

IL BARONE.

Signore, voi tacendo, mi spiacete assai più, di quel che possiate fare parlando.

IL CONTE.

Quand'è così, adunque parlerò per spiacervi meno. Dite di grazia. Sapete voi, che la mia figliuola è promessa in Isposa ad un cavaliere Piemontese.

IL BARONE.

Lo so benissimo. Ma so altresì, ch'ella non consente sposarlo, senza prima conoscerlo.

IL CONTE.

Siete voi persuaso, che una figliuola sia padrona di dirlo, quando il di lei padre ha sottoscritto un contratto?

IL BARONE.

Io non credo, che un padre abbia l'autorità di sagrificare una figlia.

IL CONTE.

Come potete voi dire, che ella sia con queste nozze sagrificata?

IL BARONE.

E come potete voi assicurarvi, che ella ne sia contenta?

IL CONTE.

Per assicurarmi di ciò, la conduco meco a Turino.

IL BARONE.

Bene io non vi condanno per questo. Ma perchè non dirlo agli amici vostri?

IL CONTE.

Tutti i miei amici sono stati di ciò avvertiti.

à l'amitié, je vous dirai que j'en connais les devoirs, mais que je sais la mesurer aux circonstances. Pour la bienséance, j'aurais un champ vaste pour me justifier, si mon respect pour votre maison ne m'imposait silence.

LE BARON.

Tout en vous taisant, Monsieur, vous vous expliquez beaucoup plus que vous ne le pourriez faire en parlant.

LE COMTE.

Dans ce cas-là, je parlerai, afin de vous moins déplaire. Dites-moi, de grace : vous n'ignorez pas que ma fille est promise à un seigneur Piémontais.

LE BARON.

Je le sais parfaitement ; mais je sais aussi qu'elle ne consent point à l'épouser sans l'avoir vu.

LE COMTE.

Et vous pensez qu'une fille est la maîtresse de parler ainsi, quand son père a signé le contrat ?

LE BARON.

Je ne crois pas qu'un père ait le pouvoir de sacrifier sa fille.

LE COMTE.

Comment pouvez-vous dire que je la sacrifie par une semblable alliance ?

LE BARON.

Et comment pouvez-vous croire qu'elle en soit satisfaite ?

LE COMTE.

C'est pour m'en assurer que je la conduis à Turin.

LE BARON.

Je ne vous puis condamner à cet égard. Mais pourquoi en faire un mystère à vos amis ?

LE COMTE.

Tous mes amis en ont été prévenus.

IL BARONE.

Io dunque non sono da voi onorato della vostra amicizia?

IL CONTE.

Signor Barone, facciamo a parlar chiaro. L'amicizia, che dite d'avere per me, non deriva da un sincero attaccamento alla mia persona, ma dall'amore che avete per mia figliuola; e il ciel non voglia, che non vi mova piuttosto la condizione di un'unica figlia, erede presuntiva di un genitore non povero. Qualunque sia il pensier che vi stimola, è sempre indegno di un galant'uomo, che dee rispettare l'autorità di un padre, e la casa di un cavaliere onorato. Può essere, che la renitenza di mia figliuola alle nozze ch'io le propongo, derivi innocentemente dal di lei cuore, ma ho anche ragion di sospettare, che l'orgoglio di una fanciulla sia animato dalle lusinghe di un amante vicino. Beatrice è saggia, e morigerata, ma tanto più mi confermo che non sia ella per se medesima capace di contradirmi, senza essere prevenuta da qualche occulta passione. Voi siete il solo su cui cader possono i miei sospetti, ed ho a ragion dubitato, che partecipandovi la risoluzione mia di condurla meco a Turino, aveste l'abilità di persuaderla a contradirmi, anche in questo, e pormi in necessità di usar la violenza, e il rigore. Ecco la ragione, per cui vi ho tenuto celato il disegno mio di partire non per mancanza di rispetto a voi, ed alla vostra degna famiglia. Se ciò vi sembra un'aggravio, vi supplico di perdonarmi. Scusate un padre impegnato, compatite un cavaliere, che ha data la sua parola. Esaminate voi stesso, e comprenderete meglio di quello ch'io possa dirvi, se onesti sono i miei sentimenti.

IL BARONE.

Si, conte, mi persuade il vostro sano ragionamento, e sono assai soddisfatto dalle vostre cortesi giustificazioni. Vi confesso la verità, ho della stima per la

COMÉDIE.

LE BARON.

Je n'ai donc pas l'honneur d'en être?

LE COMTE.

Tenez, monsieur le Baron, parlons clairement. L'amitié que vous dites avoir pour moi, n'est pas le fruit d'un attachement vrai pour ma personne, mais de l'amour que vous inspire ma fille ; et Dieu veuille encore que vous ne soyez pas guidé plutôt par l'espoir d'obtenir une fille unique, héritière d'un père passablement riche. Quelque soit le motif qui vous conduit, il est indigne d'un galant homme qui doit respecter l'autorité d'un père, et la maison d'un gentilhomme honnête. Il est possible que la résistance qu'oppose ma fille à ce mariage, vienne innocemment d'elle-même : j'ai tout lieu de croire cependant que l'orgueil d'une enfant est excité par les promesses chimériques de l'amant qui l'approche. Béatrice est sage, elle est bien élevée ; et tout cela me confirme dans l'idée qu'elle serait incapable de me contredire, si son cœur n'était préoccupé d'une passion secrète. C'est sur vous seul que peuvent tomber mes soupçons, et j'ai craint, avec raison, que si je vous communiquais notre départ, vous n'eussiez l'adresse de l'engager à me contredire encore, et à me forcer par là d'employer la violence et la rigueur. Voilà pourquoi je vous ai caché ce voyage, et non pour manquer au respect que je vous dois, ainsi qu'à votre famille. Si ma conduite vous offense, je vous supplie de me pardonner. Excusez un père qui était engagé, et plaignez un gentilhomme qui avait donné sa parole. Un petit retour sur vous-même vous fera comprendre, mieux que tous mes discours, à quel point mes sentimens sont honnêtes.

LE BARON.

Oui, Comte : la sagesse de vos raisons me persuade, et je suis satisfait d'une justification aussi honnête. Je vous l'avouerai, j'ai de l'estime pour

degna vostra figliuola, parliamo liberamente, ho dell'amore, ho della tenerezza per essa, e volesse il cielo, ch'io fossi degno di possederla, non già pe'l vile interesse della sua dote, ma pe'l merito di quella bellezza, e di quella virtù, che l'adorna. Vi giuro non pertanto sull'onor mio, non aver io colpa veruna nella ritrosia, ch'ella mostra ai voleri vostri. Non son capace di farlo, ed ella non è sì debole per lasciarsi sedurre. Compatitemi, se ho potuto spiacervi. Scusate in me una passione onestissima, concepita per la violenza di un merito sorprendente; assicuratevi del mio rispetto, e fatemi degno della cara vostra amicizia.

Il Conte.

Ah caro amico, voi mi onorate, voi mi colmate di consolazione. Vi amo, vi stimo, eccovi in quest'abbraccio un sincero segno dell'amor mio.

Il Barone.

Conte, poss'io avanzarmi a domandarvi una grazia?

Il Conte.

Chiedete pure, che non farei per un cavaliere sì degno.

Il Barone.

Permettetemi, ch'io possa accompagnarvi a Turino.

Il Conte.

No, scusatemi; questo è quello, ch'io non vi posso permettere.

Il Barone.

Per qual ragione?

Il Conte.

Stupisco, che non la vediate da voi medesimo. Un padre onorato non ha da condurre la propria figlia allo sposo coll'amante al fianco.

Il Barone.

Io non intendo venirvi, che col carattere di vostro amico.

votre fille ; parlons franchement, j'ai de l'amour et de la tendresse pour elle. Plût au ciel que je fusse digne de la posséder un jour ! non pour le vil intérêt d'une dot, mais pour la beauté qui la pare, pour les vertus qui ornent son cœur. Je vous proteste sur mon honneur que je ne suis pour rien dans la résistance qu'elle oppose à vos volontés ; j'en suis incapable, et elle n'est point assez faible pour se laisser séduire. Pardon, si j'ai pu vous déplaire : excusez une passion honnête, inspirée par l'excès d'un mérite étonnant ; soyez convaincu de mon respect, et rendez-moi digne de votre amitié.

LE COMTE.

Mon cher ami, vous m'honorez ; vous me comblez de satisfaction. Je vous aime, je vous estime, et recevez dans cet embrassement un gage sincère de mon amitié.

LE BARON.

Comte, puis-je vous demander une grace ?

LE COMTE.

Demandez ; que ne ferai-je pas pour un si digne ami ?

LE BARON.

Souffrez que je vous accompagne à Turin.

LE COMTE.

Pardon ; mais c'est un point que je ne vous puis accorder.

LE BARON.

Pourquoi cela ?

LE COMTE.

Je suis étonné que vous ne le voyiez pas vous-même. Un père honnête ne doit pas conduire sa fille à son époux, avec son amant à ses côtés.

LE BARON.

Mais je ne m'y veux présenter que sous le titre de votre ami.

IL CONTE.

E' ancora troppo indiviso l'amico del padre e l'amante della figliuola.

IL BARONE.

Sono un cavaliere onorato.

IL CONTE.

Se tal siete, appagatevi della ragione.

IL BARONE.

E bene, s'io non verrò con voi, non mi potrete vietare ch'io vi seguiti di lontano.

IL CONTE.

Potrò fare in modo per altro, che non restiate in Turino.

IL BARONE.

Come?

IL CONTE.

Partecipando alla corte la vostra pericolosa insistenza.

IL BARONE.

Voi mi siete dunque nemico; voi mi giuraste falsamente amicizia, per adularmi.

IL CONTE.

Voi piuttosto cercate d'addormentarmi con ingannevoli proteste d'indifferenza.

IL BARONE.

I pari miei non mentiscono.

IL CONTE.

I pari vostri dovrebbono conoscer meglio il proprio dovere.

IL BARONE.

Il mio dover lo conosco, ed insegnerò a voi ad usar il vostro.

IL CONTE.

L'ardire, con cui vi avanzate a parlarmi è prova manifesta del vostro mal'animo, e della vostra indegna passione.

LE COMTE.

L'ami du père et l'amant de la fille se touchent encore de trop près chez vous.

LE BARON.

Je suis honnête homme.

LE COMTE.

Si vous l'êtes en effet, rendez-vous à la raison.

LE BARON.

Eh bien! si je ne vous accompagne point, vous ne m'empêcherez pas peut-être de vous suivre de loin.

LE COMTE.

Je pourrai vous empêcher, du moins, de séjourner à Turin.

LE BARON.

Comment cela?

LE COMTE.

En instruisant la cour de votre poursuite dangereuse.

LE BARON.

Vous êtes donc mon ennemi; et ce n'est que pour m'abuser, que vous m'avez juré une fausse amitié.

LE COMTE.

C'est vous plutôt qui cherchez à me séduire, en affectant une trompeuse indifférence.

LE BARON.

Mes pareils ne mentent jamais.

LE COMTE.

Vos pareils devraient mieux connaître leur devoir.

LE BARON.

Je le connais, et je vous apprendrai à faire le vôtre.

LE COMTE.

L'audace de vos discours est une preuve manifeste de vos intentions et de votre passion indigne.

IL BARONE.

Non è cavaliere, chi pensa male de' galant' uomini.

IL CONTE.

Son cavaliere, e non mi pento de' miei sospetti.

IL BARONE.

Rendetemi conto dell' ingiuria, che voi mi fate.

IL CONTE.

Attendetemi; e ve lo proverò colla Spada.
(*In atto di andare alla sua camera.*)

SCENA XI.

LA CONTESSA, E DETTI.

LA CONTESSA.

Ah padre, trattenetevi per amor del cielo.

IL CONTE.

Ah figlia ingrata! ecco svelato il gran mistero delle tue renitenze. Ecco chi ti anima ad una scorretta disobbedienza. Ecco l' oggetto delle tue fiamme, che ti fa odiare l' immagine d' ogn' altro sposo.

IL BARONE (*da se.*)

Ah volesse il cielo, ch' egli dicesse la verità.

LA CONTESSA.

No, Signor, v'ingannate. Niuno ha ardito di consigliarmi; nè io sono si docile, per lasciarmi vincere, e persuadere. Il mio cuore è ancor libero, ed amo tanto questa mia libertà, che ardisco di contrapporla

LE BARON.

Ce n'est pas être gentilhomme, que de soupçonner un galant homme.

LE COMTE.

Je suis gentilhomme, et je ne me repens pas de mes soupçons.

LE BARON.

Rendez-moi raison de l'injure que vous me faites.

LE COMTE.

Je suis à vous; et je vous prouverai l'épée à la main...... (*Il va pour entrer dans sa chambre.*)

SCÈNE XI.

LA COMTESSE, ET LES PRÉCÉDENS.

LA COMTESSE.

Au nom du ciel, arrêtez, mon père !

LE COMTE.

Fille ingrate ! le voilà donc révélé le grand secret de votre obstination ! voilà celui qui vous encourage à me désobéir ! voilà l'objet de votre flamme, et l'amant qui vous rend odieuse jusqu'à l'idée d'un autre époux !

LE BARON (*à part.*)

Ah ! plût au ciel qu'il dît la vérité.

LA COMTESSE.

Non, mon père ; vous êtes dans l'erreur. Personne n'a eu l'audace de me conseiller à ce sujet, et je ne suis pas fille à me laisser vaincre ou persuader avec tant de docilité. Mon cœur est libre encore, et ma liberté m'est si chère, que j'ose la préférer

a chi mi ha dato la vita. Niuno più di voi, Signore, ha il diritto di comandarmi; e sarei disposta a ciecamente obbedirvi, quando non si trattasse di un sagrifizio sì grande, sì incerto, e pericoloso.

IL BARONE (*da se.*)

Eppure io mi lusingo ancora ch' ella mi ami.

IL CONTE (*da se.*)

Vo assicurarmi, s' ella è sincera, o se finge, e m' inganna. (*Alto.*) Tu temi adunque, che il marchese Leonardo possa spiacerti?

LA CONTESSA.

E non è irragionavole il mio timore?

IL CONTE.

E s' ei non è di tuo genio, sei risoluta di non volerlo?

LA CONTESSA.

Perdonatemi per carità....

IL CONTE.

Oh via, non vo'che tu mi creda così tiranno, ch'io voglia violentare il tuo cuore, e renderti sfortunata per sempre. Sperai togliendoti da Milano, vederti più rassegnata: temei, che un segreto amor ti accendesse, ti credo libera, ti veggio nel tuo pensiere constante; penso di non arrischiare il mio decoro in Turino. Torniamo dunque a Milano. Troverò io la maniera di sciogliere il contratto col Marchese Leonardo, e ti porrò nella tua pienissima libertà. Tu vedi per altro, che non mancheranno al paese nostro le critiche, e le mormorazioni. Sarebbe bene, che tu accettassi un'altro partito, di cui fosti meglio contenta. Il baron Talismani è un cavaliere di merito. Mi lagnai ingiustamente di lui, credendo lo a parte de'tuoi segreti; lo trovo innocente, e mi pento d' averlo insultato. Però s' ei

à l'auteur même de mes jours. Vous seul, mon père, avez le droit de me commander ; et vous pourriez compter sur une obéissance aveugle, s'il s'agissait d'un sacrifice moins grand, moins incertain, et sur-tout moins dangereux.

Le Baron (*à part.*)

Je crois cependant encore qu'elle a de l'inclination pour moi.

Le Comte (*à part.*)

Je veux savoir si elle parle sincèrement, ou si elle cherche à m'abuser. (*Haut.*) Tu crains donc que le marquis Leonardo ne te plaise pas ?

La Comtesse.

Et croyez-vous ma crainte sans fondement ?

Le Comte.

Et dans le cas où il ne te plairait pas, tu es bien décidée à le refuser ?

La Comtesse.

Mon père, au nom du ciel.....!

Le Comte.

Allons, je ne veux point que tu me croies assez barbare pour vouloir forcer ton inclination, et te condamner à un malheur éternel. Je me flattai qu'en te faisant sortir de Milan, je te trouverais plus docile : je te soupçonnais préocupée d'une passion secrète.... Je te crois parfaitement libre ; tu persistes dans ta pensée, et je ne dois plus songer à hasarder ma réputation à Turin. Retournons donc à Milan. Je trouverai moyen de retirer la parole que j'ai donnée au Marquis, et je te rendrai ta liberté toute entière. Tu sens bien, d'un autre côté, que les langues de nos chers compatriotes vont s'exercer à nos dépens. Il faudrait nécessairement que tu acceptasses un autre époux qui te convînt davantage. Le baron Talismani est un seigneur du premier mérite : j'ai eu tort de me plaindre de lui ; mais je le croyais dans tes secrets.

si scorda de' miei trasporti, s'ei non isdegna di averti, se tu acconsenti a un tal nodo, io te l' offerisco in consorte.

IL BARONE.

Ah Conte, voi mi colmate di giubbilo, voi mi colmate di contentezza. Scordomi ogni dispiacere sofferto per una sì amabile sposa, per un suocero sì rispettabile, e generoso.

LA CONTESSA.

Piano, Signore, con questi titoli di sposa, e di suocero. Rendo grazie alla bontà di mio padre, che usami una sì amorosa condescendenza; ma io non sono in grado di abbandonarmi ad una sì repentina risoluzione.

IL BARONE.

Oh cieli! ricusate voi la mia mano?

LA CONTESSA.

Il tempo, e l'occasione, in cui me l'offrite, non merita ch'io ne faccia gran caso. Voi mi vedete in viaggio per vedere uno sposo, che mi viene offerto; me vedete in pericolo di disgustar il mio genitore s'io non l'accetto, o di porlo in un imbarazzo, se, per compiacermi, si espone al pericolo di lacerare una scritta. Sembra a voi cosa onesta offrire il mezzo ai sconcerti, alle inimicizie, alle dissensioni?

IL BARONE.

Signora mia, scusatemi, voi mostrate di essere uno spirito di contradizione.

IL CONTE.

Rispettate mia figlia. Ella mostra di essere più ragionevole, e più saggia di voi.

IL BARONE.

Sono ormai stanco di sofferire gl' insulti....

Il est innocent, et je suis fâché de l'avoir insulté. Mais s'il daigne oublier ce premier transport, s'il veut accepter ta main, et si tu la lui donnes sans répugnance, je te le présente en qualité d'époux.

LE BARON.

Ah! Comte, vous me comblez de joie, vous me comblez de satisfaction! J'oublie volontiers tout ce que j'ai pu souffrir pour une aussi aimable épouse, pour un beau-père si respectable et si généreux.

LA COMTESSE.

Doucement, Monsieur : c'est prodiguer trop tôt les titres d'épouse et de beau-père. Je rends grâce à la bonté d'un père qui condescend à mes désirs avec tant d'amitié : mais je ne suis pas dans une position à prendre si promptement mon parti.

LE BARON.

Qu'entends-je! ô ciel! vous refusez ma main!

LA COMTESSE.

Le temps, la circonstance où vous me faites l'honneur de me l'offrir, ne me permettent pas d'en faire beaucoup de cas. Je suis en route pour aller voir l'époux que l'on m'offre : vous me voyez dans la triste alternative d'affliger mon père si je n'accepte pas, ou de le mettre dans l'embarras, s'il s'expose, pour me faire plaisir, à déchirer un écrit. Trouvez-vous qu'il soit bien délicat de vous venir jeter au milieu du trouble, des inimitiés et des dissentions que cela peut occasioner?

LE BARON.

Pardon, Madame ; mais c'est montrer un esprit de contradiction.....

LE COMTE.

Respectez ma fille. Elle montre plus de raison et de prudence que vous.

LE BARON.

Je commence à être las de vos insultes.....

IL CONTE (*al Barone.*)

Achetatevi per un momento. (*Alla Contessa.*) Quale dunque sarebbe la tua intenzione?

LA CONTESSA.

Proseguire il nostro cammino: veder lo sposo, che mi proponete, assicurarmi del suo carattere, e del suo costume. Per poco ch'egli mi piaccia, quando è onesto, e discreto, preferirò ad ogn'altro colui, che ha l'onore di essere da voi prescielto. Ma quando il cuore mi obbligasse ad odiarlo, avrò coraggio io medesima di manifestargli la mia avversione, di liberar me stessa dal sagrifizio, e di esimer voi da un'impegno, premendomi tanto la pace mia, quanto l'onor vostro, e la vostra tranquillità.

IL CONTE.

Si, figlia, tu pensi assai rettamente, e mi lusingo, che il cielo ti farà esser contenta.

IL BARONE.

Qualunque sia la scena, che de è succedere, verrò a Turino per esserne anch'io spettatore.

IL CONTE.

Voi non ardirete di farlo.

IL BARONE.

Nè voi avete autorità bastante per impedirmelo.

IL CONTE.

I pazzi si castigano da per tutto.

IL BARONE.

Pazzo a me? Provvedetevi della vostra spada.

LA CONTESSA.

Qual ardire è cotesto?.....

LE COMTE (*au Baron.*)

Calmez-vous pour un moment. (*A la Comtesse.*) Quelle serait donc ton intention?

LA COMTESSE.

De suivre notre route, de voir l'époux que vous me proposez, et de connaître son caractère et ses inclinations. Pour peu qu'il me plaise, qu'il soit honnête et décent, je le préférerai à tout autre, puisqu'il a fixé l'honneur de votre choix. Mais si je me trouve forcée de le haïr, j'aurai le courage de lui témoigner mon aversion, de m'affranchir du sacrifice, et de vous délivrer de votre engagement. Je ne suis pas plus jalouse de la paix de mon cœur, que de votre honneur et de votre tranquillité.

LE COMTE.

Oui, ma fille, c'est fort bien penser, et j'ose espérer que le ciel comblera tes vœux.

LE BARON.

Quelle que soit la scène qui résultera de tout ceci, j'irai à Turin pour en être spectateur.

LE COMTE.

Vous n'aurez pas l'audace de le faire.

LE BARON.

Ni vous le crédit de m'en empêcher.

LE COMTE.

On corrige les fous, quelque part qu'ils se trouvent.

LE BARON.

Moi, un fou! munissez-vous de votre épée.

LA COMTESSE.

Quelle est cette audace.....?

SCENA XII.

IL TENENTE, E DETTI.

IL TENENTE.

Alto, alto, signori miei. Non procedete più oltre colle minacce. Sono stato fin'ora testimonio delle vostre contese. Or che vi sento prossimi ad un cimento, son quà io, ad interessarmi per la pace comune.

IL CONTE.

Signore, io non ho l'honor di conoscervi.

IL TENENTE.

Sono un' Offiziale di sua Maestà; il Tenente Malpresti per obbedirvi.

LA CONTESSA.

Siete voi il compagno di viaggio del capitano?

IL TENENTE (*ridendo.*)

Sì; Signora, del Capitano.

IL CONTE (*alla Contessa.*)

Come conosci tu questo capitano?

LA CONTESSA.

Signore; l'ho qui veduto, ho seco lui favellato. E' grande amico del Marchese Leonardo. Mi ha ragionato di lui lungamente; mi ha detto dell' amico suo qualche parte di bene, ma per dirvi la verità non ne sono intieramente contenta.

IL TENENTE.

Non badate, Signora, a ciò che vi ha detto il compagno mio. Egli è assai capriccioso, ama moltissimo il Marchese Leonardo, l' ama quanto se stesso,

SCÈNE XII.

LE LIEUTENANT, et les Précédens.

LE LIEUTENANT.

ALTE-LA, Messieurs, alte-là. Que ces menaces n'aillent pas plus loin. J'ai été jusqu'ici témoin du débat; et vous voyant sur le point de le terminer par un combat, je viens travailler à la paix générale.

LE COMTE.

Monsieur, je n'ai point l'honneur de vous connaître.

LE LIEUTENANT.

Je suis l'un des Officiers de sa Majesté, le lieutenant Malpresti, pour vous servir.

LA COMTESSE.

Etes-vous le compagnon de voyage du Capitaine?

LE LIEUTENANT (*souriant.*)

Oui, Madame, du Capitaine.

LE COMTE (*à sa fille.*)

Comment connais-tu ce Capitaine?

LA COMTESSE.

Je l'ai vu ici; j'ai causé avec lui. Il est très-lié avec le marquis Leonardo. Il m'a parlé de lui dans le plus grand détail, et m'a dit quelque bien de son ami; mais, pour dire la vérité, je n'en suis pas en général très-contente.

LE LIEUTENANT.

Ne vous arrêtez point, Madame, à ce que vous a dit mon compagnon. C'est un homme assez singulier; il aime prodigieusement le Marquis, il l'aime comme

e come non ardirebbe di esaltar sè medesimo, usa la stessa moderazione parlando del caro amico. Badate a me, che lo conosco egualmente, ma non ho i suoi stessi riguardi. Il Marchese Leonardo è il più amabile, è il più gentil cavaliere del mondo.

Il Barone.

Signor Tenente, voi potevate far a meno d'incomodarvi.

Il Tenente.

Credetemi, non mi sono incomodato per voi. Sono uscito per impedire un duello, e per rallegrar l'animo di questa bella Signora. Ella teme di andare a Turino a sagrificarsi, ed io l'accerto, che và incontro ad un sagrifizio, a cui si accomoderebbero più Donzelle. Il Marchese Leonardo è un cavaliere ben fatto. Parla bene, tratta civilmente con tutti; è di cuor generoso; ed ha fra le altre virtù, la più perfetta, la più costante sincerità.

La Contessa.

Tutto ciò va benissimo, e la sincerità principalmente mi appaga. Ma ditemi la verità; non è egli collerico?

Il Tenente.

No, certamente.

La Contessa.

Non è geloso?

Il Tenente.

Nè meno.

La Contessa.

Non impiega il suo tempo fra i libri, le conversazioni, e il teatro?

Il Tenente.

Tutto sa prendere con parsimonia, con moderazione, con discretezza.

un autre soi-même, et comme il n'oserait faire son propre éloge, il use de la même modération en parlant de son ami. Croyez-moi, Madame : je connais également le Marquis, et je vous réponds que c'est le plus aimable, le plus charmant cavalier du monde.

Le Baron.

Monsieur le Lieutenant, vous pouviez vous dispenser de prendre cette peine-là.

Le Lieutenant.

Daignez croire, Monsieur, que je ne l'ai pas prise pour vous. Je suis entré pour empêcher un duel, et pour ranimer le courage de cette belle demoiselle. Elle craint d'aller à Turin pour s'y voir sacrifier; et je lui réponds, moi, qu'elle marche à un sacrifice, dont plus d'une demoiselle s'accommoderait volontiers. Le marquis Leonardo est bien-fait, parle bien, est honnête envers tout le monde, généreux, et possède, entre autres mérites, celui d'une franchise parfaite et invariable.

La Comtesse.

Voilà qui est à merveille. La franchise sur-tout me fait grand plaisir. Mais, dites-moi la vérité, n'est-il point colère ?

Le Lieutenant.

Non certainement.

La Comtesse.

Point jaloux ?

Le Lieutenant.

Encore moins.

La Comtesse.

Ne partage-t-il pas tout son temps entre les livres, la société et le théâtre ?

Le Lieutenant.

Il sait faire de tout un usage modéré et réglé par la sagesse.

SCENA ULTIMA.

IL MARCHESE, ed i SUDDETTI.

IL MARCHESE.

No, Signora, non prestate fede al Tenente. Egli è amico del Marchese Leonardo quant'io lo sono, e il troppo affetto lo fa trascendere sino a tradire la verità.

IL TENENTE (*al Marchese.*)

E avrete voi il coraggio di farmi comparire un bugiardo?

IL MARCHESE.

La sincerità mi costringe.

IL TENENTE.

Signora, non gli credete. Io conosco il Marchese Leonardo perfettamente.

IL MARCHESE.

Signora, assicuratevi, ch'io lo conosco meglio di lui.

IL BARONE.

Ecco signora Contessa, ecco vicina per causa vostra una nuova disfida.

IL MARCHESE.

No, Signore, non dubitate; per ciò non ci batteremo. Dica ciò, che vuole il Tenente, dirò anch'io, che il Marchese è un' uomo d' onore, ma è necessario altresì ch' io prevenga questa virtuosa Damina esser egli soggetto ai trasporti dell' ira, ed agli incomodi della gelosia. Se non è ella disposta a tollerarlo coi suoi difetti, torni pure a Milano, ponga in calma

SCÈNE DERNIÈRE.

LE MARQUIS, LES PRÉCÉDENS.

LE MARQUIS.

Non, Madame, non : n'en croyez pas le Lieutenant. Il aime le Marquis autant que je le puis aimer moi-même, et l'excès de son amitié lui fait trahir ici la vérité.

LE LIEUTENANT (*au Marquis.*)

Oseriez-vous bien me faire passer ici pour un menteur ?

LE MARQUIS.

La sincérité m'y oblige.

LE LIEUTENANT.

Ne le croyez pas, Madame. Je connais parfaitement le Marquis.

LE MARQUIS.

Soyez persuadée, Madame, que je le connais encore mieux que lui.

LE BARON.

Fort bien, madame la Comtesse ! voilà un nouveau duel, dont vous allez être la cause.

LE MARQUIS.

Ne craignez rien, Monsieur : nous ne nous battrons point pour cela. Que le Lieutenant dise tout ce qui lui plaira, je dirai, comme lui, que le Marquis est un homme d'honneur : mais je dois prévenir cette vertueuse demoiselle qu'il s'abandonne quelquefois aux transports de la colère et aux mouvemens de la jalousie. Si Madame ne se sent pas disposée à le tolérer avec ses défauts, qu'elle retourne à Milan,

il suo spirito, non tema dell'insistenza del cavaliere; prometto io per esso, che sarà posta dal canto suo in intierissima libertà.

Il Conte.
Potete voi compromette̍rvi della volontà del Marchese?

Il Marchese.
Non ardirei di così parlare, s' io non ne fossi sicuro.

La Contessa.
Scusatemi, signor Capitano. Ho qualche ragione di sospettare della vostra sincerità.

Il Barone.
Eh via, signora contessa, fidatevi dell' onestà di un uffiziale d'onore. Ei vi assicura, che il Marchese Leonardo non è per voi.

Il Marchese.
Signore, di un'altra cosa assicura la signora Contessa; che il Marchese non ardirà per questo di rimproverar lei, nè suo padre; ma farà con voi a suo tempo quei risentimenti, che sono dovuti alle vostre male intenzioni.

Il Barone.
Spero, che il Marchese Leonardo sarà più ragionevole che voi non siete.

La Contessa.
Tronchinsi omai questi importuni ragionamenti. Signore Padre, andiamo se vi contentate, andiamo tosto a Turino.

Il Marchese.
Io non vi consiglio di anda͟rvi.

La Contessa.
E per qual ragione, Signore?

Il Marchese.
Perchè il Marchese Leonardo non vi piacerà.

qu'elle rende le calme à son ame, et ne craigne rien des poursuites du chevalier en question. Je promets, en son nom, qu'il lui rendra, à cet égard, une liberté sans bornes.

LE COMTE.

Mais vous pouvez vous rendre garant des intentions du Marquis?

LE MARQUIS.

Je ne me permettrais pas de parler ainsi, si je n'en étais pas sûr.

LA COMTESSE.

Pardon, monsieur le Capitaine; mais j'ai quelque motif de soupçonner votre sincérité.

LE BARON.

Allons, Madame, allons; croyez-en un officier, un homme d'honneur. Il vous répond que le Marquis n'est pas pour vous.

LE MARQUIS.

Et de plus, Monsieur, il assure Madame qu'il n'en conservera aucune espèce de ressentiment contre elle, ni contre son père. Mais il se ressouviendra, dans le temps, de ce qu'il doit à vos mauvaises intentions.

LE BARON.

J'espère que le Marquis sera plus raisonnable que vous.

LA COMTESSE.

Trève, s'il vous plaît, à ces discussions désagréables. Mon père, si rien ne vous arrête, hâtons-nous d'aller à Turin.

LE MARQUIS.

Je ne vous conseille point d'y aller.

LA COMTESSE.

Pourquoi cela, Monsieur?

LE MARQUIS.

Parce que le Marquis vous déplaira.

LA CONTESSA.

Voi non potete di ciò assicurarvi.

IL MARCHESE.

Ne son certissimo.

LA CONTESSA.

E con qual fondamento?

IL MARCHESE.

Con quello delle vostre parole.

LA CONTESSA.

Può essere, che nel trattarlo, lo trovi più amabile di quello, che voi me lo dipingete.

IL TENENTE (*alla Contessa.*)

Assicuratevi, che ne resterete contenta.

IL MARCHESE.

Non è possibile.

IL CONTE.

Signore, voi fate sospettare di aver concepito qualche disegno sopra la mia figliuola, e che cerchiate distorla dal primo impegno.

IL BARONE.

Non sarebbe fuor di proposito, che vi fosse sotto qualche impostura.

IL MARCHESE.

Mi maraviglio di voi. Sono un' uomo d' onore, e per convincervi quanti siete, ecco mi levo la maschera. Io sono il Marchese Leonardo.

LA CONTESSA (*da se.*)

O cieli! qual sorpresa è mai questa?

IL BARONE (*da se.*)

Ah! temo che sian perdute le mie speranze.

IL CONTE.

Signore, che mai vi ha obbligato a celarvi, a fingere, ed a sorprenderci in sì strano modo?

LA COMTESSE.
Vous ne pouvez être assuré de cela.
LE MARQUIS.
J'en suis on ne peut plus certain.
LA COMTESSE.
Et quel est votre motif?
LE MARQUIS.
Vos propres paroles, Madame.
LA COMTESSE.
Peut-être, en le connaissant mieux, le trouverai-je plus aimable que celui dont vous m'avez fait le portrait.
LE LIEUTENANT (à la Comtesse.)
Soyez sure, Madame, que vous en serez très-contente.
LE MARQUIS.
Cela n'est pas possible.
LE COMTE.
Monsieur, je suis tenté de croire que vous avez formé quelque dessein sur ma fille, et que vous cherchez en conséquence à la détourner de son engagement.
LE BARON.
Il est assez vraisemblable qu'il y a quelqu'imposture là dessous.
LE MARQUIS.
Vous m'étonnez, Monsieur; je suis homme d'honneur; et, pour vous en convaincre tous, je me fais connaître enfin. Je suis le marquis Leonardo.
LA COMTESSE (à part.)
O ciel! quelle surprise est la mienne!
LE BARON (à part.)
Je crois bien, pour le coup, toutes mes espérances évanouies.
LE COMTE.
Quelle raison aviez-vous, Monsieur, de vous déguiser, de feindre, et de nous surprendre de la sorte?

Il Marchese.

Il desiderio di vedere la Sposa mi ha fatto anticipare il viaggio mio per Milano, e il caso ci ha fatti essere insieme ad un'osteria della posta. La sincerità della contessina Beatrice mi ha palesato l'animo suo, la mia candidezza mi ha obbligato ad informarla del mio carattere. Conosco, che ella non e persuasa del mio sistema, che insopportabili le riuscirebbero i miei difetti, e che agli occhi suoi oggetto poco caro è la mia persona. Tradirei me stesso se usar tentassi una violenza al di lei bel cuore. Ella è amabile, ella è virtuosa, e gentile, ma il cielo non l'ha destinata per me.

La Contessa.

Ah! signore, permettetemi ch'io vi dica, che non mi dispiace l'aspetto vostro, e ch'io sono incantata della vostra virtù. Come! evvi al mondo un'animo sì generoso, che per l'amore della verità non teme di screditar se medesimo in faccia di persona ch'egli ama? Voi possedete un sì bel cuore, una sì perfetta sincerità, e temerete ch'io non vi stimi, ch'io non vi rispetti, ch'io non vi adori? Siate voi pur collerico, con sì saggi principj, non potrete esserlo, che con ragione. Siate pure geloso, non lo sarete mai senza fondamento. Siate invaghito della società, degli studi, saranno sempre lodevoli le vostre applicazioni, le vostre amicizie. Toccherà a me ad evitare i motivi dei vostri sospetti, delle vostre inquietudini, ed a far sì, che fra i piaceri vostri non abbia l'ultimo luogo una sposa tenera, e rispettata. Compatite le mie apprensioni, scusate la soverchia delicatezza del modo mio di pensare. Assicuratevi, che mi siete caro; che vi amerò sempre, e che il cielo mi ha destinata per voi.

Il Marchese.

Ah! se tutto è vero quel, che voi dite, io sono il più felice di questa terra.

Il Conte.

Amico, voi avete avuto campo di conoscere il

COMÉDIE.

LE MARQUIS.

Le désir de voir mon épouse future m'a fait anticiper mon voyage pour Milan, et le hasard nous a rassemblés tous à l'auberge de la poste. La sincérité de la comtesse Béatrice m'a dévoilé tout son cœur, et ma franchise m'a obligé de lui faire connaître mon caractère. Je vois que mon système n'est pas le sien, que mes défauts lui seraient insupportables, et que ma personne, en général, n'est pas fort agréable à ses yeux. Ce serait me manquer à moi-même que d'employer la violence auprès d'une si belle ame. Madame est aimable, vertueuse, charmante; mais le ciel ne me l'a point destinée.

LA COMTESSE.

Ah! Monsieur! permettez-moi de vous dire que votre aspect n'a rien de désagréable pour moi, et que votre vertu m'enchante. Comment! il existe un cœur capable, pour rendre hommage à la vérité, de se déprécier lui-même, en présence de ce qu'il aime! tant de vertus, une si parfaite sincérité, méritent mon estime, mon respect et mon amour. En vous supposant colère, vous ne pourriez l'être qu'avec raison: jaloux, ce ne serait jamais sans fondement. Quant au goût de la société et de l'étude, vos occupations seront toujours aussi estimables que vos liaisons. C'est à moi de ne donner aucun lieu à vos soupçons, à vos inquiétudes, et de faire en sorte qu'une épouse tendre et respectée ne tienne pas le dernier rang parmi vos plaisirs. Pardonnez mes craintes, et daignez excuser l'extrême délicatesse de ma façon de penser. Soyez persuadé que vous m'êtes cher, que je vous aimerai toujours, et que c'est à vous que le ciel m'a destinée.

LE MARQUIS.

Ah! si tout ce que vous dites est vrai, je suis l'homme du monde le plus heureux.

LE COMTE.

Mon ami, vous avez eu lieu de connaître le

carattere di mia figliuola. Ella non è capace di mentire, e di tradir se medesima per un capriccio.

Il Tenente.
Beato il mondo, se di tai donne sincere se ne trovasse non dirò in gran copia, ma almeno, il quattro, o il cinque per cento.

Il Conte.
Andiamo signore Marchese, se vi contentiate, andiamo tutti a Milano. Colà secondo il nostro primo concerto si concluderanno le nozze.

Il Marchese.
Andiamo pure, se così piace alla mia adorabile Contessina.

La Contessa.
Guidatemi pure dove vi aggrada. Son col mio caro padre, son col mio caro sposo, non poss'essere più contenta.

Il Tenente.
Sì andiamo, Signori, ma con loro buona licenza, diamo prima una buona mangiata, e facciamo onore al prezioso vino di Monferrato.

Il Barone.
Confesso, che io non merito il piacere di essere della partita, ma vi prego di credermi vostro amico, e assai pentito d'avervi dato qualche motivo di dispiacere. Assicuratevi, signore Marchese....

Il Marchese.
Non più Signore; accetto per vere le vostre giustificazioni, e per disingannar la mia Sposa, ch'io sia soverchiamente collerico, o pazzamente geloso, vi supplico di restar a pranzo con noi, e di favorirci nel viaggio. Oh viaggio per me felice! Oh fortunata Osteria della posta! Fortunatissima sempre più, s'ella sia degna della grazia, e del compatimento di chi ci ascolta.

Fine della Commedia, e del Tomo primo.

caractère de ma fille : elle est incapable d'en imposer, et de se trahir elle-même par un pur caprice.
LE LIEUTENANT.
Que le monde serait heureux, si des femmes aussi franches se rencontraient, je ne dis pas en grand nombre, mais du moins quatre ou cinq sur la centaine !
LE COMTE.
Allons, monsieur le Marquis, prenons tous la route de Turin; et nous y conclurons le mariage, comme cela était d'abord arrêté entre nous.
LE MARQUIS.
Allons, si toutefois mon adorable Comtesse est de notre avis.
LA COMTESSE.
Conduisez-moi où vous voudrez. Je suis avec mon père, avec mon cher époux, rien ne manque à ma félicité.
LE LIEUTENANT.
Oui, partons, Messieurs; mais, sauf votre bon plaisir, commençons par bien dîner, et faisons honneur au vin de Montferrat.
LE BARON.
Je sens bien que je ne mérite pas d'être de la partie : je vous prie cependant de me croire votre ami, et vraiment fâché de vous avoir occasioné quelque déplaisir. Soyez sûr, monsieur le Marquis.....
LE MARQUIS.
Ne parlons plus de cela, Monsieur; je crois votre justification sincère; et pour convaincre mon épouse que je ne suis ni colère sans motif, ni jaloux sans fondement, je vous prie de dîner avec nous, et de nous accompagner dans notre voyage. Voyage heureux pour moi ! heureuse auberge de la poste, et plus heureuse encore mille fois, si elle obtient les applaudissemens de nos auditeurs !

Fin de la Comédie et du Tome premier.

www.ingramcontent.com/pod-product-compliance
Lightning Source LLC
Chambersburg PA
CBHW050909230426
43666CB00010B/2084